U0037481

大 旗 出 版
BANNER PUBLISHING

大旗出版
BANNER PUBLISHING

驚春秋

之三

秦晉恩怨

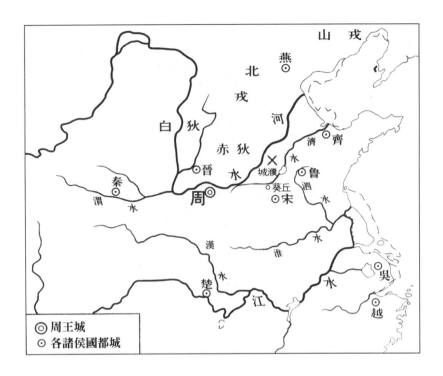

⊙ 周王城
⊙ 各諸侯國都城

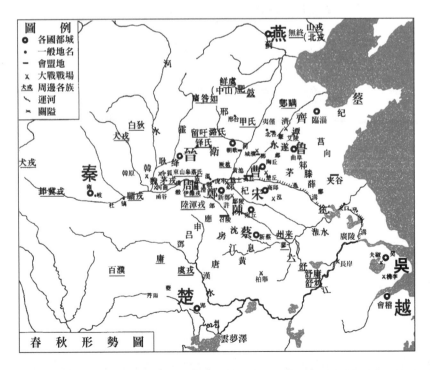

圖　例
◉　各國都城
•　一般地名
—　會盟地
✕　大戰戰場
犬戎　周邊各族
＼　運河
⊢　關隘

春秋形勢圖

春秋世系表（第二部・秦晉恩怨）

晉

晉文侯姬仇——晉昭侯姬伯（文侯子）（封文侯弟姬成師為曲沃桓叔）——晉孝侯姬平（昭侯子）（曲沃桓叔子姬鱓為曲沃莊伯）——晉鄂侯姬郗（孝侯子）——晉哀侯姬光（鄂侯子）（曲沃莊伯子姬稱為曲沃武公）——晉小子侯（哀侯子姬小子）——晉侯緡姬緡（哀侯弟）——晉武公姬稱（曲沃武公滅晉侯緡）——晉獻公姬詭諸（晉武公子）——晉惠公姬夷吾（獻公子）——晉懷公姬圉（惠公子）——晉文公姬重耳（惠公兄）——晉襄公姬歡（文公子）——晉靈公夷皋（襄公子）——晉成公姬黑臀（襄公弟）——晉景公姬據（成公子）——晉厲公姬壽曼（景公子）——晉悼公姬周（襄公少子姬捷之孫）——晉平公姬彪（悼公子）——晉昭公姬夷（平公子）——晉頃公姬去疾（平公子）——晉定公姬午（頃公子）——晉出公姬鑿（定公子）——晉哀公姬驕（昭公曾孫）——晉幽公姬柳（哀公子）——晉烈公姬止（幽公子）——晉孝公姬頎（烈公子）——晉靜公姬俱酒（孝公子）——三家分晉

秦

秦襄公——秦文公（襄公子）——秦甯公（文公孫）——秦武公（甯公子）——秦德公（武公弟）——秦宣公（德公子）——秦成公（宣公弟）——秦穆公嬴任好（成公弟）——秦康公嬴罃（穆公子）——秦共公（康公子）——秦桓公（共公子）——秦景公（桓公子）——秦哀公（景公子）——秦惠公（哀公孫）——秦悼公（惠公子）——秦厲共公（悼公子）——秦躁公（厲共公子）

宋

　　宋戴公 —— 宋武公子司空（戴公子） —— 宋宣公子力（武公子） —— 宋穆公子和（宣公弟） —— 宋殤公子與夷（宣公子） —— 宋莊公子馮（穆公子） —— 宋湣公子捷（莊公子） —— 宋桓公子禦說（湣公弟） —— 宋襄公子茲甫（桓公子） —— 宋成公子王臣（襄公子） —— 宋昭公子杵臼（成公子） —— 宋文公子鮑革（昭公弟） —— 宋共公子瑕（文公子） —— 宋平公子成（共公子） —— 宋元公子佐（平公子） —— 宋景公頭曼（元公子）

春秋出世的祖師爺（二）

豆腐渣工程的祖師爺：士蔿

狗仔隊祖師爺：周成王的史官

導演祖師爺：優施

因喝酒喝死而算作因公殉職的祖師爺：晉獻公小內侍

因吃肉吃死而算作因公殉職的祖師爺：晉獻公的阿黃

大內高手的祖師爺：勃鞮

書呆子的祖師爺：杜原款

被套股民祖師爺：介子推（割股割肉）

目錄

第四十一章

發財捷徑一：出賣國家

戰爭，通常是為了女人。

如果不是為了女人，往往就是因為女人。

如果不是因為女人，也要把它說成是因為女人。

戰爭讓女人走開嗎？錯。沒有女人的戰爭就不是一場完整的戰爭。

破壞盟主婚姻，拐賣良家婦女，公開勾結楚國。

基本上，以上就是蔡穆公的罪名了，也就是齊國討伐蔡國的理由。

這個罪名是站得住腳的，當初齊桓公趕回蔡姬，並沒有寫下休書，《史記》上的說法是「歸蔡女而不絕也」，也就是說，送回娘家，但是沒有離婚。這就對了，既然沒有離婚，那就還是齊桓公的老婆，你把人家齊桓公的老婆給了楚成王做老婆，以上三條罪名還不同時成立？

蔡姬，一個女人，一個無足輕重的女人，卻在無意中成了一場戰爭的導火索。

聽說是打蔡國，中原各國都踴躍響應號召參加聯合國軍，這樣一盤小菜，誰不想去錦上添花？

八國聯軍

各國均是國君親自帶兵，他們是盟主齊桓公、魯僖公、宋桓公、陳宣公、曹昭公、衛文公、許穆公，就連鄭文公也帶兵加盟。聯合國軍隊合共八國，簡稱八國聯軍。此外，燕國、邾國、徐國等國家也都申請加入，出於路程太遠、實力太差等原因，管仲婉言謝絕了他們。

齊軍作為主力，出戰車三百乘，帶甲戰士兩萬人，由管仲擔任主帥。其餘七國均出戰車一百乘，加上齊軍，合計一千乘戰車。其中，

衛國的戰車和戰士都是齊國支援的，不過來湊個數。

齊國此時的總兵力為戰車八百乘，帶甲戰士六萬人。由於西面還要防著北戎，再加上打一個小小的蔡國如果出動太多兵力，必然引起楚國懷疑，打草驚蛇。因此，齊國只出三百乘戰車，但是，都是精銳部隊。

第一次南北戰爭拉開了序幕，參戰雙方是以齊國為首的北方聯合國軍隊和以楚國為核心的南方的南聯盟。這將是春秋以來最大規模的一場戰爭。

齊桓公三十年（前656年）春天，齊國軍隊誓師南征，同時約好各國在蔡國取齊。

豎貂請求出任先鋒，管仲給了他這個面子。管仲難道不知道這個宦官不會打仗嗎？當然知道。管仲之所以同意，一來根本就沒有準備拿下蔡國；二來讓豎貂當先鋒，也顯得齊軍南征沒什麼大的志向，可以麻痺楚國人。

「記住，只許挑戰，不許攻城。」管仲給豎貂下了命令。

可是，管仲沒有想到的是，這一次，他錯了。

管仲犯錯的時候不多，算上當初沒有射死公子小白，這應該是第二次。

豎貂的算盤

這是豎貂第一次擔任這樣的獨立指揮官，他耀武揚威地率領戰車一百乘出發了，直抵蔡國都城上蔡。

為什麼豎貂請求擔任前鋒？第一，蔡國就是白菜，這一仗沒什麼風險；第二，嘿嘿，到了就知道了。

齊國軍隊抵達城下，紮好營盤，城上看見，急忙關上城門，全城動員防禦。

豎貂並不攻城，而是派心腹手下進城，說是齊國來使。

豎貂派人去幹什麼？

「齊國大軍隨後就到，到時候攻破城門，玉石俱焚，識相的，出點血，我家先鋒給你們求求情。」豎貂派去的人就這樣對蔡穆公直接點出來。蔡穆公嚇得半死，一聽有這個門路，急急忙忙從國庫裡收拾了一車金銀財寶給送去，表示願意投降，同時表示願意把另一個妹妹嫁給齊桓公，算是給補一個。

豎貂一看，高興壞了，這仗還沒打，就又發財又立功了，這個差事真好。

收了一車金銀財寶，豎貂派人向齊桓公彙報，說是蔡穆公看見齊軍如此威武，直接就要投降，請指示。

齊桓公一想，管仲不是總說能不動手就不動手嗎，那就准他們投降吧。可是，他沒想到，管仲這一回不同意了。

「不接受投降，蔡侯罪大惡極，不可饒恕。」管仲當場否決。

「為什麼？」

「如果不打楚國，就准他們投降，大軍就不用去了。如今要打楚國，如果蔡國投降了，我們就沒有理由在蔡國集結重兵了，那麼一旦八國聯軍在蔡國集結，楚國人一定會發現我們要打他們。到時候他們提前防禦，我們就難辦了。」管仲分析得頭頭是道。

於是，桓公傳令，不接受投降，一定要打下蔡國。

豎貂有點傻眼，拿人錢財，為人消災啊。人家的金銀財寶已經收了，可是上面不准蔡穆公投降，這可怎麼辦？吃進來的還能吐出去？那絕對不幹。

豎貂又派了心腹進到城裡，把齊桓公拒絕投降的事情通報了蔡穆公。

「這，這怎麼可能？這不是老齊的風格啊。」蔡穆公有些驚訝，還有點懷疑，懷疑豎貂根本沒給使勁。

到了這個時候，豎貂的心腹只能說實話了。

「蔡侯啊，實話跟你說吧。不是我家貂爺拿錢不出力，也不是我家貂爺在齊侯面前沒面子，這個事情有內情。」豎貂的心腹說。這人來之

前，豎貂就這麼交代的，說實在不行就說實話。

「什麼內情？」

「你說你一個小小蔡國，齊侯派我家貂爺率領一百乘戰車來就解決了，為什麼這麼大動干戈？實話告訴你吧，你別跟別人說。齊侯此次攻打蔡國是幌子，真實的目的是借這個幌子偷襲楚國。你說，要是准你投降了，聯合國大軍還有什麼理由在這裡集結？那不是等於告訴楚國我們要打他們嗎？」為了那一車財寶，什麼實話都說了。

蔡穆公聽得目瞪口呆，仔細想想，自己這隻小雞確實夠不上聯合國軍這把牛刀的。

「那，那我該怎麼辦？」蔡穆公沒了主意，哪裡還有心思去想把那車金銀財寶要回來的事情。

「我要是你，今天晚上就跑了，傻瓜才在這裡等死。」

當天晚上，蔡侯收拾了宮裡的金銀財寶，帶上老婆孩子，連夜出逃，投奔楚國去了。

豎貂高興了，這下放心了，他就擔心蔡穆公被齊國抓住之後，會把自己索賄受賄的事情捅出來，所以才出主意讓他跑。如今蔡穆公跑了，誰知道自己收了他的金銀財寶？

軍機洩漏

蔡穆公逃跑，蔡國都城上蔡陷入混亂，卿大夫們想要投降，又聽說齊桓公不接受投降，怎麼辦？沒辦法，有的逃出城去，到鄉下躲避，有的就住在城裡，賭管仲不會亂殺人。守城軍士聽說最高領導跑了，其他領導躲了，誰還傻賣命？

「回家囉。」士兵們一哄而散，什麼都不要了，各自跑回家陪老婆孩子去了。

城門大開，你不讓投降，我們非要投降，生米煮成熟飯，看你們接不接受。

豎貂不敢進城，一來怕中埋伏，二來上面說了不接受投降，你進

城了，等於事實上接受了投降，那是違抗最高指示啊。

三天之後，齊國大軍來到，其餘七國諸侯也都前來會師，八國聯軍就在上蔡城外紮營。

豎貂把情況作了彙報，齊桓公氣得哭笑不得。

「隰朋，你辛苦一趟。蔡國的卿大夫你最熟，進城去把那沒跑的找出來，讓他們出來維持城裡的秩序。告訴他們，我們大軍秋毫無犯，不進城了。」管仲派隰朋去辦這個事，隰朋去了。

齊桓公在齊軍大營設宴，款待七路諸侯。

七個諸侯中，許穆公是抱病前來，宴席上又喝高了，當晚竟然死在營中。也算是為了聯合國事業因公殉職。

管仲下令八國聯軍哀悼三天，隨後令許國軍隊護送許穆公靈柩回國。

現在，八國聯軍變成了七國聯軍。

七國聯軍在哀悼結束之後，挺進楚國。

七國聯軍浩浩蕩蕩，向楚國進發。眼看就要離開蔡國，進入楚國地界。

這個時候，意外出現了。

在楚國境內，一輛豪華馬車停在路邊，豪華馬車的旁邊，站著一個人。

那輛車十分扎眼，因為實在是太豪華了。

「老弟，你看那是什麼人？」管仲問季友。季友此次隨魯僖公出征，他和管仲一見如故，因此兩人在一輛車上邊行邊聊。

「管兄，我看事情有些不妙。你看那輛車，那是魯國產的魯莊公二十五型，專供各國公族使用，我記得楚國曾經派人來採購，專供楚國王室使用。你再看那個人，大夫打扮，拱手而立，但是不卑不亢，並無懼怕。依我看，這個人是楚王的特使，在這裡專門等待我們。如果我猜得不錯，我們的計畫已經被楚國識破了。」季友的一番分析，滴水不漏。管仲原本也這樣想，聽季友這樣說，點點頭，更加肯定。

大軍前哨越過邊界，進入楚國。

「齊軍的弟兄們，遠道而來辛苦了，麻煩各位給齊侯傳個話，就說楚國使臣屈完在這裡恭候多時，請求覲見。」路邊的那人高聲說道，果然是楚國使者。

管仲的臉色變得很難看。

看來，軍機洩漏了。怎麼洩漏的？管仲不知道，他萬萬沒有想到洩漏軍機的就是那個當前鋒的宦官豎貂。

原來，蔡穆公帶著一家老小到了楚國，直接投奔楚成王去了。

「哎喲，來探親怎麼不先通知一下，我們也好佈置歡迎啊。」楚成王看見蔡穆公的時候，還開個玩笑呢。聯合國軍討伐蔡國的事情他早就知道了，楚國駐齊國的地下辦事處隨時監控著齊國軍隊的動向，一有動靜，立即派人通報。

對於聯合國軍討伐蔡國，楚成王的態度就是假裝不知道。他也知道齊國現在很強大，再加上手中還有個聯合國，最好不要跟齊國直接對抗。所以，楚成王沒有派兵去救蔡國的想法，甚至根本沒有通報蔡國。

「大王啊，我可不是探親，是以齊國為首的八國聯軍討伐我，我這才逃跑了來投奔大王。」蔡穆公不知道楚成王是在跟他開玩笑，還以為楚成王不知道怎麼回事呢。

「嗨，那你為什麼不投降啊？」楚成王笑道。

「不瞞大王，我是準備投降，可是人家不准我投降。」蔡穆公倒說了大實話。

「不對啊，我知道管仲從來不拒絕別人投降的，為什麼拒絕你？」楚成王有些奇怪了，他懷疑蔡穆公是不是在騙他。

「大王啊，我這來投奔你，也是來給你通風報信來的。他們不准我投降，是因為打我是幌子，真正的目的是要在蔡國集結，偷襲楚國。大王啊，看來，你還蒙在鼓裡呢。」

楚成王愣了，他笑不出來了。他是個聰明人，不用再問「真的嗎」這樣的問題。

「子文？怎麼辦？」楚成王已經沒有心思再開玩笑了，他趕忙問子文。

「大王，如今之計，緊急調集四百乘戰車，準備迎敵，一面派人招鬥廉兄弟火速歸來，保衛國家。此外，派人去邊境迎候齊國軍隊，代表大王與齊國進行和平談判，談得來則談，談不來也等於告訴齊國我們有準備了，讓他們不敢輕易進攻。」子文比楚成王沉著，當下分派了任務，楚成王這才安心一些。

原來，楚國共有戰車一千兩百乘，比齊國還要多三百乘，但是，楚國地大，除了前往攻打鄭國的四百乘戰車之外，一時也就能徵召到四百乘。

至於派去迎候齊國軍隊的使臣，子文派了大夫屈完。為什麼派屈完？一來，屈完是公族，有資格代表成王說話；二來，屈完此前多年在齊國擔任地下辦事處負責人，能言善辯，精通齊國話。

風馬牛不相及

就在路邊，聯軍總指揮管仲和楚國使者屈完進行了一段著名的對話，原話十分精采，照錄一遍，然後翻譯。

楚子使與師言曰：「君處北海，寡人處南海，唯是風馬牛不相及也。不虞君之涉吾地也，何故？」管仲對曰：「昔召康公命我先君大公曰：『五侯九伯，女實征之，以夾輔周室。』賜我先君履：東至於海，西至於河，南至於穆陵，北至於無棣。爾貢包茅不入，王祭不共，無以縮酒，寡人是征；昭王南征而不復，寡人是問。」對曰：「貢之不入，寡君之罪也，敢不共給？昭王不復，君其問諸水濱。」

屈完問：「你們住在北方，我們住在南方，因此牛馬發情追逐也到不了雙方的疆土。沒想到你們進入了我們的國土，為啥？」

管仲回答說：「從前召康公授權我們先君太公說：『五等諸侯和九州長官，你都有權征討他們，從而共同輔佐周王室。』召康公還給了我們先君征討的範圍：東到海邊，西到黃河，南到穆陵，北到無棣。你們

應當進貢的包茅沒有交納，周王室的祭祀供不上，沒有用來滲濾酒渣的東西，我家主公特來徵收貢物；還有，當年周昭王南巡沒有返回，我家主公特來查問這件事。」

屈完回答說：「貢品沒有交納，是我們國君的過錯，我們怎麼敢不供給呢？周昭王南巡沒有返回，還是請您到水邊去問一問吧！」

風馬牛不相及，這個成語出自這裡。

為什麼楚成王和齊桓公都自稱寡人呢？寡人是什麼意思？寡婦？錯；寡婦的老公？大錯；光棍？還是錯。

順便介紹一下，秦朝之前，國君都是很謙虛的，因此自稱寡人和孤。寡人的意思就是缺德之人，說我這人很差勁，希望大家監督批評；孤的意思是很無助，說我這人沒什麼朋友，懇請大家幫幫忙。楚國還有一個專用的君主自稱叫做「不穀」，意思是不善良，也有說是沒能力，總之是說我這人不配當君主，希望大家海涵。所以說，秦以前的君主通常很謙虛，也很容易溝通，因為他們的自我定位還是比較準確的。到了秦，秦始皇開始自稱朕，這個「朕」字原本就是我的意思，被秦始皇獨占之後，老百姓就不能用了。為什麼用這個「朕」字？一來唸起來有力，二來與「鎮」和「震」同音，牛啊。所以，秦朝以後，君主的定位就出了問題，君主就不再是缺德無助沒能力了，而是偉大光榮正確、無所不能無所不會、救萬民於水火、沒有他全中國人民就不會過日子的萬歲萬萬歲了。

周昭王的事情，交代一下。當初楚國在南面瘋狂擴張，周昭王實在看不過去，因此親自出兵討伐，結果船漏了，死在漢江裡。管仲把這筆賬就記在了楚國身上，說起來，昭王是穆王的父親，管仲是穆王的子孫，管仲也是順便替祖先討個公道。不過人家屈完回答得也不差：那不賴我們，他自己掉下去的。

基本上，第一次會談就是這樣的，大家站著，連座談也算不上。

這算什麼？算是兩個文明人吵了一架。

屈完的任務完成了，他的任務就是來告訴聯合國：我們早就有準備了。

屈完走了，管仲下令大軍繼續前進，進入楚國國境，直抵陘山，在漢水北岸紮下大營。

漢水南岸，楚成王親率楚國大軍，也紮下大營。除了楚國本國的四百乘戰車，又從南聯盟國家緊急徵調兩百乘戰車，共計六百乘戰車，扼守南岸。與此同時，鬥廉兄弟正率領四百乘戰車火速趕來增援，很快，南聯盟就將在戰車數量上處於優勢。

南北戰爭，箭在弦上，一觸即發。

齊桓公和管仲，楚成王和子文，同一個時期最出色的兩對搭檔。

齊桓公是準備南渡的，他堅信齊國率領的聯合國軍所向無敵。南面，楚成王有同樣的想法，他認為八百乘戰車的楚軍不會有對手，對面的齊軍雖然生猛，但是算上衛國的戰車，齊軍只有四百乘戰車，其餘五個諸侯國的戰力不敢恭維，只有鄭國軍隊和魯國軍隊還算馬馬虎虎過得去。

就在兩國君主準備開戰的同時，兩國總理卻不這麼想。

對於管仲來說，偷襲失敗實際上就意味著戰爭結束，現在要做的是如何體面收場。對於從來沒有交過手的齊軍和楚軍來說，誰勝誰負難以預料。楚國地大人多，地形複雜，即使聯合國軍取勝，也無法消滅楚軍；相反，如果戰敗了，齊國辛辛苦苦建立起來的聯合國就會立即崩潰。權衡利弊，管仲決定不冒這個險。

對於子文來說，齊國是個強大的對手，齊國也遠比楚國富庶。如果開戰，楚國就算勝了，但是從此結怨齊國，今後必然征戰不斷，楚國的國力將無法支撐。如果輸了呢？聯合國軍長驅直入，楚國就有亡國的危險。權衡利弊，子文也決定不能打。

就這樣，聯合國軍和南聯盟在漢水兩岸僵持一個多月，從春天到了夏天。

秋天之前一定要結束。管仲和子文都這樣想，看看天氣涼起來，士兵們要回家收麥子了。

第四十二章
發財捷徑二：出賣朋友

「大王，我們還是跟齊國講和吧。如果齊國不同意，其餘各國一定不滿，聯合國軍的士氣就會受挫，那時我們再與他們決一死戰不遲。」子文向楚成王建議。

「那好，盡快吧。」楚成王早就在這地方待膩了。

子文再次派出屈完，這次給了充分授權：向周王室進貢的事情你可以答應齊國。但是，割讓土地沒門，寸土不讓。

就這樣，屈完坐上小船，去了對岸。

五項基本原則

談判非常順利，齊桓公讓易牙弄了一桌大餐款待屈完，大家邊吃邊談，這大概就是最早的在酒桌上談生意了。

屈完轉達了楚成王和子文總理對齊桓公和管仲總理的問候，隨後提出楚國的和平共處五項基本原則：

第一、楚國認錯，願意向周王室進貢茅草十車，以示楚國是周朝不可分割的一個部分。

第二、南聯盟願意與聯合國簽署互不侵犯條約，永保和平大業，楚國願意成為聯合國觀察員。

第三、希望聯合國軍隊後退三十里，表達誠意。

第四、在楚國交驗茅草貢品之後，聯合國軍隊撤軍。

第五、楚國停止侵略鄭國並歸還鄭國被俘人員，齊國也撤出蔡國，蔡國國君認錯後回到本國。

為什麼進貢茅草？因為在楚國最早建國的時候，周王室祭祀祖先釀酒用的茅草都是楚國提供的。

齊桓公看了管仲一眼，管仲點點頭，齊桓公於是一拍桌子：「成，

就這樣了。」

屈完吃完了紅燒獅子頭，又大贊一番易牙的手藝，坐著小船過去對岸了。

「仲父啊，就這麼爽快答應他們的條件，太便宜他們了吧？」齊桓公雖說同意了五項基本原則，心裡還是不大願意，大老遠跑來，一支箭也沒放就回去了，太沒面子。

「主公，楚國和山戎不同。當初北伐，就是要滅了山戎，所以窮追到沙漠。而討伐楚國，不是要滅了他們，而只是要他們臣服，承認一個中國原則，向王室進貢。如今他們也認錯了，也要進貢了，也就等於承認我們聯合國盟主的地位了，我們的目的已經達到了，難道非要打仗嗎？」管仲這麼說，前因後果，說得清清楚楚。

齊桓公聽著有理，於是下令聯合國軍拔寨都起，後撤三十里下寨。

「什麼？這麼爽快就同意了？」楚成王有些詫異，他以為怎麼著齊國也該提點類似以女人換和平之類的要求呢。這下倒好，連討價還價都免了。

楚成王有點後悔，早知道這麼簡單，根本就不派人去談判了。

「子文，看這樣子，齊國人是害怕我們，我們不跟他們簽和平協議，立馬渡江，與他們決戰，你看如何？」條約還沒簽，楚成王就準備撕毀。

「大王，不妥吧？咱也是泱泱大國，不能說了不算吧？」屈完當場反對，楚成王這樣做，自己今後還怎麼在江湖上混？

楚成王沒理他，等子文的意見。

「大王，屈大夫說得有理。第一，齊國以講信用著稱，也因此讓諸侯信服。如今他們是七個國君在這裡，我們去了一個大夫，人家七個國君沒有欺騙我們一個大夫，我們卻要欺騙人家。雖說我們是南蠻子，這點信用還是應該講的。第二，管仲是什麼人？那是聖人哪，等我們渡江的時候，他們來個半渡而擊，那我們不是自找沒趣？我看，這個協議就這麼簽了，咱們也不損失什麼，無非是十車草而已。」子文的分

析很有道理，楚成王聽了，點頭稱是。

既然想通了，楚成王索性表現得更大度一些。

「屈大夫，還是你去一趟，帶著一車進貢的茅草給他們驗，再帶上七車金銀財寶，給對面的七個國君一人一車，就說是大家辛苦來一趟，我不能做東，只好贈送車馬費。」楚成王夠大方，要讓聯合國軍隊看看自己的實力。

屈完又到了北岸。

上岸之後，屈完驅車向北，十里處見到一座軍營，數一數，一百乘齊軍戰車，戰士都是最精猛的。屈完明白，這些齊軍一定就是防備楚軍渡河的。看來，子文真是料事如神。

來到聯合國軍大營，屈完觀見齊桓公，呈上國書，交割了珠寶和進貢用的茅草。

齊桓公大喜，當場將茅草驗明，發還屈完，讓他們自己送去周朝王室。七車珠寶中，將六車珠寶分送六路諸侯，剩下一車，令人單獨送往許國，齊國分文不取。

屈完看了，暗中佩服。

「大夫辛苦啊，稍後請品嚐我們做的紅燒海參。趁現在空閒，來看看我們的軍隊。」齊桓公邀請屈完閱兵，要讓他看看聯合國的軍威。

「榮幸榮幸。」屈完也想看看。

於是，齊桓公帶著屈完來到中軍點將臺上。一旁，管仲指揮七國軍隊演練陣形。一時，鼓聲大震，號角齊鳴，七國軍隊喊聲陣陣，進退有序，十分威武。屈完注意到，齊國軍隊始終在南方，他知道，這是要隨時提防楚軍。

「我有這樣的軍隊，什麼地方不能攻克？什麼對手不能戰勝？」齊桓公故意這樣對屈完說。

「在下不敢苟同，」屈完是楚國著名的利嘴，當然不會吃虧，他很沉著，「主公代替周王室號令天下，若是以德服人，誰敢違抗？若是想靠武力的話，楚國雖然是偏僻小國，但是以方城山為城牆，以漢水為

護城河，就算貴國有百萬雄師，有什麼用武之地呢？」

齊桓公一聽，這小子嘴挺硬。不過再想想，還真是這麼回事。

「老屈，你真是個人才啊。」齊桓公誇獎屈完，也算給自己一個臺階。

「主公，承蒙您寬宏大量，原諒了楚國的過失，讓我們也有幸加入聯合國，我想我們是不是可以簽約了？」屈完給了齊桓公一個下不來台，現在趕緊拍拍馬屁。

齊桓公果然又高興了。

簽約儀式也就是歃血為盟的儀式，聯合國都是君主出席，楚國則是屈完代表楚成王。從內容來說，楚國處於下風，因為內容就是楚國承認齊國的領導地位，承認楚國是周朝不可分割的一部分；但是從形式來說，楚國又占了上風，因為人家都是國君，楚國則連總理都沒有來。

好在大家心照不宣。

第一次南北戰爭，浩浩蕩蕩，雙方糾集了兩千乘戰車，十餘萬士兵，從春天對峙到夏天，最終未動一刀一槍，和平收場。

總體來看，以齊國為首的聯合國軍以微弱優勢得分。從那之後，到管仲去世，楚國沒有侵犯中原諸侯，中原各國獲得了長達十三年的和平時期。

楚國如約向周王室進貢祭祀用茅草十車，並且稱臣，周王室回贈祭祀用豬肉一塊，再次任命楚國為南聯盟盟主，主管南方。

忽悠齊桓公

和平協定簽署了，聯合國軍隊的任務也就完成了。

大吃一頓，各自回家。

七國當中，齊、魯、衛三國軍隊同行。按最近的路線，就要穿過陳國。這個時候，陳國總理轅濤塗打起小算盤了。說起轅濤塗，那是陳國公族，也是袁姓的得姓始祖。

轅總理想：你三個國家一共五百乘戰車，人數四萬多人，從我陳國經過，那得多少糧草才夠啊？你們走一趟，我那一車珠寶就算花得差不多了，不行，我要想辦法。

　　所以，林子大了，什麼鳥都有。國家多了，打小算盤的就多了。

　　怎麼辦？轅總理跟鄭國總理申侯關係很好，於是來找他討教。兩人關係好，也不用拐彎抹角，直截了當就把事情說了。

　　「好辦，你去找齊侯，就說中原一帶都是聯合國的地盤，三國軍隊不如繞道走沿海，順便在那些小國那裡宣示聯合國的力量，也算勞而有功，來回都不浪費。」申侯出了個主意，看來他也考慮過這個問題。

　　轅總理一聽，好主意啊，謝過了申侯，去忽悠齊桓公。

　　別說，申侯的主意真不錯，轅總理把申侯的話對齊桓公一說，還即興發揮一把，把齊軍繞道的意義說得跟奧運聖火在全世界傳遞一樣偉大，把齊桓公忽悠得二五二五的，好像恍然大悟一般。

　　「好啊，這個主意真好，你太有才了。」齊桓公很高興，連管仲也覺得這個主意出得好。

　　轅總理高高興興走了，齊軍大營之外，一個人看著他的背影遠去，嘿嘿一笑，去找齊桓公了。這個人是誰？申侯。

　　鳥大了，什麼林子都有。

　　申侯找齊桓公幹什麼？舉報。

　　「盟主，吃了嗎？剛才轅濤塗找您了吧？」申侯說話，帶著一臉媚笑。

　　「申總理，剛才轅總理是來過。」

　　「他是不是建議您走沿海？」

　　「對啊，你怎麼知道？」齊桓公有些奇怪。

　　「盟主啊，您千萬不能聽他的，他是在忽悠您啊，聽他的就麻煩了。昨天晚上他找我商量，說是怕齊軍經過陳國要消耗他們的糧草，因此要誘騙您走沿海。您想想，這沿海道路不是泥濘不堪就是山巒不斷，兩個月也走不回去啊。我當時就說這個主意太缺德，告誡他不要

這樣幹。誰知，唉，真是知人知面不知心，想不到這個轅濤塗竟然是這樣的齷齪小人。」申侯把轅濤塗一通臭罵，分明是自己出的壞主意，都推到轅濤塗身上。

「我靠。」齊桓公這才如夢方醒，這才知道轅濤塗貌似忠誠，實際上沒安好心。

齊桓公很惱火，管仲也很惱火。山戎滅了，楚國服了，想不到差一點被陳國的轅濤塗給忽悠了。

轅濤塗被捕了，罪名是忽悠盟主。齊桓公下令，砍了。

陳宣公一看，這高高興興跟著齊國來打仗，一路上都挺好，怎麼這回凱旋了，自己總理倒要被砍了，這太沒面子了吧？當時也顧不得什麼了，趕緊去求情。齊桓公氣得夠嗆，還不給面子，最後還是管仲給了個臺階：死罪免過，活罪不饒，押回齊國當三個月義工再說，具體工作就是去國家大妓院掃大街。

沒辦法，別人高高興興回去了，轅濤塗去齊國當義工了。

揭發壞人的申侯受到齊桓公的表揚，並且當場要求鄭文公把虎牢城封給申侯。

這一趟下來，有兩個人是發了財的，一個是豎貂，掙了蔡國的銀子；另一個是申侯，弄了一座城。

看來，自古以來，發財的捷徑有兩條：要麼出賣國家，要麼出賣朋友。

干涉王室家務

聯合國大軍凱旋，各自回國。

齊桓公派隰朋前往雒邑，向周惠王報捷。

就在隰朋來之前，屈完剛走，周惠王的心情正好。

隰朋把聯合國軍南征的過程彙報了一遍，又把齊桓公和管仲好好吹捧了一遍，最後提出一個要求：想見見太子王子鄭。

周惠王有些不高興，心說：你齊國仗著自己實力強，到這裡來充

大了。憑什麼你就要見太子？雖然想是這麼想，不能這麼說，這麼多年以來，還就是人家齊國給你面子。

周惠王把王子鄭叫出來，順道還叫了小兒子王子帶。兩個王子跟隰朋互致問候，算是認識了，之後的情節倒有些尷尬，周惠王父子三人似乎都不想說話。

隰朋是個什麼人物？職業外交家。一看這情形，心裡什麼都明白了。

回到齊國，隰朋向齊桓公和管仲報告了這一行的過程，之後說：「主公，現在有個機會，能保齊國一直稱霸下去。」

「什麼機會？」齊桓公問。

「我打聽到的消息，現在的太子是王子鄭，可是周王更喜歡王子帶，那天三個人見我，看上去都很尷尬，王子鄭還有些惶恐的樣子，看這樣子太子的位置是懸了。」

「這是什麼機會？人家那是王室自己的家務事啊。」齊桓公沒弄明白。

「不然，如果我們能夠幫助王子鄭保住太子位置，他豈不是要對我們感恩戴德，今後他登基做了周王，不是要對我們言聽計從？」隰朋看得夠遠。

什麼是職業外交官？不是會兩三門外語那麼簡單，像隰朋這樣的才算。

說是這麼說，可是怎麼樣幫王子鄭，隰朋就沒有主意了。這個時候，還要看管仲的。

「這樣，我們在明年夏天召開聯合國大會，就請王子鄭出席，這樣，就等於向天下宣告王子鄭是太子，也等於我們表態力挺王子鄭，周王也就沒有辦法改變主意了。」管仲果然有主意。

第二年春天，齊桓公遍發英雄帖，在衛國的首止（今河南省睢縣東南）召開聯合國大會。同時，派隰朋去雒邑，邀請王子鄭代表周王前往主持。

齊桓公三十一年（前655年）夏天，齊、魯、宋、鄭、衛、陳、許、曹等八國諸侯到齊，王子鄭也代表王室出席。

王子鄭也不是傻瓜，好不容易來到這裡，正好是公關的好機會，放下王子的架子，四處拜訪到會諸侯，讓大家都感覺這個人很不錯。

按理說，大家天也聊過了，酒也喝過了，沙龍也開過了，該幹的都幹完了，就該歃血為盟，然後各自回家，該幹什麼幹什麼了。可是，事情不是這樣。

「王子啊，你看，你來這一趟也不容易，大家都喜歡你。再說，我家主公也答應了幫你保住太子的位置，也就別急著回去了，再住一段時間，等秋天涼快了再回去。」管仲出這麼個主意，意思是給周惠王看看，看看王子鄭跟聯合國的關係有多硬。

王子鄭當然願意，諸侯們儘管不願意，也不敢說。就這麼著，八個諸侯就在這裡住下來了，歃血為盟的事情暫時不提，每天就是喝酒聊天胡亂吃喝。

周王妙計

管仲這麼做，有兩個人是很不滿的。誰？

一個是鄭文公，他的國家緊挨著楚國，他怕啊，萬一楚國打過來怎麼辦？

雖然不滿，他不敢說。

另一個不滿的是周惠王，當初隰朋來請王子鄭，他就覺得這裡有問題。從前聯合國簽約的時候，都是派個大夫去就行了，如今怎麼指名道姓要王子鄭？等到王子鄭遲遲不回，周惠王就更明白了：你齊國這是做樣子給我看，力挺王子鄭啊。你當了盟主了，就要管我的家務事了？

周惠王很惱火，換了誰都會很惱火。周惠王一惱火，憋出一條妙計來，他把總理宰孔叫來了。

「你看看齊國，自從南征回來，那真是不可一世了，如今這樣，那

是明擺著做樣子給我看，粗暴干涉我們家的內政。你說他們要是真的立了多大功，那我也認了。可是他們南征根本就沒動人家楚國一根汗毛啊，算什麼本事？你看楚國的屈完過來，恭敬有禮，讓人看出楚國的誠意來了，你再看看隰朋，挺著個肚子，牛得不知道自己姓什麼，還指手畫腳。我看啊，你辛苦一趟，去找鄭侯，讓他聯絡楚國，從此咱們重點扶植楚國，不尿他齊國這一壺了。」周惠王這個主意想得真絕，就好像雷鋒（註）幫你抓了小偷，然後你跟小偷合起來對付雷鋒。（註：中國共產黨黨員革命象徵與模範。）

所以，好人難做。你真是幫他，他不感激；你稍稍不如他意，他就恨你。

宰孔一聽，什麼？他以為自己的耳朵有問題。等弄明白不是聽錯了的時候，宰孔當即回絕了：「大王，這樣缺德的事別讓我幹，我幹不出來。」

周惠王一看，更不高興了，心說：這個王八蛋八成收了齊國的好處了。

沒辦法，周惠王自己派人去了首止，給鄭文公帶了一封雞毛信。

「叔父，齊侯自以為功高，不可一世，竟然要騎在我的頭上拉屎，是可忍，孰不可忍！如今我覺得楚國很好，希望叔叔能夠擺脫齊國，與楚國建立聯繫，共同扶助王室，切切，保密。」鄭文公唸道，這是周惠王給他的信。

鄭文公正不想在這裡待著呢，想找藉口走又找不到，如今看到這封信，算是給自己找了個藉口。

「看見沒有，王室的密令，咱們走吧。」鄭文公對隨從前來的總理申侯和外交部長孔叔說。

孔叔一看，心說：周王是個糊塗蛋，怎麼你也跟著糊塗啊。

「主公，做人不能這樣，人家齊國為了咱們攻打楚國，如今咱們卻背棄齊國投靠楚國，太不道義了吧？」孔叔反對。

「嗨，這年頭，還講什麼道義啊？況且，看這樣子，齊國比楚國還難伺候，修好楚國，我看行。」申侯支持鄭文公。

一個支持，一個反對，鄭文公決定按照自己的想法去做：「齊侯重要還是周王重要？咱們聽周王的難道不對？」

就這樣，鄭國君臣當天半夜偷偷跑了。

第四十三章

齊桓公有野心了

　　鄭文公跑了，齊桓公氣得幾乎跳起來。上一次就是這樣，為了宋桓公開的第一次聯合國大會，結果宋桓公跑了；這一次呢，剛剛救了鄭國，鄭文公又跑了。

　　「奶奶的，來人，把鄭國君臣給我追回來。」齊桓公很久沒有這麼罵過人了，就要派人去捉鄭文公。

　　「主公，算了，捉回來也不好處置。咱們這裡已經有七個國家，再加上王子鄭，足夠了。等簽了新盟約之後，再找時間去討伐鄭國。」管仲阻止了齊桓公，他想得周詳些。

　　第二天，與會各國舉行了結盟大會，共推齊桓公為盟主，大家歃血為盟。

　　王子鄭代表王室見證了盟會，正式任命齊桓公為盟主。

忽悠和反忽悠

　　鄭文公君臣從首止回到鄭國，總算鬆了一口氣。

　　「老申，你走一趟吧。」鄭文公派申侯去楚國建立友好關係。為什麼派申侯？

　　申侯原本就在楚國混過，伶牙俐齒，會講黃段子還會看眼色，能吹會拍又會來事，是很會討好主子的那一類，把楚文王忽悠得十分舒爽，成了楚文王最寵愛的人，令大家都很嫉妒。

　　楚文王鞠躬盡瘁之前，專門把申侯叫來，幫他謀條出路。

　　「老申啊，我快不行了，我知道你的人緣很糟糕，因為你很貪，不僅貪，而且貪得無厭。我死之後，你肯定混不下去。所以，你趁現在走吧。」別說，楚文王挺夠義氣，不僅給申侯出主意，還給了他不少銀子。

就這樣，申侯從楚國到了鄭國。來到鄭國，憑著那張嘴皮子，七扯八扯跟鄭侯扯成了親戚，然後發揮自己的特長，沒用多久，又成了鄭侯最喜歡的下屬了。七混八混，竟然混到了總理的位置上。

所以，到了這個時候，鄭侯自然要派他去楚國，熟門熟路的，熟人也多。

這樣的美差，申侯自然要去。當時申請了一車珍寶就上路了，走到半路上，讓手下分了半車下來，運回自己家裡去了。

到了楚國，楚成王一看，鄭國自己來投誠了，當然高興，收了禮物，又回贈了一車，讓申侯轉達楚國歡迎鄭國加入南聯盟的口信。申侯又去會了老情人，這才趕回鄭國。

到了鄭國，又是先分了一半楚國的珠寶回自己家裡，剩下的再給鄭文公，鄭文公一高興，又賞給他不少銀子。這一趟下來，申侯算是發了一筆大財。

基本上，申侯就該算是貪官的祖師爺了。

從楚國回來，一個老朋友來探訪了。誰？轅濤塗。

「哎喲，老轅，你怎麼來了？稀客稀客。」申侯很熱情，似乎根本沒有發生過告密事件。

「老申啊，我特地來感謝你啊。」轅濤塗認真地說。申侯一聽，什麼？來感謝我？說反話吧。再看轅濤塗的樣子，不像在諷刺自己。何況，這是自己的地盤，不怕他來惹事。

「感謝我什麼？」申侯依舊笑呵呵地說。

轅濤塗開始解釋，原來，他被齊桓公帶回齊國之後，就被安排去了國家大妓院當清潔工。沒幹幾天，恰好遇上齊桓公來光顧，兩人就聊起來了。聊得很開心，最後齊桓公說了：「老轅啊，按理說，你忽悠我是不對的，但是你的出發點是為了自己的國家，這證明你是個忠於國家的人。就憑這個，我佩服你。從今天起，你也別掃大街了，可是我也不能讓你出去，這樣吧，你就住在國家大妓院，每天願意嫖誰就嫖誰，國家給你買單。」

就這樣，原本做義工的轅濤塗成了公費嫖客，這三個月過得那叫一個充實，嘗遍了天下美色。過了三個月還不想走，最後還是管仲勸他愛惜身體，這才把他勸回來。

「我這輩子算是沒白活了，你說我是不是要謝謝你？」轅濤塗把自己說成了因禍得福，因此來感謝申侯的舉報之恩。

「真的？國家大妓院公費嫖娼？」申侯把眼瞪圓了，早知如此，還不如舉報自己呢。

總之，兩個人現在還是朋友。不僅是朋友，而且是更好的朋友。

申侯邀請轅濤塗參觀了齊桓公命令鄭文公賞給自己的虎牢城，這可是一座大城。能弄到這座城，除了舉報有功之外，與申侯一路上不間斷地向齊桓公拍馬屁套近乎密不可分。

轅濤塗一邊參觀，一邊稱讚，很是羨慕。

「老申啊，這座城沒得說，別說鄭國，就是整個大周也找不到幾座。不過呢，恕我直言，城池有點舊了，你看，那個地方應該加固，那邊應該粉刷一下，還有那邊，怎麼弄個亭子裝飾一下就協調了。」轅濤塗提建議。申侯不停點頭，覺得有道理。

住了兩天，轅濤塗告辭回陳國，臨走之前兩人約好過三個月再見。

「再來的時候，希望看到你這裡煥然一新啊，哈哈哈哈。」轅濤塗高高興興，驅車走了。

轅濤塗走之後，申侯開始按照轅濤塗的建議修整城牆。

有人會問：這麼說來，轅濤塗不是成了公費嫖娼的祖師爺。錯，轅濤塗那是在騙申侯呢。

實際上，轅濤塗在齊國的義工生涯十分淒慘，打掃垃圾、洗床單、洗衣服、淘糞池什麼得幹，看別人嫖自己乾著急。那三個月，真是地獄般的煎熬。

轅濤塗發誓要報仇，在冥思苦想之後，他想出了這個辦法，他要以其人之道還治其人之身，他要忽悠申侯，然後出賣他，最後要他的命。

申侯之死

轉眼之間第二年夏天到了。

該來的終究是要來的。

齊桓公三十二年（前654年），以齊國為首的聯合國軍隊討伐鄭國。

鄭文侯一面死守，一面派申侯前往楚國求救。

申侯去了楚國，而另一個人偷偷去找鄭文公了。誰？轅濤塗。

轅濤塗來幹什麼？舉報。

「主公，你要當心申侯啊，你看他又是修城，又是跑楚國跑這麼勤快，他對主公您有很多怨言，說虎牢是齊侯賞給他的，他的功勞那麼大，您卻一點賞賜也沒有。您當心吧，我聽說他想藉著楚國的力量強占鄭國呢。」轅濤塗就這麼說，也不管鄭文公信不信。他知道，這樣的話，鄭文公就算不全信，也會信一部分。

鄭文公嘴上不信，心裡很是懷疑。

那一邊，申侯到了楚國求救。

楚國君臣一商量，子文出了個主意，什麼主意？攻打許國。這樣，聯合國軍隊必然救許國，鄭國之圍也就解了。

楚國軍隊立馬出發，攻打許國。聯合國軍隊果然去救，於是楚國撤軍，聯合國軍隊也不再攻打鄭國。

照理說，申侯算是立了一功，回到鄭國，滿指望弄點獎賞。誰知鄭文公沒給什麼好臉，說了句辛苦了就算完事。申侯大失所望，不免有些怨言。

又過一年，又是夏天，齊國軍隊又來了。

這一次，齊桓公沒有調動聯合國軍。正因為沒有調動聯合國軍隊，鄭文公害怕了。通常，聯合國軍隊名義上人多勢眾，戰鬥力很一般，主要是用來嚇人的。相反，如果是齊國自己出動，那戰鬥力沒得說，目標就是消滅你。

齊國來狠的了，而楚國很可能不敢與齊國公開對抗。怎麼辦？鄭文公愁死了。

這個時候，一封雞毛信寄到了孔叔的手裡。信中寫道：

攛唆鄭國背叛齊國的是申侯，說明鄭國與楚國往來的是申侯，竊取虎牢準備造反的還是申侯，而齊國最恨的還是申侯。這樣的人為鄭國帶來了連年戰爭，為什麼不殺了他向齊國謝罪呢？

誰寫的信？轅濤塗。

孔叔一向很討厭申侯，當即把這封信送給了鄭文公。鄭文公一看，就是這麼回事啊，這鳥人自己發財，害大家受苦。於是當即召申侯來見，申侯以為又是派自己去楚國求救，又能發一筆小財了。

「申侯，你讓我們投靠楚國，如今齊國又來了，楚國怎麼不來救？沒辦法，借你的狗頭一用。」鄭文公說完，連辯解的機會都不給申侯，直接叫人將他拖下去砍了。

可憐申侯，算計了一輩子，臨死連自己被誰算計都沒弄明白。

人頭送到了齊軍大營，再加上鄭文公誠懇的道歉和認錯以及孔叔和管仲的交情，齊桓公原諒了鄭國，而鄭國又重新加入了聯合國，回到了組織的懷抱。

齊桓公托孤

到了冬天，出大事了。

周惠王駕崩了。

王子鄭擔心王子帶趁機搞破壞，於是嚴密封鎖消息，一面派弟弟王子虎前往齊國報喪，請求支持。

齊桓公一看，好事啊，當即發出聯合國維和部隊徵集令，於是八個聯合國成員國各自派遣一名大夫，多的派戰車一百乘，少的也有五十乘，浩浩蕩蕩趕到雒邑。到了這個時候，王子鄭才宣布老爹已經過去了，而王子帶一看這架勢，知道沒戲了，老老實實蹲著去了。

就這樣，王子鄭成為周襄王。

齊桓公三十五年（前651年）夏天，齊桓公在葵丘召開聯合國大會，算是周襄王登基之後的第一次聯合國大會，周襄王派宰孔前往參加。

每次聯合國大會，登壇祭拜，歃血為盟都是固定程序，這一次也一樣。大家坐定之後，宰孔掏出兩塊臘肉來，這是周天子祭祀用的，稱為「胙」。這兩塊臘肉是賜給齊桓公的，別小看這兩塊肉，這代表了極高的榮譽。

儀式結束之後，管仲想起一件事情來。

「主公，你看周王室，要不是咱們全力幫助，王子鄭和王子帶就是你死我活了。也別只看別人，齊國的世子位還是虛的，早點定下來吧，省得大家有想法。」管仲想的是這件事情，確實，自己和齊桓公都歲數大了，繼承人的事情已經很緊迫。

「這事情我不是沒想過，你看，王姬沒有兒子，所以沒有嫡長子。其他的幾個夫人共有六個兒子，再有七個兒子是妾生的，就不說了。這六個兒子中，歲數最大的是大衛姬生的無虧，最賢明的是鄭姬生的子昭。我私下裡已經答應給無虧了，不過還沒有最後定論，仲父替我考慮考慮。」齊桓公提起這個事情來，有點頭痛。

管仲早就已經想好了，按常理，就該輪到無虧，可是無虧跟豎貂和易牙混在一起，今後他當了國君，這個國家還有好？

「沒有嫡長，就誰賢立誰，公子昭最合適。」管仲看好公子昭。

「可是，萬一無虧不服氣，鬧事怎麼辦？」

「沒關係，我們找一個靠得住的諸侯，把公子昭託付給他就行。」管仲早想好了。

「那找誰？」

「宋公。」

「為什麼？」

年初的時候，宋桓公鞠躬盡瘁了。

世子茲父繼位，就是宋襄公，而茲父的哥哥目夷做了總理。有人

問，茲父難道不擔心目夷篡黨奪權？當然不擔心，因為他根本就想把位置讓給哥哥坐。

原來，茲父是夫人生的，因此被立為世子，而目夷是他的庶兄。大概是宋桓公教育得當，兄弟兩個之間的關係十分好，宋桓公也很愛他們。

茲父決定把寶座讓給哥哥，於是就去找父親提出請求，宋桓公就問為什麼，茲父說：「我娘是衛國人，我跟我舅舅關係很好，常常去串門，我要是當了國君，就不方便來回走動了。」

宋桓公拒絕了茲父的請求。

但是，茲父再三請求，宋桓公只好接受。

「孩子，你弟弟把世子讓給你，你做吧。」宋桓公對目夷說。

「不行，按著規矩，就該是弟弟，這種壞規矩的事情，我不能做。」目夷拒絕了，不僅拒絕了，還跑到衛國去了。

茲父一看，你跑衛國了，我也跑衛國去吧，結果哥倆都跑衛國了。

世界上的事情就是這樣奇妙，有的國家兄弟殘殺爭奪國君位置，有的國家兄弟互相謙讓，人跟人的境界真是不能相比。

後來宋桓公病重，派人去招茲父回來，說：「你要不回來，爹就會憂慮而死。」就這樣，茲父才回到宋國，宋桓公把他任命為世子。這之後，目夷才回來。

宋襄公就是這樣一個人，管仲很喜歡他，覺得他靠得住。

齊桓公和管仲找到宋襄公，寒暄一陣，話進正題。

「小宋啊，我準備立公子昭為世子，今後若是公子昭有什麼難處需要幫忙的，還請你一力主持啊。」齊桓公說，要把公子昭託付給宋襄公。

「這……這……我哪裡有這樣的能力？不過盟主看得起，我一定盡力就是。」宋襄公沒有一口答應，但是從心裡感激齊桓公看得起自己。

齊桓公要封禪

做什麼事情都會上癮，有的人洗腳上癮，有的人打麻將上癮。

齊桓公對召集聯合國大會上癮了，他很享受聯合國大會上那種眾星捧月、眾人拍馬屁的感覺。

夏天剛開完，秋天又要開了。

文山會海的祖師爺就是齊桓公了。

誰也沒有想到加入了組織就這麼麻煩，整天開會什麼也幹不了。大家都不想去，可是不去還不行。沒辦法只能去，去了都是應付。周襄王也挺煩，也沒辦法，派了宰孔去應景。

這一次的盟會比較無聊，人人都提不起勁來，弄得齊桓公也有些沒趣。怎麼辦呢？齊桓公還想弄出個什麼熱點來。猛然，他有主意了，他要幹什麼？他宣布他要上泰山封禪。

從古到今，從黃帝到周成王，都在泰山封禪。因此，封禪歷來是帝王的事情。封禪是怎麼回事？封禪分為封和禪兩個部分：封泰山，在泰山上築壇祭天，歌頌上天的威力和恩德；禪梁父（泰山下面的小山），在梁父，掃清地面祭地，感謝大地的養育之恩。

如今，齊桓公要封禪，什麼意思？

他有更大的野心了。

每個人都反對，但是，每個人都不敢說。

「管老，你怎麼不勸勸？」宰孔悄悄問管仲。

「人老了，愛面子，我私下勸他吧。」管仲擔心當著許多人勸反而會讓齊桓公上驢脾氣，到時候不好收拾。

人老了就是這樣，犯糊塗，還倔。

吃完晚飯，管仲去找齊桓公，準備勸勸他，老了老了，別晚節不保。俗話說：「晚節最容易不保。」

「仲父，咱們什麼時候封禪？」管仲還沒說話，齊桓公說了，他還挺興奮，覺得自己這個主意挺好，就急著去做。

「主公，我來就是要說這個事情。」管仲早就想好了怎麼說，對付

齊桓公，他有的是辦法。「從古到今，封禪泰山的據說有七十二家，不過我知道的只有十二家，他們是無懷氏、伏羲、神農、炎帝、黃帝、顓頊、帝嚳、堯、舜、禹、湯和成王，不是帝就是王，都是受天之命舉行封禪大典的。主公啊，我看，你就省省吧，別操這心了。」

齊桓公一聽，有些意外，沒想到管仲會反對。不過，他有自己的理由。

「仲父啊，你想想，咱們這些年來做了多少事業啊？北伐山戎，滅了令支和孤竹，最西到了大夏；南討楚國，最南到了召陵，楚國臣服。三次組織聯合國維和部隊，六次召開聯合國大會，這叫做九合諸侯，一匡天下，哪個國家敢對抗我們？我們這樣的功業，難道不是和夏、商、周一樣受命於天嗎？」齊桓公振振有詞。歌詞大意就是：老子天下最強，封個禪怎麼啦？

換了別人，被齊桓公這一通說，立馬歇菜。可是，管仲是什麼人？

「主公啊，你的功業那是沒得說，剛才你說的只是其中的一小部分，咱們幫助周王室維持穩定，幫助魯國平定內亂；幫助宋國確定國君，幫助衛國和邢國恢復國家，等等等等。你的威望比周天子還高啊。」管仲先給一堆高帽子戴上，看見齊桓公挺高興，於是接著說，「可是，你知不知道，帝王們封禪那可不是隨便跟抽風一樣想起來的，那是有徵兆的。封禪當年，一定是黃土高原長出了嘉禾，江淮之間長出了三脊草，然後用嘉禾和三脊草進獻上天。同時，西邊進貢了比翼鳥，東邊進貢了比目魚。有了這些徵兆，才敢封禪。可是你看看咱們，嘉禾不生，蒿草茂密，鳳凰麒麟沒看見，凶禽惡鳥到處跑。主公你說，咱們能封禪嗎？」

要說管仲，那真是沒得說，一番話下來，說得齊桓公目瞪口呆，心服口服。

「那，那算了，等等再說吧。」

人老了，跟小孩一樣，管仲瞎編一通故事，就能把齊桓公給嚇回去。

　　雖然打消了封禪泰山的念頭，齊桓公的野心卻沒有打消。他開始向管仲討教當年周武王伐商紂的事情，管仲自然知道他要幹什麼。

　　管仲知道這是很危險的事情，他必須阻止齊桓公，他在等待時機。

　　終於，齊桓公在做了一晚齊王夢之後，第二天忍不住要向管仲攤牌了。

　　「仲父，在你們的輔佐下，齊國成就了霸業，我現在覺得當聯合國盟主不夠勁了，我想稱王了，您看怎麼樣？」齊桓公問。

　　「這個，你要問鮑叔牙。」管仲把問題推給了鮑叔牙。

　　於是，齊桓公派人請來了師父。

　　「師父，我想稱王了，您覺得怎樣？」

　　「這個，你該問賓須無。」鮑叔牙看了看管仲，把問題推給了賓須無。

　　齊桓公一看，好嘛，這兩位挺能擺譜。

　　沒辦法，把賓須無給請來了。

　　「賓大夫，我想稱王了，仲父和師父都說應該聽你的看法，那你就說說，別再推給隰朋了啊。」齊桓公先把話說了，省得賓須無再推。

　　賓須無原本也想推，現在齊桓公都發話了，自己也沒有倚老賣老的資格，沒辦法，只好接下這個燙手的山芋。

　　「主公，想聽實話還是想聽假話？」賓須無問。

　　「照實說，仲父和師父都在這裡，為什麼要說假話？」齊桓公就覺得今天的事情有些古怪。

　　賓須無看看管仲，再看看鮑叔牙，這才開口：「主公啊，古代能夠稱王的，都是君主的德能比臣下高的。恕我直言，我們現在是臣下的德能比主公高。」

　　話音未落，齊桓公「騰」地站了起來，倒退幾步，眼光在眼前的

三個人身上掃視。

管仲三人見齊桓公站起來了，誰還能坐？也都站了起來。

「唉，」齊桓公歎了一口氣，說道，「想當年，周太公德能高，周王季德能高，周文王德能高，周武王德能高，周公旦德能高，憑他們，大周也不過僅僅能控制四海之內。如今我的兒子們都不如我，而我不如你們三位，看來，上天註定我是不能成就王業了。」

人，固有自知之明。

從此之後，齊桓公再也沒有想過要稱王了。

也就是只有春秋時代，當臣下的敢說國君不如臣下，到了後世，誰敢這麼說？國君永遠是英明正確的。

人老珠黃

野心往往是人前進的動力。

封禪沒戲了，稱王沒指望了。

齊桓公革命工作的勁頭一下子就下來了，聯合國大會也沒興趣開了，聯合國維和部隊也沒興趣組建了。總之，革命熱情沒了。

當然，這跟歲數大了也有關係。

從那以後，齊桓公再也沒有召開聯合國大會，他開始更加注重享受起來，蓋新樓、進口新車，讓易牙採買最好的山珍海味做最好的菜，偶爾還跟公子開方去國家大妓院轉轉，不過，人老了，戰鬥力明顯不行了。

齊桓公沒有野心了，但是，有野心的人還有大把。

兩年之後，也就是齊桓公三十七年（前 649 年）。

周襄王的弟弟王子帶實在忍不住了，於是勾結北面的北戎，要裡應外合，驅逐周襄王，自己登基。

北戎軍隊如期而至，攻打雒邑。周襄王一看不妙，立即派人四處求救。秦國、晉國就近發兵，馳援雒邑。北戎一看，心裡又有點發虛。而城裡王子帶沒有想到秦國和晉國來得這樣快，也沒有膽量接應北戎。

結果，北戎軍自己撤了。

等管仲率領齊軍來到的時候，戰事已經結束。既然來了，也不能就這麼回去，管仲派人前往北戎，譴責他們的侵略行徑並且發出戰爭威脅。北戎很害怕，於是派出使者前來認錯並要求簽署和平條約，同時出賣了王子帶：「都是王子帶出的壞主意。」

管仲進城觀見周襄王，襄王要以周朝上卿的規格接待，管仲再三謙讓，最後以下卿規格接待。管仲順便把北戎的事情彙報了一遍，襄王當即同意接受和平建議，同時要處死王子帶。

「大王，王子帶雖然有錯，但畢竟也是大王的弟弟，不妨將他趕到齊國悔過。」管仲建議。

於是，管仲將王子帶帶回了齊國。

這是管仲最後一次率軍出國，也是齊桓公最後一次派兵出征。

人，總會老的。

管仲走了

四年之後，齊桓公四十一年（前 645 年）。

管仲的生命終於走到了盡頭，這個中國最偉大的思想家、政治家、經濟學家和軍事家也沒有能夠逃過時間的追殺。

管仲臨終之前，齊桓公親自來到家中探望，看見病得瘦骨嶙峋的管仲，齊桓公潸然淚下。他握著管仲的手問：「仲父，如果您不幸而不起的話，誰可以接任總理？」

「可惜啊，甯戚死得早，他原本是最合適的。」除了甯戚，賓須無和王子成父也都已經去世。

「那麼，鮑叔牙怎麼樣？」

「鮑叔牙是個坦蕩君子，正直誠實，但是太正直了，善惡太過分明，見到人的過失，一輩子都不會忘。水至清則無魚啊，沒有人願意在他手下幹活。」

「那麼，隰朋呢？」

「隰朋可以吧，他這個人很謙虛好學，不恥下問，在家裡也在考慮國家的事情。」對於隰朋，管仲勉強認可，沒有辦法，他以自己為標準，確實很難找到接班人。「不過，隰朋天生就是我的喉舌，我死了，喉舌還能存在很久嗎？只怕他也快了。」

說來說去，隰朋不過是個過渡人選。

「那麼，仲父認為易牙怎樣？」齊桓公很喜歡易牙，想要破格提拔他。

所以，自古以來，在君主身邊做事是很容易飛黃騰達的，就像今天給領導當秘書或者給領導開車一樣，一個御用廚師竟然被當做總理人選提出來。

「主公，你不問，我也要說呢。易牙、豎貂和公子開方這三個人不是好人，離他們遠一點。」管仲說。這三個人能夠哄齊桓公開心，管仲沒有動他們是因為自己可以控制他們。如今自己要死了，不能再讓這三個人在齊桓公的身邊了。

「可是，易牙很愛我啊，他把他兒子都蒸來給我吃了呀。」

「人之常情是最愛自己的兒子的，他連兒子都忍心殺掉，對別人還有什麼做不出來的？」

「可是，豎貂為了留在我身邊，把自己給閹了啊。」

「人都是把自己的身體看得最重，他連自己的身體都不在乎，他會在乎別人嗎？」

「公子開方呢？他放棄了世子的寶座來跟隨我，父母死了都不回去奔喪，他難道不是真愛我嗎？」

「連父母都可以拋棄，還有什麼人不能拋棄？」

什麼是哲學？這就是哲學。哲學是不能無視人性的。

父親死了，兒子還在臺上含笑演出，我們現在說這是敬業，看看管仲怎麼說吧。

「既然這樣，仲父怎麼從來沒有說過？」齊桓公有些失望，他覺得管仲的城府太深。

「我從前不說，是因為他們可以讓主公開心。就像大壩一樣，我在

的時候可以阻止洪水氾濫，我要走了，洪水隨時要氾濫了，所以我提醒主公離他們遠一點。」

齊桓公半天沒有說話，對於管仲對這三個人的評價，他並不贊成。

半天之後齊桓公終於想起來還有話沒有問，急忙問：「那隰朋之後？隰朋之後誰能接班？」

管仲沒有說話，他已經說不出話來了。

當晚，管仲與世長辭。

天下的管仲

管仲的一生，是光輝的一生，是偉大的一生，是脫離了低級趣味的一生。

管仲，一生致力於齊國的繁榮強大，為祖國的安定團結貢獻了畢生的力量。尊崇周王室，和睦諸侯是他的原則，他為春秋諸侯建立了一個楷模國家，開創了國家發展的新模式，使得齊國成為各個諸侯國紛紛學習效仿的對象。

諸子百家，管子應當是第一家。而隨後的儒家、法家、道家、兵家等，都脫胎於管仲的思想。可以說，管仲對於整個華夏的歷史進程起到了舉足輕重的作用。

有人會說，既然管仲如此偉大、如此無所不能，為什麼他不幫助齊桓公稱王，取代周朝而成為歷史上的齊朝？

因為管仲的屁股實際上沒有坐在齊國，而是坐在周朝王室那一邊。

管仲本人是王族，骨子裡，他希望看見周朝王室重新建立權威，而不是被推翻。而輔佐齊桓公，幫助齊國強大起來的最終目的，是要尊崇王室。

也正因為如此，我們就可以解釋管仲處理國際事務的種種立場了。

管仲對於姬姓國家非常關照，幫助燕國消滅山戎，把侵犯的地盤歸還魯國，幫助衛國和邢國重建家園，等等。他希望這些周朝的同姓國家能夠團結在王室周圍，幫助王室重新建立權威。

為了防範齊國因為強大而對周朝王室構成威脅，管仲一方面讓齊桓公和王室聯姻，以裙帶關係加強兩方的關係；另一方面，管仲在遏制齊國的擴張，雖然齊國不斷強大，但是地盤沒有什麼擴大。其實，齊國有充分的機會和理由吞併燕國、衛國和邢國，甚至有吞併魯國的可能。但是，都被管仲或明或暗地阻止了。

如果齊國有取代周朝的野心，那麼周王室的混亂將是一個絕好的機會。正是看到這一點，管仲以超乎想像的強勢手段來維護王室的安定，這就是他為什麼如此殫精竭慮幫助王子鄭的緣故。

當他發現齊桓公野心膨脹的時候，他毫不猶豫地勸阻齊桓公。

熟讀《三國》的人都知道荀彧，荀彧實際上與管仲的思想境界是相同的。

所以，管仲不僅僅是齊國的管仲，他是天下的管仲。

鮑叔牙也走了

管仲去世了，整個齊國都感到悲哀。從周王室到包括楚國在內的諸侯各國都紛紛派遣特使前來弔唁。齊桓公十分悲痛，他命令世襲上卿的高虎負責治喪委員會，高規格安葬管仲，管仲的兒子世襲齊國大夫。

隰朋接任了總理職務。

易牙對管仲恨之入骨，他決定挑撥鮑叔牙和管仲之間的關係。

「鮑叔啊，管仲能做上齊國的總理，都是您老人家的推薦。可是，他臨死的時候推薦總理竟然沒有您的分，我都為您老人家抱不平啊。」易牙找了個機會，來找鮑叔牙說是非。

鮑叔牙一聽，笑了：「易牙，就是因為管仲凡事為國家考慮，我當初才推薦他。你現在來說他的壞話，真是不知好歹，像你們這一類貨色，還虧管仲大人大量讓你們混著。要是我的話，早把你們給炒了，滾吧。」

易牙碰了一鼻子灰，灰溜溜地走了。他不得不佩服管仲，也不得不佩服鮑叔牙。

隰朋繼任僅僅一個月，也追隨管仲去了。

誰還能當總理？齊桓公不知道。從歷史的角度來說，管仲沒有能夠培養自己的接班人，這是他一生中最大的遺憾或者說缺憾。

沒辦法，齊桓公只能請老師出馬了。

「師父，還是您來吧。」齊桓公親自上門請。

「主公，管仲說得對，我的性格好惡過於分明，不適合。」鮑叔牙推辭。

可是，齊桓公再三邀請，鮑叔牙最後只得接受，但是有一個條件：炒掉易牙、豎貂和開方。

鮑叔牙果然是眼睛裡揉不進沙子。

齊桓公答應了，於是，易牙三人被掃地出門。

很快，鮑叔牙的缺點就暴露出來了。

他看不慣這個，看不慣那個，大家很快開始煩他。

齊桓公也很不舒服，從前吃喝嫖賭都沒問題，管仲從來不管，因為管仲的理論是：「人生就是來享受的，當了國君不享受，誰還當國君？」管仲不僅不管，有時候還陪齊桓公玩，有時候還出主意。可是，鮑叔牙看不慣，看不慣就說。

齊桓公越來越痛苦，越來越鬱悶。沒了易牙，飯菜不香了；沒了豎貂，起居不暢了；沒了開方，沒人說黃段子了。

「主公啊，你看你這麼難受，把易牙他們召回來吧，不就做個飯、捶個背、講個黃段子嗎，還能禍國殃民去了？」大老婆大衛姬建議。除了心疼齊桓公之外，她還有自己的目的。什麼目的？

原來，齊桓公六個如夫人生了六個兒子，分別是：大衛姬的兒子公子無虧、小衛姬的兒子公子元、鄭姬的兒子公子昭、葛嬴的兒子公子潘、密姬的兒子公子商人和宋華子的兒子公子雍。六個公子中，只有公子雍出身卑微些，安分守己。

雖說公子昭被宣布為世子，但是五大公子各有各的愛好者，實力不相上下，誰也不服誰。這種現象被稱為結黨。

公子昭的人馬被稱為世子黨,其餘四大公子都屬於公子黨。

易牙和豎貂都是公子無虧的死黨,奇怪的是,公子開方竟然沒有跟自己的姑姑大小衛姬合作,反而與公子潘混在一起,據說是在國家大妓院一起嫖娼結下的友誼。

為了自己的兒子,大衛姬當然極力慫恿齊桓公把那三個人弄回來。

齊桓公終於還是把易牙、豎貂和公子開方給弄回來了,但是沒有官復原職,按現在的說法,叫做返聘。

鮑叔牙一看,不幹了,去找齊桓公,齊桓公跟他解釋:「這是返聘而已,沒官沒權,小泥鰍掀不起大浪。」

鮑叔牙還勸,勸也沒用,齊桓公是下了決心非要把這三個兄弟給弄回來。

「那好,我辭職。」鮑叔牙要辭職。

「別介,師父要是辭職,那不是擺明了讓我挨罵嗎?您還當著總理吧,平時沒事,早點來晚點來都沒關係。您歲數也大了,注意點休息。」

鮑叔牙辭職也沒辭成。

從那之後,鮑叔牙乾脆不上朝了,反正身體也一天不如一天了。

沒多久,齊桓公將易牙等三人全部官復原職,寵信程度比從前有過之而無不及。

管仲去世的第二年,鮑叔牙也去世了,憂鬱而終。

神秘西方客

短短一年多的時間,管仲、鮑叔牙和隰朋都走了,齊桓公的心情十分糟糕。與此同時,他的身體也虛弱了很多。齊桓公對什麼事情都沒有興趣了,唯一還能讓他稍微有點心情的就是接見外國客人,從客人的恭維中回味過去的光輝歲月。

又有一批客人到了,齊桓公支撐著身體會見了他們。

這批客人來自晉國,有二十多人,為首的是晉國公子重耳。

「公子來到齊國，是遊玩還是出仕？」齊桓公問。關於公子重耳他是知道的，重耳一直在翟避難，因此，來齊國並不是國事訪問。

「逃難而已。」重耳倒很實在，也不怕丟面子。

「那麼，就在齊國出仕吧，屈任下卿怎樣？」齊桓公發出邀請。他是認真的，他對外國客人一向都非常大方，而公子重耳的名聲配得上這個位置。這裡需要追加交代的是，自從管仲出任內閣總理以後，齊國每年的財政收入三分之二用於外交，其中就包括招待外國客人。

「落難之人，哪裡還有什麼奢求？如果能夠在貴國有立足之地，有幾畝田地能夠讓弟兄們不挨餓，重耳就已經很滿足了。」出乎意料，重耳委婉地謝絕了。聽他的意思，就是來混吃混喝而已。

「咳咳，人各有志，既然這樣，我也就不勉強了。」齊桓公覺得很累，沒有與客人們說太多的話就匆匆回宮休息了。

齊桓公的出手是很大方的，重耳得到了一個莊園，二十輛車，同時還得到了齊國一個公族的姑娘做老婆。當然，還有一大筆金銀作為「安家費」。

晉國人就這樣住了下來。

他們真是來逃難的？為什麼在翟住得好好的，要到齊國來逃難？

「各位，從現在開始，聽舅犯的統一安排。」搬進新居當天，大宴開始之前，重耳宣布。舅犯是誰？是叫舅的犯人嗎？

於是，所有人都只好一邊咽口水，一邊聽舅犯說話。

「大家聽好了，每個人的工作都很重要，必須完成，而且必須保密。」舅犯說話了。六十多歲一個老頭，怎麼看怎麼像黑幫軍師。他掃視了眾人一眼，然後開始分配工作：「毛，你和公子鎮守此地，負責後勤；臣，你負責和齊國的公卿打交道，齊侯的情況隨時彙報；衰，齊國的各種制度你要搜集，並且做出具體分析；推，你帶四個人四處遊走，探聽民間的消息；軫（音枕）、犨（音抽），你們兩個想辦法探看齊軍的裝備、戰法……」

你聽這些人的名字，聽上去就不像什麼好人。

晉國人的組織很嚴密，每三天一次小結，每九天一次總結，總結

之後就是集體去國家大妓院考察。

　　這究竟是一群什麼樣的人？

　　看上去，有點像傳銷。

　　但是，絕對不是傳銷那麼簡單。

　　他們是晉國的間諜，還是翟人的臥底？他們究竟要幹什麼？

　　花開兩朵，各表一枝。

　　現在，東方齊國和南方楚國的事情告一段落，讓我們把歷史的鏡頭向回轉，去看看西北方向晉國人和秦國人之間的恩恩怨怨。

第四十五章
桐葉封唐

　　現在，坐在周朝的偉大首都雒邑的芙蓉樓上，向西北方向看。

　　西北方向，狼煙滾滾，黃塵滾滾，有兩個絕對值得我們記住的國家——晉國和秦國。不是因為他們後來的強大，而是因為他們的對外擴張為中國的開疆拓土所作出的傑出貢獻。

　　我們知道一個成語叫做「秦晉之好」，其來源就是秦晉兩國之間互通婚嫁。到後來，泛指兩家聯姻。現在我們的婚禮上常說「永結秦晉之好」，就等於祝福新人白頭偕老、永不變心。

　　但是，歷史上真實的「秦晉之好」真的很好嗎？應該說是真的很搞笑。真實的「秦晉之好」絕對是國家之間爾虞我詐、互相利用又互相傾軋的真實寫照。

　　秦晉之好能夠告訴我們的真理是：國家之間，尤其是大國之間，感情是靠不住的。以德報怨也是靠不住的，什麼靠得住？利益和實力。

　　這一切，與當今世界何其相似。

　　晉國，春秋第一強國。

　　讓我們先從晉國開始。

桐葉封唐

　　故事要從春秋之前的五百年前開始說起了，那時周朝剛剛建立不久。

　　姜太公除了是周武王的老師之外，還是什麼？還是尚父，相當於後來所說的教父。還是什麼？還是岳父。姜太公的女兒邑姜嫁給了武王，做了王后。

　　武王年紀輕輕就去世了，邑姜為他生了兩個兒子。大兒子名叫姬誦，就是成王，小兒子名叫姬虞，字子於。小兒子為什麼叫姬虞？因

為生下來的時候，小兒子的手上有一個虞字。因為是成王的弟弟，又稱為叔虞。

成王和叔虞十分友愛，哥哥成王尤其喜歡弟弟的乖巧聰明。

一天——每一天都是一天，但是這一天是不尋常的一天。

這一天，陽光明媚。

成王與弟弟遊戲，大致是扮家家酒那一種，成王撿了一塊桐樹葉，用刀切巴切巴，切得方方正正，算是一塊圭玉，遞給弟弟：「老弟，我就把這個封給你了。」

叔虞嘻嘻哈哈接過來，拱一拱手，說：「謝謝大哥。」

兩兄弟正開著玩笑，旁邊史官走過來了。

史官是幹什麼的？專門跟在天子身邊記錄天子言行的，每天醒過來的第一件事就是去看看天子在幹什麼，力爭把天子的每一言每一行都記錄下來。如今的狗仔隊，祖師爺就是周朝的史官。

「大王，您準備把叔虞封在哪裡？」史官問，完全不像開玩笑的樣子。史官永遠一本正經，從來就不開玩笑。想想看，白岩松（註）的表情就很像周朝史官。（註：中國中央電視台新聞頻道記者。）

「這，」成王愣了，這不是開個玩笑嗎？「別那麼認真，開玩笑而已嘛。」

「天子無戲言。您可以保持沉默，但是，您說的每一句話都將被記錄下來，作為歷史文獻。如今您說了要封叔虞，那就要封，要舉行冊封儀式。」史官才不管這些，《史記》上原話是這樣的：「天子無戲言。言則史書之，禮成之，樂歌之。」

「有沒有搞錯？」成王有些火了。他不是捨不得封地，而是捨不得弟弟，他的聲音一下子提高了八度。「叔虞才十二歲啊，你就要讓他去管理一個國家，你還有沒有人性？啊，你是天子還是我是天子啊？你敢不聽我的？」

「史官史官，唯史不唯官。你是天子怎麼樣？你要再這麼說，我把你這些話也記錄下來。」史官向前一步，面無懼色。

在周朝，史官都是家族世襲的，即便天子也不能撤換或者懲罰他

們。所以，到今天，我們才能看到一部真實的周朝歷史。

成王沒有辦法了，他知道他惹不起史官。

就這樣，成王把叔虞封在了唐，侯爵。

這就是桐葉封唐。因為一片桐葉，叔虞被封在了唐。

唐叔虞，一個偉大的名字就這樣誕生了。

看到這裡，請楊、韓、賈、溫、胥、童、先、席、閻、侯、祁、晉、解、羊、何、欒、簡、郤（音細）、曲、步、籍、蘭等姓的全部或大部，以及程、唐、柳、鄂、孫、冀等姓的一部分保持恭敬，唐叔虞就是這些姓的祖先。

晉祠

「唐在河、汾之東，方百里。」《史記》中這樣記載。地盤不大，在今天山西南部的翼城、絳縣、曲沃一帶。唐這塊地方又叫夏墟，居民主要是夏人的後代，也就是狄。當初周公率軍滅了唐國，將唐國的公族遷到了杜邑（今陝西境內）。但是，唐國還是一個狄國。

去唐國上任的時候，太后邑姜同往，成王一直送出京城，而周公親自送到唐都城翼城。一切安置妥當之後，才啟程回到成周。

隨同叔虞前往唐的，除了一部分周朝軍隊和配備的大夫之外，還有商族的懷宗九姓。這樣，唐國就成了一個民族大雜燴，周人、商人和夏人在這裡會聚。

根據周公的建議，邑姜母子在唐實行了與姜太公治理齊國相同的策略。

第一、國民待遇原則。儘管是征服者，邑姜和叔虞並沒有以征服者自許，並沒有讓周人高人一等。各個民族在這裡地位完全平等，可以雜處，可以通婚，只要是居住在唐的人，均享受國民待遇。凡是煽動民族矛盾者，一律處死。

第二、因地制宜原則（啟以夏政，疆以戎索）。夏人以遊牧為生，商人以工藝謀生，而周人主要從事農業。在唐，有山有水有草原有土

地，因此從事各種產業的人都有。邑姜和叔虞並沒有強制大家從事農業，而是根據實際環境，由百姓自己決定自己的生活方式和民俗習慣。

第三、開放原則。唐的四周是不同的國家，有華夏有戎狄，邑姜和叔虞的政策是打開大門，對全世界開放。唐實行貿易自由政策，與中原國家和狄人都進行貿易。這樣做不僅促進了唐的商業發展，還讓狄人可以交換到生活用品，從而能夠和平相處。後來揚名天下的晉商，就是從這個時候開始的。

第四、和平共處原則。邑姜和叔虞以開放和真誠的心態與四周國家交往，因此得到廣泛的認同。從叔虞開始，唐的公族就開始和狄人通婚，叔虞的後代也大量前往戎狄國家居住生活。

第五、發展農業原則。儘管鼓勵大家因地制宜，但是農業生產的穩定性讓邑姜和叔虞對農業更加重視，他們利用晉水，興修農田水利，進行優化育種，大力發展農業，使唐國百姓能安居樂業、生活富足。農業的發展吸引了大量的狄人前來依附，使得唐國人口大增，國力膨脹。

《史記》記載，通過優化育種，唐國後來培育出了高產麥，麥穗碩大，叔虞派人獻給成王，成王又贈給了周公，周公作《嘉禾》以志慶賀。

唐叔虞將國家治理得國泰民安，民族和諧，在歷史上得到極高評價。後人為了紀念唐叔虞，在太原修建了唐叔虞祠，也就是現在的晉祠。到了北宋，宋朝政府又在晉祠內修建聖母祠，以紀念那個偉大的母親邑姜。

歷代以來，晉祠都是中國香火最旺的祖祠。除了唐叔虞的後代之外，晉祠還是王姓、張姓的祖祠，還有唐太宗李世民的家廟，當年李淵從太原起家，因此國號為唐，才有了唐朝。後來唐太宗在晉祠大賜李姓，李姓由此成為大姓。可以說，晉祠是中國三大姓的朝拜聖地。

如果說晉祠是除了黃帝陵和炎帝陵之外，在中國排位第三大的祖祠，大概沒有人會反對吧？

如果再算上從太原起家的中國第四大姓趙姓和唐叔虞的後代楊姓，那麼，中國姓氏中排位靠前的張王李趙楊五個大姓就在太原聚

會了。

　　山西，除了黑煤窯之外，有太多值得我們去追思的地方。

　　有空應該去趟山西太原，祭拜祖先，憑弔古人。

晉國的由來

　　唐叔虞為唐國奠定了一個堅實的基礎，他去世之後，兒子姬燮（音謝）繼位，因為唐國有晉水，改國名為晉。此後，傳了六代，到了晉穆侯。

　　從叔虞到穆侯，實際上晉國國君的主要通婚對象是齊國，應該說齊晉才是世為婚姻。晉穆侯也娶了齊侯的女兒。姜夫人為晉穆侯生了兩個兒子，大兒子叫仇，小兒子叫成師。為什麼這樣取名？因為生大兒子的時候正好討伐仇敵條國，而生小兒子的時候恰好吞併了一個叫做千畝的小國家。

　　後來，仇當了晉文侯，死之後兒子昭侯繼位。昭侯把叔叔成師封在了曲沃，稱為曲沃桓叔，而曲沃城比晉國的都城翼城還要大。當時就有人斷言：曲沃將是晉國的動亂之源。

　　果然，從昭侯七年（前 739 年）開始，到晉侯緡（音民）二十八年（前 679 年），前後 59 年時間，經過曲沃桓叔、曲沃莊伯和曲沃武公三代人的不懈努力，先後殺死五任晉侯，終於由曲沃取代晉國，獲得周王的正式任命。

　　晉國統一了，不過是由小宗統一了大宗，也就是說，地方把中央給吞併了。曲沃武公三十七年（前 679 年），曲沃武公成為晉武公。這一年，恰好是齊桓公開始稱霸的那一年。

　　三年之後，曲沃武公鞠躬盡瘁，兒子詭諸繼位，就是晉獻公。

　　很多人沒有聽說過晉獻公，但是，晉獻公絕對是一個應當被記住的人。

　　晉獻公是什麼人？牛人，第一牛人。什麼時候的第一牛人？春秋？不對。晉獻公堪稱中華歷史甚至世界歷史上的第一牛人，絕不帶

水分的。

你說我怎麼不知道？那就請接著往下看。

過去常言：「階級鬥爭要年年講，月月講，天天講。」講得好。

經過三代人的不懈努力才換來的和平，也只是短暫的和平，沒有外患，必有內憂；反過來，沒有內憂，必有外患。實際上，鬥爭是隨時存在的，你講不講都是存在的。

與狼共舞，必有狼性。

與南面的楚國一樣，北面的晉國幾乎是沉浸在殺戮和征服的快感之中。歷代的晉國國君都以勇武著稱，一方面，他們面對的是凶殘的戎狄，另一方面，他們自己的血管中也流著戎狄的血液。

前面說過公子仇和公子成師的名字來自戰爭，實際上這是一個傳統。晉獻公詭諸的名字也來自戰爭，當年武公征服了夷並且殺死了夷的國君詭諸，為了紀念這場戰爭的勝利，就把剛出生的兒子取名為詭諸。

如果這個傳統延續到現在，會怎樣呢？六十多歲的很多人叫日本，五十多歲的叫美國，四十多歲的叫印度，三十多歲的叫南越，二十多歲的叫越南。

你說我兒子剛出生，該叫什麼？那還用問，叫索馬里。

獻公繼位的時候，正在四十歲上下。他就像一頭警覺的狼，在剛剛登上首領寶座之後，不得不環顧四周，提防著任何一個陰謀篡位的人。

危機比他想像的還要來得快，還要猛烈。

來自公族的壓力

「孫子，爺爺當年扛著長戈打仗的時候，還沒有你呢，你牛什麼牛？」一個白鬍子老頭大聲喝斥獻公，獻公的臉色一陣青一陣白，他沒有說話。

白鬍子老頭叫公子青羊，曲沃桓叔的兒子，曲沃莊伯的弟弟，曲

沃武公的叔叔，自然就是獻公的爺爺。

在晉國，公子青羊這樣的爺爺輩的人物還有五六個，叔叔大爺輩的有十一二個，而兄弟堂兄弟有二三十個。這四五十號人就是公族，曲沃來的公族，用《左傳》的話說，就是「桓莊之族」。他們要幹什麼？邀功請賞。

曲沃武公拿下了整個晉國，有功之臣都有封賞。公族們雖然也有所得，可是遠遠不夠他們的胃口。武公在的時候，誰也不敢說三道四。武公沒了，遺老遺少們來勁了。要財的、要地的、要官的，一撥一撥來找獻公。給不給？不給就跟你吵，坐地泡，什麼難聽的都說。

獻公強壓著火，他在忍，他不能不忍。說白了，他惹不起這些人。

財是有的，但是他不能給，他知道他們的胃口是無底洞，給多少都不夠；官位是沒有的，即便有，也不能給他們，因為他知道這些人的能力；土地是沒有的，可以搶，但是需要時間。

說來說去，什麼也不能給。

你不給，我們就煩你，煩死你。公族們想了一個很惡毒的辦法，每天派人來找獻公吵架，大家輪流，可是獻公沒法輪流。這個惡毒的主意是獻公的堂弟公孫富子出的，他是這幫人的核心人物。

從繼位開始，整整七年過去，獻公的耳朵磨出了繭子，他煩死了，有的時候他真的想死。他知道再這樣下去，就算自己不被煩死，也會被某個兄弟殺死的。

唉，當個國家領導人也不容易啊。

兔子急了上樹，狗急了跳牆，人要是急了，是六親不認的。什麼叔叔大爺，去你姥姥的。

獻公請來了上大夫士蒍（音偉）商量對策，把自己的苦惱說了一遍，說到動情的地方，忍不住咬著牙說：「我跟他們拼了。」

「別介，跟他們玩點有技術含量的行不？」士蒍說，就憑這句話，就知道他有想法。

說起來，士蒍的祖上就是晉國這塊地方的土著公族，那時候他們姓祁，一個很古老的姓。後來國家被周公滅了，公族們遷去了杜邑，

因此改姓杜，有人就在周朝做官。到了周宣王的時候，大夫杜伯因為提合理化建議被宣王殺了，他的兒子隰叔就逃到了晉國。而晉國本身是個大雜燴的移民國家，因此在人口政策上非常開放，還特別歡迎偉大首都的人才，因此，隰叔在晉國找到了工作，做士師，後人就姓了士。士師是什麼官？掌管刑罰的官員，下大夫，相當於法院或者檢察院的副院長，因為在士師上面還有司寇。

事實上，晉國的大量人才是從偉大首都移民過來的。

「怎麼個有技術含量？」獻公問。

「這樣，想辦法把他們聚到一起，然後聚殲他們，一了百了，如何？」

「這，這不太好吧？大家都是公族，血濃於水啊，怎麼忍心下手？」獻公看上去有些猶豫。

「哎，大義滅親沒聽說過嗎？為了大義，就顧不了親情了。」士蒍說道。心想：你就裝吧你，你要真那麼心慈手軟，還找我來幹什麼？

獻公假裝思索了一陣，然後一咬牙一跺腳，好像是下定了決心。「好，聽你的。說吧，什麼時候下手？兩天後行不？」

士蒍笑了，心說：這下原形畢露了。

「主公，這事情不能急，急了就沒有技術含量了，我有一個臥底計畫，你看行不行？」士蒍將自己的計畫詳細說了一遍。

「你太有了，事成之後，司空就是你的了。」獻公很高興。什麼是司空？司空屬於卿的系列，地位更高，同時主管工程建設，油水大大的。

原來，晉國官制與中原國家有所區別，大概是歷代君主都很強勢，晉國不設正卿或者上卿，上大夫就是官員系列中的最高等級了。

第四十六章
無間道

按照士蒍「有技術含量」的分析，群公子的實力加在一起絕不比獻公差，真的對抗起來，鹿死誰手還很難說。即便獻公獲勝了，晉國基本上也就支離破碎了。

所以，首先要做的就是離間群公子，讓他們不團結，讓他們沒有主心骨。

士蒍曰：「去富子，則群公子可謀也已。」公曰：「爾試其事。」（《左傳》）

什麼意思？就是說第一步是搞掉公孫富子。

「大膽去幹，組織上支持你。」獻公表態。

離間計

士蒍用了半年時間去跟公子們打成一片，到後來大家都很信任他，富子則成了他的好朋友。

「富子，其實你的才幹比他們高多了，主公早就想任命你做中大夫，只是你跟他們走得太近，主公有些難辦。你為什麼不跟他們保持一點距離呢？」一天，士蒍私下裡對富子說。事實上，富子確實是個很有才幹的人，獻公之所以不願意用他，是因為他對公族沒什麼好感。

「真的？」

「騙你不是人。」士蒍發誓。

富子怎麼也沒有想到，看上去一副君子模樣的士蒍竟然是個臥底。

從那之後，富子有意無意之間拉開了和公族們的距離，開會常常請假，就算參加也不發言。大夥就覺得奇怪，富子變了，沒有從前那麼熱心公益了。

沒過多久，獻公任命富子為中大夫。富子高興了，公族們則鬱悶

了，大家奮鬥了這麼多年，弄到現在是你富子摘桃子了。

大家都不滿，但是礙於面子，都沒有說出來，表面上大家還是一夥。

公孫窮子是所有公子中最窮的一個，大概預料到了這一點，所以生下來就叫公孫窮子。因為窮，所以平時特老實，不愛出頭。但是幹活很賣力，很實在，公族們都說他是「勞動模範」。

儘管窮，那是相對的，作為公族，公孫窮子還是有一個自己的小莊園，馬馬虎虎地過著自己的小日子，直到有一天獻公派人來找他。

「誰窮？」獻公派來的人很傲慢。

「我，我窮。」窮子連忙說，心裡合計著是不是自己也要當大夫了。

「聽著，給你三天時間搬家，能搬的都搬走，投奔誰隨你自己，你這個封地充公了。」來人正眼也不看窮子一眼。

晴天霹靂啊，窮子渾身一哆嗦。

「為，為什麼？」

「不為什麼，富子大夫看上了你這塊地，主公賞給他了。」

得，是被富子搶走了。

窮子哭著去找叔叔大爺們評理去了，哭窮哭窮，就是這麼來的。

公族們原本就已經對富子不滿了，此時聽說富子竟然搶了窮子的封地，一個個義憤填膺起來。

「該死的富子，翻臉不認人了。」

「專揀軟柿子捏啊。」

「叛徒，可恥的叛徒！」

公族們聚在一起，痛罵富子是叛徒。

「把他叫來，當眾跟他評評理。」大夥越說越氣憤，就要派人去叫富子。

叛徒沒來，臥底先來了。

「哎，大夥幹什麼呢？這麼熱鬧。」士蒍若無其事地走了進來，他在心中暗笑。

「哎，士大夫來了，正好，給我們評評理。」眾人看見士蒍來了，

吵吵嚷嚷把事情說了一遍，大夥一邊說，窮子還一邊哭。

士蔿聽完，愣了一愣，假裝吃驚地說：「哎，怎麼會呢？富子跟我說，他是看中了公子青羊的封地啊。」

這句話一出，當時就亂了營了。公子青羊年紀最大，輩分最高，連公子青羊的主意都要打，這富子也太黑了吧。

「殺了這個沒良心的。」有人建議，有人附和。

公子青羊原本一直沒有說話，德高望重的人都是這樣，輕易不發言。可是，如今事情到了自己的頭上，誰不發言誰就是傻子了。

「你說的可是真的？」公子青羊運了半天氣，一字一頓地問，眼裡冒著凶光。

「這，這個，我什麼也沒說啊。」士蔿裝出一副很害怕的樣子來。公子青羊瞪他一眼，然後轉過頭去，清了清嗓子，高聲問道：「富子是個沒有良心的叛徒，對待叛徒，我們該怎麼辦？」

「殺。」眾口一詞。

「敵人誠可惡，叛徒更該死。」公子青羊恨恨地說，一拍桌子，「回去準備車甲，一個時辰後還在這裡集合。」

公族們匆匆走了，他們要集合人馬，討伐富子。

亂哄哄之中，士蔿也溜了出來。

叛徒誠可惡，臥底更該死。

欲擒故縱計

富子正在家裡小坐，士蔿來了，看上去一頭的汗水，顯然是有什麼急事。

「富子，你還有心情閒坐？還不趕緊逃命！」沒等富子說話，士蔿先說了。

「逃命？」富子吃了一驚。

「公族們要來殺你，你不知道？」

「為什麼殺我？」

「說你出賣他們，搶他們的封地。」

「沒，沒有啊。」富子說，他是真沒有。

「我也知道你沒有，可是他們不信啊。這世道，說你有，你就有，沒有也有。我勸你趕快逃命吧，否則公族們殺到，連辯解的機會都不會給你。」

「這，這，我打探打探。」富子半信半疑，急忙派家人出去打探。

不一會，家人們慌慌張張回來，說是公族們都在屬兵秣馬，說要來滅了富子全家。

現在，富子不能不信了。他見過滅門是什麼樣子，當初武公率軍打破翼城的時候，就滅過好幾家的門，那是進門就殺，根本不跟你講理。他也考慮是不是請獻公保護，可是他是個聰明人，他想到了這可能本身就是獻公的陷阱，去投奔獻公，說不定死得更慘。

「唉。」富子歎了一口氣，讓家人草草收拾家當，狼狽出逃，投奔周朝的偉大首都雒邑去了。

後來，富子以名為姓，改名為富辰，做了周王的大臣，以遠見和直諫聞名，富辰也是富姓的始祖。

公族們殺到富子家中，卻撲了一個空。富子全家都已經逃走，只有一個人沒有走，誰？士蔿。

士蔿為什麼沒有走？他留在這裡不就等於告訴大家是他放走了富子嗎？正是，士蔿就要這個效果。

「你放走了富子？」公族們咬牙切齒，他們太恨富子了，所以同樣也恨放走富子的人。

「是，是我放的。」士蔿很鎮定，一點也不害怕。

「你放走了他，不怕我們殺了你？」

「怕。」

「既然怕，為什麼還要放走他？」

「可是，我更怕天下人說我不夠朋友，不講義氣。」士蔿說得大義凜然，倒把大家給說愣了。地球人都知道士蔿和富子是好朋友，為了救好朋友而視死如歸，這是多麼高尚的情操啊。

大家都有點慚愧，自己是兄弟相殘，人家卻能為朋友挺身而出，這境界真是差得太遠。

結果是，公族們放過了士蒍，並且因此也放過了富子，原本準備追殺富子的人放棄了最初的打算。

士蒍真的是因為講義氣才放走了富子？

寧可相信叛徒，也不要相信臥底。

士蒍這樣做的目的有兩個，首先是要阻止公子們追殺富子。這倒不是他不想富子死，他是不想讓公子們與富子碰面。這就像房地產仲介，一定要阻止買家和賣家碰面，否則人家一交流，自己那點算盤就都暴露了。假如給富子和公子們碰上面了，保不准三說兩說就說出疑心來了。萬一露餡了，那死的就不是富子，而是士蒍了。

除了這個擔心之外，士蒍還要藉這件事提升自己「講義氣」的形象，為下一步作鋪墊。

多麼出色的臥底啊。

一箭雙鵰計

士蒍用離間計趕走了富子，獻公非常高興，不過他對士蒍說：「對不起，雖說你立了功，但是在大事完全成功之前，我不會獎賞你。」

士蒍並不失望，這在他的意料之中。

對外，晉獻公聲稱沒收窮子的封邑純屬富子在搞鬼，富子被趕走是罪有應得，窮子的封邑依然屬於窮子。

沒有了富子，公族們雖然還沒有到群龍無首的地步，但是少了主心骨是顯而易見的。除了坐地泡，公族們想不出新的花樣了。

可是，他們還是很團結，還是很倔強，還是很難對付。

作為臥底，士蒍是很出色的。他不動聲色，他一直在觀察，他絕不會打草驚蛇。一句話，他在等待新的時機。

由於在放走富子的事情上表現出色，公族們更加喜歡他，更加佩服他，也更加信任他了。在公族們當中，他的話越來越有分量。

沒有多久，士蒍發現了時機。

公族們常常在私下抱怨沒有得到公族應有的利益，他們最常舉的例子是游大夫。游大夫原本是晉侯緡的大臣，後來做了曲沃武公的臥底，策應武公攻破翼城。因此，游大夫受到武公的厚待，得到了聚這個小城作為封邑。

「姓游的不過是個外姓，都給他這麼好的封邑。我們還是公族，反而不如他，真是沒有天理了。」公族們常常這樣抱怨。對游家，他們充滿敵意。

「就是就是。」每次，士蒍都這樣附和他們，而在他的心裡，已經有了一個大膽的計畫。

轉眼，兩年過去，到了晉獻公八年（前 670 年）。

這一年，游大夫死了，封邑就由他的兩個兒子繼承。

說實話，獻公一向對游大夫很不滿，早就想收回聚城，苦於沒有什麼藉口。如今游大夫死了，獻公又想起這個事情了，於是找來士蒍商量。

「主公，你不找我，我也要來找你呢。如今我有一條妙計，不僅一箭雙鵰，而且一勞永逸。」士蒍早已經胸有成竹，將自己的計畫向獻公一說，獻公當時就笑了。

公族們從士蒍那裡得到絕密內幕：獻公對游家很不滿，但是苦於找不到滅他們的藉口。

「這需要理由嗎？殺游家的人需要理由嗎？」公族們開始討論，很快有了結論：只要獻公默許，殺游家的人是不需要理由的。不過，大家還是徵求了士蒍的意見。

「我猜，主公正希望你們去殺游家呢，那塊地方給自己兄弟總比給外人好吧？說不定，誰先幹掉游家，那塊地就歸誰。我猜的啊，我猜的。」士蒍裝模作樣，吞吞吐吐。

士蒍越是這樣，大家就越是認為他一定是被獻公授意的，誰不知道士蒍的消息最靈通啊。

既然最高領導都已經暗示了，那大家就幹吧。公族們躍躍欲試了。

「可是，」公子青羊畢竟老到些，他還有一個問題，「可是，聚那塊地雖然不錯，畢竟也不是太大，我們這麼多人，怎麼分法？」

這是一個很具體的問題，於是大家都看士蒍，因為他就代表了政策。

「這還不簡單？殺了游家，不是還有韓家？還有樂家？還有楊家？一個一個來，還怕地不夠分？」士蒍輕描淡寫地說，為公子們描述美好藍圖。

公子們歡呼起來，似乎分田分地分美女就是眼前的事情了。

臥底，什麼是臥底？什麼是最優秀的臥底？不僅打入敵人內部，還要把敵人忽悠得失去理智。

一網打盡計

游家還沉浸在喪父的悲痛之中，他們還沒有來得及化悲痛為力量，就已經遭遇了滅頂之災。公族們如群狼一般殺進了聚城，游家那點可憐的兵力根本就不是他們的對手。經過一頓砍瓜切菜式的屠殺後，游家不復存在了。

游家有現成的酒肉，公族們開懷暢飲起來。爽啊，國家統一以來還沒有這麼爽過。

一連三天，公族們喝得昏天黑地，二五二五。如果還有第四天的話，相信他們還會喝下去。可惜的是，他們沒有第四天了。

第三天下午，獻公的大軍圍困了聚城，士蒍親自領軍，一聲號令，大軍進城，之後也是一頓砍瓜切菜，公族們在醉夢之中追隨游家而去。

《左傳》這樣記載這段故事：「晉士蒍使群公子盡殺游氏之族，乃城聚而處之。冬，晉侯圍聚，盡殺群公子。」

當時富子在雒邑聽說群公子滅了游氏，長歎一聲：「完了，這下都要死了。」幾天之後，果然傳來群公子被殺的消息。由此可見，如果不

是先趕走了富子，要殺群公子絕不會這麼順利。

　　所有的公子都被殺了嗎？也不盡然。還有些沒有參加消滅游氏的公子，在聽說群公子被殺之後倉皇而逃，逃到了虢國。此事在《史記》中有記載。

　　死的死，逃的逃，晉國公族接近絕跡了。

　　從爺爺輩到侄子輩，晉獻公把自家本家通殺四代。

　　無間道，這大概就是中國歷史上最早的無間道了。

豆腐渣工程

　　晉獻公說話是算數的，現在，士蒍已經是晉國大司空，也就是國務委員兼工程建設部部長。

　　士蒍上任之後，立即拿到了一個大單——重建聚城。

　　兩年的時間，聚城重建完畢，之後改名為絳，晉獻公從翼城搬入絳，從此，絳成為晉國的首都。現在知道這個大單有多大了吧，也就可想而知士部長得了多少油水。

　　第一次接這麼大的單，又是首都這麼重要的地方，士蒍不敢亂來，至少在工程品質上是下了工夫的。因為工程品質得到國家最高領導人的認可，在絳建成之後，士蒍又拿到兩個大單。

　　晉獻公在蒲為二兒子重耳建城，在屈為三兒子夷吾建城，這兩個工程都交給了士蒍。這兩個工程與首都建設相比，工程量和重要程度都差得多了，再加上已經有了豐富的工程經驗，這一回，士蒍要玩花樣了。

　　建城用量最大的就是石頭，由於近幾年的用量太大，石頭的採集和運輸費用都大幅上升，怎麼辦？難得倒別人，難不倒士蒍。

　　士蒍的辦法是：把城牆做成夾層的，兩面是石頭，中間填爛木頭什麼的，看上去挺厚，實際上很不結實。什麼叫豆腐渣工程？就是從士蒍這裡來的。

　　所以，豆腐渣工程的祖師爺就是士蒍了。

士蒍這麼幹，結果被夷吾的手下發現了，夷吾很生氣，跑老爹面前告了士蒍一狀。獻公一聽，當時就火了：「偷工減料，以次充好？來人，去問問他怎麼回事。」

要是換了別人，不是立即逃命就是痛哭流涕去找獻公彙報思想，表示痛改前非了。可是，士蒍是什麼人？他是豆腐渣工程的祖師爺啊，沒有兩把刷子，敢當祖師爺？

所以，士蒍一點也不害怕，他不僅不認錯，還很嚴肅很認真地對來人說：「沒有喪事就傷心，肯定要倒楣；沒有戰患而築城，敵人就會出現。既然這樣，何必把城牆建築得那麼牢固呢？《詩經》說得好啊：以德治國，國家就會安寧。培養公子們的德智體全面發展，比給他們城牆不是好得多嗎？信不信吧，三年之內，國內必有敵人出現。」

來人聽得直點頭，對啊，士蒍這麼做好像全是為了國家的安寧啊。

來人屁顛屁顛回去向獻公彙報了，這邊士蒍還假模假樣發個感慨：「孤裘尨（音盟）茸，一國三公，吾誰適從？」意思就是：這麼多老闆，我究竟該聽誰的？

一國三公，這個成語就是士蒍發明的。

不管怎樣，士蒍的辯解被獻公接受了。自古以來，豆腐渣工程都有一個堂而皇之的幌子。

該殺的人殺了，該建的城也建了，一句話，國內的形勢一片大好了。

國內安定了，就該解放全人類了。

獻公決定攻打虢國。為什麼要打虢國？虢國又是個什麼國家？

當初周文王的弟弟名叫虢仲，周武王滅商之後，就把叔叔封在了虢國，也就是今天的河南省陝縣。因為是天子的叔叔，爵位為公爵。世世代代，虢國和周王室的關係都十分緊密。後來虢國被滅，虢國公族改姓郭，就是郭姓的起源。

按理說，這樣一個國家是不可以輕易去攻打的，為什麼獻公非要打虢國？

原來，當初從曲沃桓叔到曲沃武公，有多次吞併整個晉國的機會，可惜的是，都被虢國聯合周王室給阻止了，甚至虢國還兩次興兵討伐曲沃。應該說，兩家的積怨很深。然而還有一個原因讓獻公更惱火，那就是出逃的公子們都跑到了虢國，動不動騷擾一下晉國，隨時準備殺回來。

　　「別介。」士蒍表示反對。一打仗，軍費開支就要增加，相應的修城的開支就要減少，蒲城和屈城都沒完工呢，要打仗怎麼也要修完城，把工程款結了才行啊。算盤是這麼個算盤，說出來當然又是另外一套說法。「主公，虢國爵位高實力強，再加上跟王室關係密切，我看咱們還是忍忍，等他們內亂起來了再下手也不遲。」

　　獻公想想，似乎也是這麼個理。問題是，國內形勢一片大好，國際上又不找人打仗，幹什麼呀？

　　人無外患，必有內憂。事業順利，家庭就容易破裂。獻公沒有想到的是，後宮的一場陰謀正在向他襲來。

第四十七章
潛規則

　　周王的後宮編制介紹過了，現在介紹一下諸侯的後宮編制問題。

　　諸侯娶夫人主要是兩個方向，一個是異姓諸侯的女兒，另一個是周王的女兒。娶同國大夫的女兒為夫人是不被鼓勵的，因為不能把老丈人當成臣子。春秋那年頭，老丈人的地位是很高的。

　　諸侯娶另一個諸侯的女兒為夫人，女方必須以侄女或者妹妹或者堂妹兩人隨嫁，叫做「媵」。同時還要從另兩個與女方同姓的國家各聘一位女子陪嫁，也都要帶媵，於是一共九人。除了夫人，其餘都屬於貴妾。要是夫人死了，不能再娶，要從眾貴妾中依次遞補。

　　當然，這是九個正式的老婆，非正式的可以有很多。但是，正式老婆和非正式老婆的待遇是不同的，子女的待遇也是不同的。

搶老婆

　　現在，來說一說晉獻公的後宮。

　　晉國的習俗與中原諸侯國家有些區別，老婆的來源是兩個方面。第一個來源是明媒正娶，第二個來源是搶。歸根結底，主要還是搶。沒辦法，那時候的北方民族都是這樣，你搶我，我搶你，最後大家都搶成親戚了。

　　搶老婆，當然都是自己去搶。

　　所以，晉國歷代國君都很強悍，就是因為從小就搶老婆。

　　在當年獻公還是太子的時候，他就開始搶老婆了，那時候，他還叫詭諸。

　　詭諸搶回來的第一個老婆叫賈君，那是滅了賈國之後把賈國國君的女兒給搶來的。說起來，賈國是叔虞兒子公明的國家，與晉國同宗同源。

之後，詭諸聽說北翟國主的兩個侄女那是國色天香，是草原上的兩朵花。北翟也就是北狄，翟就唸狄。

詭諸親自統軍，一直打到北翟，算他狠，把北翟國主的兩個侄女給一勺燴了。兩個美女都姓狐，是親姊妹。說起來，這是兩個洋妞，可是仔細一查，原來是混血外籍華人。為什麼這樣說？

因為，北翟國主也是唐叔虞的後代，大致屬於那種出國奮鬥最終奮鬥到了外國老大的那種，要不就是搶老婆搶暈了把自己入贅過去了。不管怎樣，這兩個老婆實際上原本也是姓姬的，不過是混血美女。

周朝那時候已經有了近親結婚不利於後代的科學觀點，那時候的說法叫做「同姓不蕃」，意思就是同姓的結婚，後代不會繁盛。中原的諸侯都很在意這一點，娶老婆都不會娶同姓的，譬如魯衛鄭邢這些國家絕對不會通婚。可是晉國受戎狄影響深，根本不管這些。

狐家姊妹的老爹名叫狐突，女兒被搶過來了，索性也就移民回祖國了，把兩個兒子也帶回國了，算是「海龜」，大的叫狐毛，小的叫狐偃。

說來也巧，剛把狐家姊妹給搶回來，獻公就有了兒子。不過，不是狐家姊妹生的。是誰？賈夫人？也不是。那會是誰？

搶後媽

除了搶親，晉國還跟齊國之間世為婚姻。那不能搶了，只能聘。怎麼說呢，跟野蠻人用野蠻的辦法，跟文明人用文明的辦法。

武公還在曲沃的時候，從齊國娶了一個公族女子做小老婆，名叫齊姜。算起來，齊姜還是齊桓公的侄女。其實，武公並不是真的缺一個老婆，而是要做一個姿態，以此加強和齊國的關係。

齊姜來了，可是武公歲數太大，基本上齊姜就成了《黔之驢》裡的驢──至則無所用。怎麼辦？詭諸一看，這麼一個齊國大美女，不遠千里來到晉國，怎麼能設備閒置呢？於是，詭諸暗地裡勾搭齊姜。齊姜一看詭諸，那也是英俊挺拔，還有混血的味道，真好。於是，一

來二去，事情就辦妥了。

很快武公就發現了，心說閒置也是閒置，給兒子利用一下也沒什麼。所以，武公睜隻眼閉隻眼也就算了。

詭諸見老爹裝不知道，膽子越來越大，連起碼的避孕措施都省了。結果竟然把齊姜的肚子給弄大了。現在沒得選擇了，索性想個法子，把齊姜偷運出宮，藏在一戶姓申的人家，沒多久生個兒子下來，取名就叫申生。孩子就留在了申家，齊姜依然偷運回宮，假裝什麼事情也沒有發生。

到這個時候，武公還是假裝不知道。

武公鞠躬盡瘁之後，詭諸登基，就是獻公。獻公對齊姜倒是一往情深，將她立為夫人，申生就是太子。後來，齊姜又為獻公生了一個女兒。可惜的是，齊姜生下女兒沒多久就死了，當時還把獻公傷心得夠嗆，一雙兒女就交給了賈夫人撫養。

根據「私生子優秀論」，申生就應該是非常出色的孩子。事實真是如此，申生幾乎就沒有缺點，集中了他爹和他娘的優點。

後來，狐姊也生了個兒子名叫重耳，狐妹生了個兒子名叫夷吾。重耳生得「重瞳駢脅」，「重瞳」就是眼睛裡有兩個瞳孔，「駢脅」就是俗稱的板肋，就是肋骨之間沒有肉，連成了一片。估計這就是同姓結婚的後果。

搶兒媳

眼看著申生已經長大成人，十七歲了。晉獻公心說該讓他搶老婆了。這麼出色的兒子，怎麼說也要搶最好的回來。

獻公一打聽，聽說驪戎國主的兩個女兒很漂亮，天仙一般。

「兒子，你帶兵去搶老婆回來，要快，晚了就被別人搶了。」獻公叮囑申生，給他配備了人馬。

晉獻公十年（前667年），申生率領晉國軍隊討伐驪戎（今西安附近）。驪戎哪裡是對手？被打得稀里嘩啦。怎麼辦，投降吧。

就這樣，申生把驪戎國主的兩個女兒給搶回來了。姊姊叫驪姬，妹妹叫小驪姬。那兩姊妹也挺高興，因為申生英俊得沒法說，別說是來搶自己，就是申生不搶，這姊妹倆還想往懷裡鑽呢。

回到晉國，申生去向老爹彙報工作。彙報完畢，獻公很滿意。申生臨走，獻公順口說：「聽說兩個驪姬仙女一般，叫上來給老爹瞧瞧。」

老爹要看，申生急忙令人把姊妹倆帶上來。

這一瞧不打緊，獻公口水當時就流下來了。

「兒啊，算你辛苦一趟。這兩個給爹了，你還年輕，機會有的是。」獻公當時什麼也不管了，把兩個兒媳婦據為己有了。

還記得三代通吃的衛宣公嗎？

晉獻公比他厲害得多，他是三代通搶，而且通常一搶就是兩個。

兩個驪姬很失望，白馬公子現在成了白頭公公，哪能不失望？

小驪姬傷心歸傷心，她認命了。但驪姬不是一個認命的女人，她要爭奪，要把原本屬於自己的奪回來。驪姬此後千方百計勾搭申生，可是申生是個大孝子，比急子還要孝順的那種，根本不為所動。

勾搭不成，驪姬還不甘心。可是，獻公的不懈努力最終讓她認命了。什麼不懈努力？床上的不懈努力。兩年之後，驪姬生了一個兒子，名叫奚齊。

現在，獻公有七個兒子了，申生最大，其次是重耳和夷吾，另外還有三個是小妾所生，忽略不計，如今又有了一個小兒子。

獻公很高興，但是，驪姬很絕望。

「申生，我要殺了你。」驪姬暗中發誓，得不到的，就毀滅他。

驪姬不僅要殺申生，還要讓奚齊成為太子。

由愛生恨的力量是巨大的，急子就是榜樣。那麼，申生會不會成為第二個急子？

潛規則

驪姬不是一個尋常人，事實上，任何一個能夠得到君主寵幸的女

人都不是尋常人，臉蛋只是基本部分，而更重要的是頭腦。

在發誓要報復申生之後，驪姬做通了妹妹的思想工作，讓妹妹也幫著自己。隨後，驪姬進行了形勢研判。

首先，自己的力量在哪裡？好像除了獻公的寵愛之外，再也沒有。其次，申生的力量。很顯然，申生的力量很強大，朝中的主要大臣都支持他。而且，獻公很愛申生，也很信任申生。

形勢明顯不利。怎麼辦？

驪姬知道一個道理：男人改變世界，女人改變男人。所以，必須在獻公之外，找到一個男人來幫助自己。可是，在後宮，除了獻公，其餘的男人都算不上男人。

「男人，我需要一個男人。」驪姬說。

「優施不是男人嗎？」小驪姬說。

「對啊，就是他了。」驪姬恍然大悟。

優施是誰？所謂優，就是藝人，專門在宮廷裡為君主表演的人。這個藝人姓施，所以就叫優施。用現代話說，就是娛樂明星。

優施很受獻公的寵信，經常進宮來表演，因此跟驪姬姊妹兩個也很熟。因為受獻公寵信，外面的很多大臣也都願意巴結他。

「搞定優施，讓他幫我們。」姊妹倆商量好，立即開始行動。

第一步，搞定優施。

對於女人來說，特別是對於漂亮女人來說，要搞定一個正常的男人實在是太容易了。何況，優施是娛樂圈的人，大家知道，娛樂圈是有潛規則的。更何況，驪姬姊妹還是優施的老闆娘。

過程就不必贅述了，優施很輕易就被「潛規則」了。當然，他也很享受被「潛規則」，特別是同時被兩個美女「潛規則」。

對於娛樂圈的人來說，「潛規則」也就是獻身而已，優施很清楚這一點。他知道自己這樣的人在後宮就是稀缺資源，被潛規則是必然的結果。可是，他沒有想到的是，他被潛規則絕不僅僅是獻身這麼簡單。

「施，床也上過了，爽也爽過了，現在說正事吧。」雲消雨散之後，驪姬說話了。

「正事?」優施一愣，正事不是剛剛辦完了嗎?

正在這個時候，小驪姬進來了，優施恍然大悟:哦，還有一件正事。

驪姬姊妹坐下，讓優施也坐下，於是驪姬開始說正事了。

「我們姊妹呢，也沒有什麼太大的事情，就是想把申生給廢了，讓我的奚齊做太子。我們姊妹兩個勢單力薄，就想請你幫個小忙。」驪姬娓娓道來，說得輕鬆。

優施一聽，嚇得一個哆嗦。這是小事?這是國家大事啊。

「這，這，我一個藝人，怎麼能做得了這樣的事情?別，別，妳們另請高明吧。」優施忙不迭往外推。這樣的事情想都不敢想啊。

說完，優施顧不得許多，起身就想走。

「你走吧，只要你走出這個門，我們就高喊捉淫賊。強姦夫人是什麼罪名你是知道的，是怎麼個死法你大概不知道，到時候就會知道了。」驪姬屁股都沒挪一下，輕描淡寫地說。

優施不敢動了，驪姬的話算不上嚇唬他，驪姬甚至只需要在枕頭邊上對獻公說她喜歡優施，優施的褲襠第二天就會被掏空。

所以，他老老實實地坐了回去。

「施啊，你想想，你一個唱戲的，唱一輩子戲又能怎樣?如果你幫了我們，今後吃香的喝辣的，也混個大夫當當，子孫後代也跟著享福，有什麼不好?」大棒打過了，驪姬扔來一塊胡蘿蔔。

到了這個時候，優施還有什麼選擇嗎?

「夫人，您說怎麼做吧。」

優施的分析

床上，三個人開始商量。

整個商量的過程，在《國語》中有詳細記載。

驪姬問焉，曰:「吾欲作大事，而難三公子之徒如何?」看得出來，驪姬是很聰明的，她知道，單單搞定申生是不夠的，必須把重耳

和夷吾打包考慮進去，這樣才能消滅所有的對手。

「早處之，使知其極。夫人知極，鮮有慢心，雖其慢，乃易殘也。」優施回答。這裡要翻譯一下了，意思就是：早點把他們的地位固定下來，使他們認識到自己的地位已經到頂。人若知道自己的地位已經到頂，就不敢再有非分之想。

驪姬一聽，這優施有想法啊，有想法就好。

「你說，先對付誰？」驪姬問。

「擒賊先擒王啊，先對付申生，順便也就對付了重耳和夷吾了。」主次分明，藝術家總是能抓住重點。

「怎麼對付申生？」

「申生這個人是個君子，小心謹慎，穩重細心，越軌的事情絕對不做，害人的事情根本就不想，就這麼說吧，那就是對自己高標準嚴要求。所以人人喜歡他，主公也信任他。這樣的人，你要去說他的壞話，那是沒人會信的，你去跟主公說，那也沒用。」作為頂尖的表演藝術家，優施對於人物心理的把握是有獨到之處的，當下這麼一分析，果然說得驪姬姊妹直點頭。可是點完頭，驪姬回過神來了：「哎，你說得對是對，可是照你這麼說，他這麼完美，這麼無懈可擊，我們還有什麼辦法對付他？」

優施笑了，前面這段話，算是一個鋪墊，在藝術上是不可或缺的。鋪墊之後，再有轉折，這才能吸引人。

「俗話說：『人無完人。』每個人都有弱點，越完美，就越脆弱。」優施說話一套一套，見驪姬姊妹兩個大眼瞪小眼，接著說，「申生不忍心傷害別人，就只能傷害自己；凡事為別人著想，那就不會為自己著想；有問題了總是反思自己的責任，那就會不屑於去辯解。你看，這不是機會就來了？」

驪姬姊妹兩個對視一下，還是沒有搞明白。小驪姬問：「你說這些對是對，可是我們還是沒有搞明白。」

「這麼說吧，如果主公廢了申生，他絕不會來辯解，也不會問為什麼，他只會去問自己什麼地方沒有做好；如果主公要殺他，他絕不會

逃跑，也不會辯解，而是欣然接受。」

「可是，那是後面的事情了，我還是沒有弄明白，現在我們是不是該去說他的壞話。」驪姬也沒有弄明白，她最關心的是現在該怎麼做。

「不能說他的壞話。」

「那怎麼辦？我們不說他的壞話，主公憑什麼廢了他？」

「說他的好話。」

「說好話？說壞話不行，說好話反而行？」

「不錯，知道進讒言的最高境界是什麼？就是說好話。你越是說申生的好話，就對他越不利。」

「那，說些什麼好話？什麼時候開始說？」儘管半懂不懂，驪姬還是覺得優施的話有道理，因此她決定按優施的話去做。

「不要急，說好話只是第二步。就憑我們這幾個人，做不了這樣的大事，我還有兩個朋友，必須要他們一起幫忙。」

「誰？」

「二五。」

完美的組織結構

優施有兩個好朋友，一個叫東關五，一個叫梁五，合稱二五。二五之所以和優施是好朋友，是因為他們的工作關係比較密切。二五是獻公的寵臣，也就是那種陪著獻公吃喝玩樂講黃段子的一類人，類似齊國的公子開方。平時，優施和二五總在獻公這裡遇上，而且他們的主要工作都是哄獻公開心、拍獻公馬屁，所以有很多共同語言，就成了朋友。

幾個人平時沒事的時候喜歡湊在一起，主要是研究獻公的喜怒哀樂，交換拍馬屁的心得等等，偶爾也會探討一下後宮裡哪個女人的屁股大之類。

這一天，三個人來到了優施的家裡。喝酒吃肉，然後把閒雜人等都趕走了，只剩下三個人。

「二五哥，今天請兩位來，有要事商議。」吃飽了喝足了，優施話入正題。

「要事？」二五也是互相看一眼，心想：你一個唱戲的，有什麼要事？

優施先在心裡說了一句：你們兩個傻瓜。然後按照事先整理好的思路開始了。

優施先說一通「幹革命要跟對人」、「不怕殺錯人，就怕站錯隊」之類的大道理，之後轉入現實。

優施分析了後宮的形勢，之後又分析了幾個公子的優勢和劣勢，之後又分析了二五所處的地位。總之，說了半天得出結論：「我們要想長久混下去，就要投靠驪姬夫人，共同對付申生那幾個人。」

二五講黃段子還行，說到分析革命形勢那就真是一竅不通，當下被優施忽悠得二五二五的，覺得特有道理。什麼叫二五二五？就是糊裡糊塗雲裡霧裡，這典故就從東關五和梁五這裡來的。

二五就這樣決定跟著驪姬幹了。

優施的能力基本上就是這樣了，除了二五，再發展別人也不太現實。

可是，二五已經夠了。

基本上，組織結構就這樣確定了。

驪姬姊妹在後宮，主要負責在床上忽悠獻公；二五在外面，主要負責在床下忽悠獻公；優施從中充當總策劃兼聯絡員的角色，及時溝通資訊，部署下一步的工作。

完美的組合，這簡直就是完美的組合。

但是，第一步該怎樣邁出去？

優施說了：「生活其實就是演戲。」

第四十八章
治大國如演小戲

單從藝術的角度或者導演的角度來說，優施可以稱得上偉大。

他的成功之處在於他把國家大事看成了一齣戲，每個人都是這齣戲裡的角色。

「治大國如演小戲。」優施說。

優施的導演天才是如此的卓越，以至於如果那時候就有春秋運動會的話，開幕式總導演非優施莫屬。

優施將要導演的大戲名叫「殺生」，殺死申生的意思。我們不妨看看，在將近兩千七百年之前，優施導演的大戲，是不是比《滿城盡帶黃金甲》、《夜宴》之流要精采得多。

廢話少說，關燈，拉幕，將手機調到震動。

第一幕　衛急子

地點：國家大劇院（後宮裡專門供獻公看劇的地方）

時間：白天

背景：三張桌案。獻公坐中間，東關五在左邊，梁五在右邊，每人的桌子上有酒有乾果，獻公身後站著四個宮女伺候。

演出場地上，優施面對獻公躬身施禮，高聲說道：「主公，下面是優施最新創作的現代歷史劇《衛急子》，請主公欣賞。」

獻公點點頭，扭頭對二五說：「這是優施的新戲，寡人不忍心一個人欣賞，今天是處女秀，因此請兩位大夫一同觀賞。」

東關五笑笑（媚態十足），說道：「主公真是人民的好君主啊，與民同樂，親自觀賞好劇的同時還邀請我們參加，榮幸啊，幸福啊。」

梁五也以同樣的表情說：「有您這樣的君主，真是晉國人民的福分啊。」

獻公也笑了，揮揮手，示意優施可以開始了。

《衛急子》講的是衛國公子急子的故事。優施真有才，自己兼了製片人、編劇、導演和男主角。

這是一齣愛情戲，從當年衛宣公搶兒媳婦宣姜開始，一直演到衛宣公要害急子。到了這個地方，故事不一樣了，急子並沒有去送死，而是和宣姜裡應外合，殺死了衛宣公。

急子繼位，娶了宣姜。

整齣大戲用時一個時辰，不贅述，摘錄其中幾句對白。

宣姜：「殺了老狗，國家就是我們的，我們比翼雙飛，恩愛無邊。」

急子：「對，他不把我當兒子，我為什麼要把他當爹？親愛的，我早就盼望這一天了，哈哈哈哈。」

戲演得很好很逼真，並且破天荒地使用了豬血來渲染宣公被殺的慘狀。

戲演完的時候，獻公的臉色很難看，憋得像豬腰子一樣通紅。他沒有像平時那樣讓優施坐下來大家一起喝酒，而是揮揮手讓優施下去，然後半晌沒有說話。

「主公，看您的面色，莫不是有什麼心事？」東關五說話了，他是個擅長看臉色的人，自然能夠看出來。不過，這一次不用看，他也知道獻公會有心事。

「這，」獻公當然有心事，不過他不願意就這麼說出來，於是他說，「既然你這麼說，你猜猜看。」東關五看看梁五，兩人會心地點點頭。

「主公莫不是想起了太子申生？」東關五小心翼翼地說。

「嗯。」獻公不置可否，他確實是想起了申生，自己與申生之間的事，和當年的衛宣公與急子是何其相像。即便剛才的戲是編的，但是誰能保證這樣的事情就不會發生在自己和申生的身上？

獻公沒有說話，但是獻公的表情已經告訴了二五他在想什麼。東

關五不好再說話，梁五掃視了左右一遍，輕輕地說：「主公，其實這事情並不難辦。」

「噢。」獻公看他一眼，沒有說話。

「只要太子不在都城……」說到這裡，梁五故意不說了，後面的話，其實都不用說。

獻公沒有說話，擺擺手，讓二五都走了。

只要是對自己有威脅的人，獻公都要毫不猶豫地滅掉。現在，毫無疑問申生和驪姬對自己是威脅，事實上，驪姬前些年試圖勾搭申生那些事情他都知道得一清二楚。怎麼辦？

辦法有三個，要麼殺了申生，要麼殺了驪姬，要麼把他們都殺了。可是算一算，申生是自己的兒子，是齊姜的兒子，是最出色的兒子，虎毒還不食子啊，怎麼捨得殺？驪姬呢？驪姬風騷的臉蛋，嗲兮兮的聲音和綽約的身姿都令自己陶醉，一天見不到都無法入睡，殺了她們姊妹倆就等於要了自己的老命。

怎麼辦？獻公想得頭暈，昏昏沉沉就在座位上睡著了。睡著睡著就聽見有人悄悄說話，睜開眼一看，媽呀，是驪姬姊妹和申生，申生手中拿著一把尖刀。

「你，你們要殺我？」獻公有些驚慌。

「爹，你搶走了我的老婆，沒辦法，我只能殺了你。」申生惡狠狠地說。說完，那把尖刀就刺了過來。獻公大叫一聲，醒了過來，出了一身的冷汗。

原來，是一場噩夢。

第二幕　摸底

地點：後宮某房間
時間：白天
背景：獻公坐在地上喝悶酒，兩個宮女伺候。

獻公面帶愁容，自言自語：「優施的戲提醒了我，怎麼辦？找誰商量一下？士蔿也許有辦法，可是他是太子黨，不行。狐突？他肯定有辦法，可是，他也是太子黨，也不行。里克？好像他也是太子黨，也不行。也許，只有二五是可以放心的人。」

想到這裡，獻公繼續喝酒。

獻公又自言自語：「也許，我該先摸摸驪姬夫人的底，雖然她從前勾搭申生的事情我都知道，也許她現在對申生已經不感冒了呢，那我豈不是庸人自擾了。」

「來人，請驪姬夫人來。」獻公下令，一個宮女出去。

片刻，驪姬飄然而至，在獻公身邊坐下。

「夫人，我不喜歡申生，想要廢了他，立重耳為太子，夫人覺得怎樣？」獻公說。

「啊，那、那怎麼行？申生品行端正，深得人心，又孝敬君父，有什麼理由廢了他呢？不可以啊。」驪姬反對，而且是強烈反對。（注意，表情要真誠，真誠得有些誇張，好像出於內心一樣。）

事實上，驪姬演得很好，完全沒有做戲的痕跡。

獻公沉思了，現在他相信自己的擔憂絕不是空穴來風。

驪姬偷偷地笑了。

第三幕　二五出招

地點：國家大劇院

時間：白天

背景：空空蕩蕩，只有獻公、二五和兩個宮女。

獻公說：「最近我吃不好睡不好，還常做噩夢，你們知道為什麼嗎？」

「這個，主公莫不是為了那天那齣戲？」東關五小心翼翼地問。

獻公看他一眼，滿眼的欣賞，心說：這小子真是善解人意，怪不得我這麼喜歡他。

「既然知道了，咱們就關起門來不說外人話。你們知道，驪姬夫人原本是申生的，被我搶了來。原來也沒覺得怎樣，後來看了那齣《衛急子》，心裡不踏實。我試探了驪姬夫人一次，結果她處處維護申生，顯然是舊情不忘，這讓我心下更加不寧了。你們替我出出主意，現在我該怎麼辦？」獻公開門見山，也不拐彎抹角。

二五聽了，假裝吃驚，然後假裝思索了一陣。

「主公，依我看，這個事吧，太子和夫人都沒有過錯，要不，廢了夫人？」梁五說。他在試探獻公。

「不行，實不瞞兩位，我一天見不到驪姬夫人，心裡就難受。睡覺要是不摟著她，那就睡不著，廢了她那就是要我的老命啊。」獻公立即否決。

「那，那就把太子派出去，不在京城了，他們沒法勾結，自然也就沒有後患。」梁五繼續出主意。

「你這主意不錯，不過，平白無故把太子派出去，如何向卿大夫們交代？」其實，獻公也想過這個辦法，不過總覺得不妥。

這一次，輪到東關五說話了，他這麼說：「主公，晉國的宗廟在曲沃啊，而蒲和南北二屈是晉國的邊疆要地，不能沒有人主管。我看，如果讓太子申生駐守曲沃，讓公子重耳和夷吾去駐守蒲和南北二屈，不是名正言順嗎？」

獻公一聽，哎，挺好，這個說法挺有說服力。

沒等獻公說話，梁五也插話了：「是啊，不僅鎮守邊防，他們還能抓住機會跟戎狄過過招，說不定還能搶點土地回來呢。晉國開拓了疆土，不也是一件很好的事嗎？」

「好啊，」獻公禁不住叫起好來，現在才發現這二五不僅會拍馬屁說黃段子，那簡直就是治國的材料啊，「你們真是太有才了，太有才了。」

畫面旁白：晉獻公十二年（前665年），獻公下令，鑒於曲沃的絕對重要性，派太子申生鎮守；同時，在蒲地修建蒲城，派公子重耳駐

守，防備秦國；在屈地建屈城，派公子夷吾駐守，防備北翟。

於是，這才有了士蒍的豆腐渣工程。

三公子被外派，晉獻公與驪姬姊妹和奚齊在絳。

晉獻公擴軍

晉獻公十六年（前 661 年），獻公進行了一個大動作。

當初武公拿下翼城，將晉國的寶物送去王室賄賂，周王看在賄賂的分上，任命武公為晉侯，但是同時對武公作了限制。什麼限制？「命曲沃伯以一軍為晉侯。」（《左傳》）

一軍是什麼意思？我們現在來介紹一下周朝的軍隊編制。

根據《周禮夏官司馬》：「凡制軍，萬有二千五百人為軍，王六軍，大國三軍，次國二軍，小國一軍，軍將皆命卿。二千有五百人為師，師帥皆中大夫；五百人為旅，旅帥皆下大夫；百人為卒，卒長皆上士；二十五人為兩，兩司馬皆中士；五人為伍，伍皆有長」。

翻譯為現代文：軍隊建制，每一萬二千五百人為一軍，軍的統帥為卿；一軍有五師（二千五百人），師的統帥為中大夫；每師有五旅（五百人），旅的統帥為下大夫；每旅有五卒（一百人），卒長為上士；一卒有四兩（二十五人），兩的頭目叫司馬，軍銜為中士；每兩有五伍（五人），頭目為伍長。

不過，司馬後來成為軍中執法官的名稱。

王室共有六軍，也就是中央軍，六軍中有一支特殊的部隊，屬於王室直屬護衛部隊。這個軍由周王親自指揮，比其他的軍多一個師，所以這個軍又稱為六師，共計一萬五千人。不過，到了東周時期，王室的人力財力都不足，早已經無法支撐六軍，從三軍、二軍到最後連一軍也湊不齊了。

諸侯軍隊的編制最多三軍，依照爵位高低和國家大小確定，譬如齊國和魯國都是三軍編制，也就是說最多三萬七千五百人的軍隊。而這些軍隊在戰爭時期必須聽從王室的調動，也就是地方武警部隊的意

思。通常的小國，就只給一軍的編制。

晉國只得到了一軍的編制，也就是中央承認的正規軍只有一萬二千五百人。對於晉國來說，這點編制實在太少。好在現在王室也管不了那麼寬，你不給編制，老子自己給編制。

晉獻公決定，晉國軍隊擴充為二軍。上軍在絳，由獻公親自擔任主帥；下軍在曲沃，主帥則是申生。

兩軍成立，獻公宣布：準備出征。

敏銳的士蔿

表面上看，申生現在拿到了軍權，至少是一部分軍權，今後還可能拿到全部的軍權。似乎獻公這樣做是為了鞏固申生的實力和地位，但是，透過現象看本質，有人發現了一個不祥的預兆。誰這麼聰明？士蔿。

士蔿是個很敏銳的人，用今天的話說，就是有很高的政治敏感度。同時，他也是死硬的太子黨。

「太子是國君的繼承人，就應該一門心思等著繼承君位，怎麼能有官位？現在國君分封給他土地，還給他安排了官職，這是把他當外人看待啊。不行，我要向主公進諫。」士蔿當時就看出了問題，他決定去糾正獻公。

於是，士蔿來見獻公。

「太子是國君的接班人，而您卻讓他去統領下軍，恐怕不合適吧？」士蔿開門見山，直接表達自己的反對意見。

「下軍，就是上軍的副職。我統領上軍，申生統領下軍，有問題嗎？」別說，獻公說得也有道理。

「下不可以作為上的副職。」

「為什麼？」

「正副職的關係就像人的四肢一樣，分成上下和左右，用來輔助心和目，所以才能經久使用而不勞倦，給身體帶來好處。上肢的左右手

交替舉物，下肢的左右腳交替走步，輪流變換，用來服務於心和目，人所以才能做事，節制百物。如果下肢去引持上肢，或者上肢去引持下肢，就不能正常地輪流變換，破壞了四肢與心和目的協調，那人就反而要被百物牽制，什麼事能做得成？所以古代組建的軍隊，有左軍有右軍，缺了可以及時補上，列成陣勢後敵方不知道有缺口，所以很少失敗。如果以下軍作為上軍的副職，一旦出現缺口就不能變動補充，失敗了也不能補救。所以變亂軍制，只能侵凌小國，難以征服大國。請國君三思！」士蒍說了一通。說句良心話，說服力確實不強，似乎是在說不能叫上軍下軍，應該叫左軍右軍。

估計，士蒍是有所顧慮，有些話不敢直說。

獻公早就聽膩了，等他說完，擺擺手說：「申生是我的兒子，我已經為他編制了下軍，用不著你操這個心。」

「可是，太子是國家的棟梁。棟梁已成，卻讓他帶兵，不也危險嗎？」士蒍還不甘心，換個角度繼續說。

「減輕他的責任，雖然有危險，會有什麼害處，嗯？」獻公明顯不高興了，對話結束了。

得，士蒍碰了一鼻子灰，灰溜溜走了。

在晉獻公那裡碰了壁，士蒍很沮喪，不過他是一個善於反思的人。

他做了一個基本的分析。首先，獻公是一個很聰明的人，他原本不會傻到讓申生做下軍主帥這個程度。即便是獻公一時糊塗犯了錯誤，那麼自己的一番進言應該讓他醒悟過來。可是如今獻公不僅沒有醒悟，反而對自己的忠言非常不耐煩。這說明了什麼？

「太子不能繼承君位了。」士蒍很快得出了這個結論。他確實是一個聰明人。

現在士蒍有些緊張了，根據歷史經驗，站得越高摔得越重，太子被廢就相當於從山峰上被推下來，安全著陸基本不可能，被廢往往就意味著被殺。

連夜，士蒍偷偷來到了太子府，夜會申生。

「公子，快逃命吧。」士蔿一把拽住申生，就讓他逃命。

「逃命？士大夫，說笑吧？」申生吃了一驚，隨後笑一笑，他以為士蔿跟他開玩笑。

「公子啊，主公改變了你的職位卻不考慮你的困難，減輕了你的責任卻不擔心你的危險。主公既已存異心，公子又怎能繼承大位呢？你出征若能成功，將會因為得民心而被害；若不成功，也會因此而獲罪。無論成功與否，都沒有辦法躲避罪責。與其辛辛苦苦出力而得不到你父親的滿意，還不如逃離晉國的好。這樣你父親得遂其願，你也避開了死亡的危險，而且將獲得美名，做吳太伯，不也很好嗎？」士蔿又是一通分析。說句良心話，這次的分析十分透徹，筆者聽了都想逃命。

可是，申生搖了搖頭。

「您為我考慮，可以說是忠心耿耿了。但是我聽說：『做兒子的，怕不順從父親的命令，不怕沒有美名；做臣子的，怕不辛勤事奉國君，不怕得不到俸祿。』如今我沒有才能卻得到跟隨君父征伐的機會，還能要求什麼呢？我又怎麼能比得上吳太伯呢？」申生拒絕了，他有他的原則。

士蔿還想勸勸，可是想想，還是算了吧。為什麼？一來，他瞭解申生的性格，要他逆著父親的命令，那是絕對不可能的，因此勸也沒用；二來，人這個東西，點到為止，自己要是說太多了，倒顯得自己好像有什麼小算盤一樣。

士蔿悄悄地回家了，怎樣去的太子府，就怎樣回的家。從那天晚上之後，士蔿決定遠離是非，除了上朝，其餘時間哪裡也不去，就在家裡陪老婆孩子。就算上朝的時候，也是一言不發。

他知道會發生什麼，改變不了別人，那就改變自己吧。

士蔿，一個聰明人，一個絕頂聰明的人。

第四十九章

陰陽服和奧運金牌

晉國兩軍準備討伐哪裡？

晉獻公打開地圖，在晉國的北面、西面和南面畫了三個圈，然後說：「就他們吧。」

這三個可憐的圈分別是霍國（山西霍縣西南）、耿國（山西河津縣東南）、魏國（山西芮城縣東北），說起來，都是晉國的同姓國家，都是周文王後代的國家。

自家兄弟還要打？獻公說了：「這年頭，誰跟誰不沾親帶故？不打他們，打誰？」

滅三國

兩軍出動了，申生的下軍作為前哨先行，獻公的上軍隨後出發。

獻公是一個愛好打仗的人，親自上戰場是他的習慣。他知道上戰場可不是看戲，因此二五是用不上的。

獻公決定用兩個新人，一個是趙夙，一個是畢萬。其中，趙夙為御戎，畢萬為車右。這兩個人是什麼人？為什麼用他們？

這裡，要說一說晉國的人才來源了。

晉國的人才來源主要是兩個方面，一個方面是公族，譬如狐、欒、韓、賈、郤等姓氏；另一個方面是外來移民，而外來移民中的人才又主要來自周朝的偉大首都。

投奔晉國的京城人士主要是兩種人，一種是懷才不遇或者對王室不滿而出走的，另一種是逃避罪責而出逃的。兩種人都屬於那種有開拓進取精神的人，或者有膽量的人。

為什麼他們多半選擇了晉國，而不是秦國或者楚國和齊國？首先，齊國太遠，而秦國直到東周才開始建國，楚國屬於南蠻，只有晉

國在地理上近、血緣上親，價值觀念上又很開放，因此大家都願意去晉國。

而最根本的原因，是晉國對外來移民的鼓勵。因為晉國人口稀少，特別是周人的人口不足，因此歷代晉國國君對移民都是無限歡迎，對偉大首都的移民則是青眼有加，多有重用。

趙夙和畢萬就都是京城移民或者京城移民的後代，其中，趙夙的祖先從周厲王年代移民晉國，畢萬則是第一代移民。

那麼，晉獻公為什麼讓趙夙為御戎而讓畢萬為車右呢？這裡有個歷史原因，因為趙夙的祖先擅長駕駛，當年拉著周穆王上天山會西王母的造父就是他的祖先，而畢萬從祖先畢公高開始就是著名的勇士，做車右可以說是再合適不過。

魏、霍、耿三國都是小國，儘管各自也都有一軍的編制，可是人力財力有限，三個國家加起來也湊不夠一個軍。

晉國大軍一到，摧枯拉朽一般長驅直入，將三個國家一一滅掉。而申生的表現令人讚歎，不僅具有指揮才能，而且身先士卒，十分勇猛。更難能可貴的是，他的軍隊紀律嚴明，絕不擾民，因此所到之處，竟然大受歡迎。

大軍凱旋，論功行賞，申生被任命為上卿，依舊鎮守曲沃。前文說過晉國沒有卿，因此申生就是第一個卿。趙夙和畢萬表現英勇，獻公將耿封給了趙夙，將魏封給了畢萬。

卿是什麼？用句古代常說的話，那就叫做「位極人臣」，也就是說，做臣子，這就是最高點了。

到了這個時候，士蒍就看得更清楚了。申生是憑功勞當上卿的，如果再有功勞怎麼辦？還怎麼提拔？什麼叫功高震主？

功勞太大是會引起領導警惕的，即便你是領導的兒子。

第四幕　床戲

地點：後宮，獻公的臥房

時間：半夜

背景：床上，獻公和驪姬光著膀子，蓋著被子，躺在一起。獻公睡著，燈光搖曳。窗外，月光慘澹，一陣烏雲過來，月光消失。

（這齣戲在《國語》上有詳細記載：「優施教驪姬夜半而泣謂公曰。」什麼意思？就是說這齣戲是優施導演的，時間選擇了半夜，驪姬哭著對獻公說話。）

半夜，青蛙在叫春。

哭泣的聲音從一個房間裡傳出，鏡頭緩緩進入房間。床上，驪姬露出雪白的膀子，在那裡哭著，哭聲越來越慘，越來越大，眼淚和鼻涕都滴在了枕頭上。

正在打鼾的獻公被吵醒了，他大吃一驚，暗說：「夫人為什麼哭了？還哭得這麼慘？難道她想起初戀情人來了？」

「夫人，為什麼哭？有什麼傷心事？」獻公側躺著問，摟著驪姬的肩膀。

「你，你殺了我吧。」驪姬哭著說，兩隻手蓋住自己的臉，酥胸半露。

獻公騰地坐了起來，胸毛畢露。他摸摸驪姬的額頭，再摸摸自己的額頭，沒發燒啊。

「無緣無故，為什麼要殺妳？」獻公摸不著頭腦，奇怪地問。

「我聽說申生愛護百姓，很得人心，很多卿大夫都向著他，再加上還占著曲沃，很多人說他隨時會取代你啊。如今他又開始散布謠言，說我迷惑你，禍國殃民啊。我恐怕他會以此為藉口叛亂啊。不如你就殺了我，不要為了我一個女人而父子反目，讓百姓遭受動亂啊，嗚嗚嗚嗚……」驪姬一邊哭，一邊說。

儘管是半夜，儘管剛才還睡得正香，這個時候的獻公已經徹底清醒了。他做了一個簡單的判斷，首先，驪姬反映的情況是真實的，申生這個兔崽子確實有野心了；第二，看來驪姬跟申生沒有什麼不正當男女關係，驪姬是個深明大義的女子，對自己一片忠心；第三，驪姬這樣好的女人，申生卻不肯放過她，真是豬狗不如。

「他難道會不愛自己的父親嗎？」獻公問。

「我聽別人說，愛百姓的人就不會太在意國君。就好比你是商紂王，申生是紂王的兒子，他先把你殺了，對國家不是更有好處嗎？聽說申生就是這麼想的。」驪姬說。當然這都是優施教給她的。

「那怎麼辦？」獻公問。他有些害怕了。

「退居二線吧，讓申生接班算了。申生上臺了，他心裡爽了，就會放過你。你再考慮一下，自你的曾祖桓叔以來，誰愛過親人？正因為六親不認，所以才能把正宗的晉國給兼併了。」驪姬開始添油加醋，不過她說的倒都是事實。

「退居二線？憑什麼？我辛辛苦苦幾十年，出生入死，流血流汗，才有了今天的晉國，這麼輕易就退居二線？」獻公不是傻瓜，退居二線就等於把自己的老命交到了別人手上，他驟然變得堅定起來。「妳不必擔心，我自有辦法收拾他。」

這是中國歷史上最著名的精采對白之一，優施的才能簡直無與倫比，他撰寫了驪姬的臺詞並且猜到了獻公的臺詞。

驪姬正準備繼續背臺詞，獻公擺擺手說：「等等，我撒泡尿回來。」

這句對白是優施沒有想到的，因為他缺乏一點幽默感。

毫無疑問，這句話讓驪姬浪費了表情。

獻公撒尿回來的時候，驪姬已經憋壞了。

尿多了會憋，話多了也會憋的，驪姬憋了好長一段臺詞。

「皋落狄不斷侵擾我國邊境，燒殺淫擄，無惡不作。為什麼不派申生去討伐他們呢？如果申生打仗厲害，還得民心，那就要更加小心他了。如果他打不過狄國，那就算是他的罪名，就可以乘機收拾他。再說了，如果戰勝了皋落狄，我們的邊境就會安寧，還能搶回來不少財富。到時候又有大把財富到手，又可以知道怎樣去對付申生，那不是雙贏？」這段臺詞的特點是赤裸裸，像一個成熟的政治家在說話。

「好，好，就這麼辦了。」獻公聽了很高興。

「老公，你真好。」驪姬笑著說，然後滾到獻公身上，摟著獻公的

脖子。

被子被踢開了。

驪姬完美的裸體展示在鏡頭中，背部特寫，腿部特寫。

「寶貝，這麼晚了。」獻公小聲說。

「嗯，人家想要嘛。」驪姬嗲聲嗲氣地說。

一陣風吹來，燈光搖曳。

床腳，劇烈晃動。

燈光的亮度取決於女演員的獻身精神，同時也決定了這齣戲屬於二級還是三級。

太子變成古惑仔

獻公決定讓申生率領下軍出征東山，也就是皋落狄的地盤。東山在哪裡？在晉國的南面。

任務下達的時候，獻公贈送給申生兩件東西：一件衣服和一塊金玦（音決）。什麼是玦？就是環形帶缺口的玉佩。什麼是金玦？就是普通說的金鑲玉。這麼個金玦往脖子上一戴，就像個北京奧運會金牌得主。還沒出征，先弄塊奧運金牌。不知道北京奧運會金牌設計的時候，靈感是不是來自晉獻公。

除了給東西，獻公還要有些臨行囑託之類，或者叫戰前動員。

「孩子，報效國家的時候到了，國家考驗你的時候到了。」基本上，說來說去，就是類似這些話，幾千年來除了用詞有些分別之外，核心內容沒什麼變化。末了，獻公還幽了一默：「孩子，聽說東山羊好吃，給我扛兩隻回來。」

別說，晉獻公有點美國前總統布希的味道。其實他不是真的幽默，而是感到不自然，試圖用這樣的話來化解尷尬。

申生穿著父親給的衣服，戴著那塊金牌就回到了太子府。一進門，就看見府裡的人都用異樣的眼神盯著他。

「怎麼回事？」申生覺得很不舒服，不過他平時對自己的手下都很和藹，大家也不怕他。

看見申生一臉的不解，人們都笑了。

「怎麼回事？笑什麼？」申生問。

「笑你怎麼變成古惑仔了，哈哈哈哈。」

「古惑仔？」申生皺皺眉頭，有人早端來一面銅鏡，申生從鏡子裡一看，自己也禁不住笑了。

原來，獻公給的衣服是左右不同色的，也就是現在所說的陰陽裝，那時候叫做偏裝。這麼大一太子，穿一件陰陽裝，戴一塊缺了口的奧運金牌，知道的說他是領了父命回來要出征的，不知道的難道不會以為他是個要去參加街舞比賽的古惑仔？

申生把陰陽裝脫下來，遞給府裡的小書僮。那個小書僮名叫贊，贊拿著衣服，跟著進了房間。贊恭恭敬敬折好了衣服，放好了，看看屋裡除了申生之外沒有別人，輕輕地說：「公子，我想問問，你這衣服是誰給的？」

換了別人家，一個僕人哪裡敢問主人的事情？只有申生一向對人和藹，因此贊才敢問。

「父親給的，還有這塊玉玦，要派我討伐東山的皋落狄。」申生順口回答。

「啊？」贊吃了一驚，臉色變得煞白。

「你怎麼了？」申生問。

「我可以談談我的看法嗎？」

「你說。」申生讓贊說。他很喜歡贊，贊是一個很聰明的人，而且很好學。

贊又沉了一下氣，整理了一下思路，之後才緩緩地說：「公子，我覺得你很危險了！國君賜給你奇異的東西，奇就要生怪，怪就要出現反常。派你出征，用左右顏色不同的衣服象徵不一致，用金玦暗示冷淡和離心，這就必定是討厭你、想加害你了。」

申生聽完，愣住了。他的第一反應是想說：「我靠，你太有才

了。」可是，身為太子，他不能說這麼沒身分的話。不過，即便沒有說出來，申生還是很驚訝於贊的學識。

更令他驚訝的是贊的分析簡直是滴水不漏，按照贊的說法，自己確實是很危險了。

怎麼辦？申生決定去找里克。

里克是誰？

里克的擔憂

里克，中大夫，太子黨主要人物。

里克在武公的年代就已經受到重用，論資歷、論人脈，整個晉國沒有比他更高的。對於晉國所發生的一切，里克一直都看在眼裡。他知道獻公越來越不喜歡申生，但是這樣的事情他也不方便說什麼。

可是，獻公要派申生攻打東山的消息傳來之後，里克坐不住了。他知道，這是一個極其危險的信號，自己必須有所表示了。

里克直接去見獻公。

「我聽說臯落狄人作戰十分英勇，主公還是不要派申生去冒險吧！」里克提出反對意見。

「幹什麼不危險？坐車還會起火呢，讓他去！」

「這不是過去的規矩啊，過去國君出征，讓太子留守，以監護國家；或者國君出征，讓太子同行，以撫慰軍心。如今您留守本國，而讓太子出征，沒有過這樣的安排。」

「過去沒有過，我就讓它有一次。我聽說，立太子的原則有三條：德行相同時根據年齡長幼來決定，年齡相同時根據國君的喜愛程度來決定，喜愛誰但有疑惑時根據卜筮的結果來決定。你不必對我們的父子關係費心，我要通過這次出征來考察太子的能力。」獻公很不高興。

里克沒有說話，退了下來。獻公的態度已經告訴了他，申生的太子位是保不住了。怎麼辦？一路想，一路回家，在家門口，遇上了申生。

申生幹什麼來了？求教來了。

「里大夫，我爹賜給我偏衣和金玦，這是為什麼？」

「國君讓你穿偏衣，戴金玦，都是獨特的東西，說明對你不薄。你有什麼可害怕的？做兒子的，只怕不能盡孝，不怕不能繼位。去吧，別害怕。」里克這個時候還能說什麼？他只能揀好聽的說了。

「嗯。」申生總算安心了一些，里克的話總該比書僮的話要有道理一點吧？

古惑仔出征

晉獻公十七年（前 660 年），太子申生出征了，穿著偏衣，戴著金牌，打扮得像個古惑仔。知道的說他去出征，不知道的以為他是去參加街舞大賽。

隨同太子出征的還有狐突、先友、羊舌突、罕夷、梁餘子和先丹木，大家看見申生的古惑仔打扮，都有些吃驚。

「你們看，我爹賜給我這些奇裝異服，不知道什麼意思。」申生怎麼看自己怎麼覺得彆扭，忍不住還要問問幾位。

「陰陽服呢，意味著在這次出征中你分得了一半君權，金玦是說明你可以決斷大事，挺好啊，有什麼好擔心的？」先友搶先說。這是個缺心眼的。

狐突搖搖頭，歎了一口氣：「時令是事情的徵兆，衣服是身分的標誌，佩飾則是內心的表達。國君如果重視這件事，就應該在春夏時節發布命令，賜給顏色純正單一的衣服，佩戴的飾物也要合乎規矩。如今倒好，在年底的時候發布命令，就是故意要使事情不順利；賜給一件古惑裝，就是要表示疏遠；賜給缺個口的金玦，表明意圖根本就不是想要征討東山。雜色表示冷漠，冬天意味著肅殺，金表示寒冷，玦表示決絕。公子啊，你怎麼做都不會有好結果的。」

儘管申生不是自己的外孫，狐突還是很喜歡他，希望他能夠成為將來的國君。

　　梁餘子也是一臉的擔憂，他補充說：「我聽說領軍出征之前應該在太廟接受任務，在祭祀土地神的地方接受祭肉，並且還要有合規的衣服。如今規定的衣服沒有得到，反而弄了一件古惑裝，真不是什麼好兆頭。我看，即便仗打勝了，恐怕也會找個什麼罪名。我看，不如逃命算了。」

　　申生聽得渾身起雞皮疙瘩，問剩下的幾位：「你們怎麼看？」

　　「我看前面兩位說得對，逃命比較穩妥。」罕夷說。

　　「我聽說，這樣的陰陽衣不是隨便穿的，這樣的衣服一定是要讓方相氏（即巫師）詛咒後才能穿的。方相氏的詛咒一定會說：『消滅光敵人才能返回。』但問題是，敵人難道能消滅完嗎？我也認為該逃命。」先丹木也認為申生該逃。

　　申生轉頭去看狐突，狐突是他兩個弟弟的姥爺，他也一直把狐突當姥爺。遇到了這樣的問題，他希望姥爺給個建議。

　　「我聽說，國君喜歡寵臣，大夫就危險；國君喜歡女色，太子就危險。我看，上策是逃到齊國，你娘是齊國人，齊國一定好好待你。而且齊國現在稱霸中原，以後你也可以借助齊國的力量回來。中策是投奔北翟，雖說有投敵的名聲，但是緊挨著晉國，晉國有什麼變動，回來也方便。下策就是撤軍回去，主動讓出太子位。」狐突沉吟片刻，給出這樣的回答。

　　申生有些猶豫了，這仗還沒打，主帥先逃命了，是不是太搞笑了一點？這樣的話，老爹的老臉往哪裡放？

　　這時，一直沒有說話的羊舌突說話了：「我覺得不能逃，違背君命就是不孝，放棄職守就是不忠。雖然我們都能感受到國君對你的疏遠，但是你也不能不孝不忠啊，我看，即便戰死也不能逃命。」

　　申生點了點頭，他決定聽羊舌突的。

　　到了稷桑這個地方，狄人早已經出兵相迎。

　　這一仗十分慘烈，晉軍在申生的率領下打得勇猛異常，一舉殲滅狄軍，順勢滅了皋落狄。

在外人看來，申生出色地完成了任務。

回到晉國，狐突就病了，從此閉門不出。

其實，每個人都知道，狐突並沒有病，他只是明白現在要重新評估晉國的形勢了。

第五十章
我是一隻傻傻鳥

三年之後，晉獻公二十年（前 657 年）冬天，按著規矩應該祭祀武公。

這一回，獻公也病了。於是，他派奚齊代表他去主持祭祀。

其實，每個人都知道，獻公並沒有病，他只是要試探一下卿大夫們的反應。

這個動作實在是太明顯了，按慣例，祭祀先人這樣的活動，國君不能出席，一定是太子出席。而且，祖廟在曲沃，就在申生的地盤上。如今不讓申生主持，而是派了奚齊，什麼意思？傻瓜都看出來了。

申生的家臣猛足來找申生，對他說：「祭祀先君，不讓長子出面，卻由奚齊在祖廟主持，你怎麼考慮呢？」

「我聽羊舌大夫說過，接受君命堅定不移叫做恭敬，按照父親的意願去行動叫做孝順。違抗君命就是不敬，擅自行動就是不孝，我又能為自己考慮什麼呢？我只有靜待命運的安排了。」申生回答得很從容，顯然他已經經過深思熟慮了。

「不去找三大夫請教一下？」猛足問。

「算了。」申生決定聽天由命了。

三大夫是誰？三大夫就是晉國最有權勢的三個大夫，他們是里克、丕鄭和荀息。如果能夠得到他們的全力支持，申生還有希望。

中間派

三大夫此時在幹什麼？作為國家的重臣，任何政治動向都逃不過他們的眼睛，何況這樣的大事。就在猛足去找申生的同時，三大夫也在里克的家裡碰頭了。

里克坐在中間，荀息坐在左邊而丕鄭坐在右邊。

「兩位，事情已經很明顯了，主公是準備廢掉太子了，兩位有什麼看法？」里克也不用拐彎抹角，開門見山地問。

「我聽說拿人家手短，吃人家嘴軟，端著國君的碗罵國君那是不可以的。所以，我們應該全心全意為國君效力，聽國君的話，按照國君指引的方向奮勇前進。凡是國君說的，凡是國君做的，都是正確的。所以，國君定了的事我們就要無條件服從，絕不能三心二意。」荀息先表態了。他的原話不是這樣，但是就是這個意思。

基本上，荀息是要見死不救了。

「老丕，你呢？你怎麼看？」里克問丕鄭。

「我聽說就算是臣事國君的人，也只能服從正確的決定，不應該屈從他的錯誤。國君的決定是錯誤的，我們還全力執行，那就是強姦民意。國君應該是造福民眾的，如果國君做的事情對民眾是有害的，怎麼能服從呢？而大家都知道申生將來會是一個好國君，如今主公要廢掉他是不對的，所以我們應當阻止他這樣做。」丕鄭斬釘截鐵地說。別說，丕鄭有點民主鬥士的意思。

里克想了想，似乎兩個人說得都有道理。這兩個人的態度基本上也就是朝廷裡大臣們的態度了，根據座位，里克將荀息定義為左派，將丕鄭定義為右派。

我怎麼辦？里克想：「現在有左派了，有右派了，還少一個中間派，那我就當中間派算了。」

「我這人就是個大老粗，不懂得什麼是義，但也不想屈從國君的錯誤，這樣吧，我保持沉默。」里克這樣說。

中間派就是這樣誕生的。

驪姬急了

轉眼過了冬天，春天到了，又是新的一年。

驪姬有些鬱悶，一年復一年，雖說每年的戲都演得很好，可是申生還好好地活著，還是太子。如此下去，說不清哪一天獻公一口痰沒

上來就嗚呼哀哉了，那時候自己的一切努力不是都泡湯了？

「再演，演成戲子了。不行，我要催催。」驪姬有些急了。

「老頭子，我聽說申生謀害你的打算更成熟了。如今他到處誇耀征伐狄人時善於用兵，他的野心越來越大了。還有啊，據說他正在四處找武林高手，準備行刺呢。」又是晚上，驪姬躺在床上對獻公說。

「什麼？他膽兒肥了。」獻公脫口而出。

「怎麼不是？我聽說，申生很講信用，好爭強，他已把奪位的意圖流露給大家了，即使他想甘休，他那幫太子黨也不會甘休的。老頭子，你知道狐突為什麼躲在家裡不出來了嗎？因為狐突勸他不要做這種大逆不道的事情，他不聽勸告，狐突一氣之下，就回家養老去了。」驪姬還挺能編，把狐突也給扯進去了。

「我，我，我殺了這個混賬東西。夫人，幫我想想辦法，看看找什麼理由。」獻公氣哼哼地說。

人老了，多半都會糊塗的。

獻公已經老了，驪姬現在騙他已經不需要優施導演的指導了。

驪姬很高興，這是獻公第一次明確要殺申生。

可是，驪姬還有一點不放心，那就是太子黨。所以，她決定找優施來商量一下。

「施，老頭子已經答應我殺死申生改立奚齊了，可是，我還是很擔心太子黨。」驪姬對優施說。獻公越來越老，身體越來越差，優施也就越有機會跑到驪姬那裡去。

「妳說的也是，太子黨必須先搞定。俗話說：『擒賊先擒王。』依我看，搞定里克就解決問題。」優施說。對於後宮外面的事情，他比驪姬更瞭解。

「你有辦法嗎？」

「這樣，妳假借主公的名義，賜給里克整羊的宴席，由我送去並且陪他喝酒。我是個藝人，誰都知道我們藝人說話沒譜。所以，就算我說話說過頭也沒關係，我在宴席上想辦法讓他識相一點。」優施倒有辦法，看上去還有點成竹在胸的意思。

「好。」驪姬高興極了，導演都親自出馬了，這戲能不成功嗎？

趁著高興，兩人又潛規則了一回。

下面，看看導演怎麼親自演出。

第五幕　搞定太子黨

地點：里克家中的客廳

時間：傍晚

背景：客廳裡一張桌子，桌邊坐著三個人——里克夫婦、優施，用手撕著羊肉吃。一旁，一個大盤子裡放著一整隻烤全羊。

「主公深知大夫為國事操勞，十分辛苦，因此派在下前來犒勞。」優施對里克說，態度很恭敬。

「多謝主公啊，多勞你了。」里克連忙說。一來是確實有些感動，二來也知道優施是獻公的紅人。

吃肉，喝酒，黃段子。談笑，碰杯，擲色子。

酒到半醉。

「夫人，在下敬您一杯。」優施要給里克夫人敬酒，里克夫人舉杯相迎。喝了酒，夫人對優施說：「我家老頭子是個直性子，在國君面前也不懂得表現自己。在這方面你是內行啊，給我家老頭子傳授幾招吧。」

里克夫人不過是開個玩笑，但是對於優施來說，這就是一個話頭。

「哈哈，那我唱首歌，里大夫就知道了。」優施說著，笑嘻嘻地站了起來，清清嗓子，唱了起來。

配樂：箏，簫。簡稱管弦樂隊。

歌詞：「暇豫之吾吾，不如鳥烏。人皆集於苑，己獨集於枯。」（《國語》）

有人能聽懂嗎？沒有，那麼翻譯成現代歌曲。

歌名：我是一隻傻傻鳥

歌詞：

生活美好如鮮花，不懂享受是傻瓜；傻呀傻呀傻呀傻，比不上小鳥和烏鴉。

芳草地啊美如畫，誰要不去是傻瓜；我是一隻傻傻鳥，獨在枯枝丫上趴。

這一首歌被優施唱出來，那是婉轉動聽，繞梁三日。里克聽得癡迷，還問：「什麼叫芳草地？什麼叫枯枝丫？」

「母親是國君的夫人，兒子將要做國君，這就叫芳草地；相反，母親已經死了，兒子又被國君厭棄，這就叫枯枝丫。這枯枝丫還會折斷呢。」優施笑嘻嘻地說。像認真，又像開玩笑。

「哈哈哈哈，這個比喻好。來，為了這首歌，乾一杯。」里克喝多了一點，一時沒有回過神來，還喝呢。

又喝了一陣，優施回去了。

優施有點鬱悶，他不知道里克是真沒聽明白，還是聽明白了裝沒聽明白。

「來，再、再喝一杯，我沒、沒醉。」優施走了，里克拉著老婆還要喝，他確實喝多了。

「啪！」一個大嘴巴打過來，打得里克一個趔趄。

「老、老、老婆，妳憑什麼打、打、打我。」里克倒不覺得臉痛，只是覺得有點奇怪。

「我打你，我還潑你呢。」里克的夫人那可是出了名的潑婦，因為每次里克喝醉了，她都用冷水把他潑醒，日子久了，就簡稱潑婦了。

潑婦，就是從這裡來的。

里克還在那裡哼哼唧唧，老婆已經端過來一盆冷水，當頭潑了過去。

這下，里克算是醒酒了。

酒醒了，該打老婆了吧？錯了，醉了都不敢打，醒了更不敢打了。

「哈，喝多了點。」里克不好意思地笑了，表達歉意。

「喝多了，你當然喝多了，喝得一點政治敏感度都沒有了。」老婆大聲喝斥。

「怎麼回事？」里克急忙問。里克這輩子最佩服的就是老婆，一般的大事都是老婆做主。

「優施唱的那首歌你聽明白沒有？」

「傻傻鳥？那不是黃段子嗎？」

「啊呸，那是黃段子？我再給你唱一遍。」里克的老婆把那首「我是一隻傻傻鳥」翻唱了一遍，那叫一個難聽，直接把繞梁三日的原唱給擊落了。

難聽雖然難聽，但是里克這一次聽出了名堂。

「哎呀媽呀，老婆，多虧了妳。」里克在酒醒了的時候還是有高度的政治敏感度的，他立即派人去把優施給請回來了。

「阿施啊，你那首傻傻鳥倒是開玩笑呢，還是聽到了什麼風聲？」大半夜的把優施給請回來，里克也不好拐彎抹角，開門見山就問了。

「里大夫，既然你問起來，我也不敢隱瞞。實話實說，國君已經答應驪姬夫人殺掉太子改立奚齊，計畫已經定了。」看到里克那副緊張模樣，優施知道這個太子黨的頭目已經軟了，因此也不繞圈子，明白說出來。

「那，那，如果要我順從國君殺死申生，我不忍心。如果站在申生那一邊，我也不敢。我，我當中間派保持沉默怎麼樣？我能夠不受牽連吧？」里克小心地問，好在旁邊沒有別人。

「沒問題，我以我的人格擔保你不會受牽連。」優施拍著胸脯說。從內心裡，他有點瞧不起里克。

誰也不是傻傻鳥

里克一個晚上沒有睡著，他反覆地回想自己向優施求情的場景，越想越覺得沒面子。可是，跟驪姬和獻公作對那又很不明智，怎麼辦？

第二天一早，里克去找右派了，看看右派有什麼想法。

丕鄭正在家裡餵雞，看見里克急匆匆來了，知道一定有什麼大事，雞也不餵了，將里克迎進了書房。

「老丕，昨天優施告訴我，國君的計畫已定，將要廢了申生，立奚齊為太子。」里克將昨晚上的事情詳細述說了一遍，連「我是一隻傻傻鳥」都唱了，不過被老婆打耳光和潑冷水的事情就省略了。

「你對優施說了些什麼？」丕鄭沉著地問。

「我，我說我是中間派，我保持沉默。」里克倒有點不好意思。

「嗨，你該對他說不相信有這回事，誰也不得罪，還能讓他們心存畏忌。這個時候，我們應該多想些辦法迫使他們改變計畫啊，他們的計畫被拖延下來，就可以找機會離間他們了。現在你說保持中立，等於是在鼓勵他們，現在再要離間他們就不容易了。」丕鄭感到沮喪，同時也對里克不滿。

里克想想，丕鄭的話說得對啊，那樣回答比老婆讓自己去求情不是好多了？本來想說「都怪老婆出的餿主意」，可是想想，又怕丕鄭更瞧不起自己，忍住了。

「那、那、那怎麼辦？老丕啊，你怎麼應對啊？」

「唉，我能有什麼辦法？吃國君的俸祿，就聽國君的話吧。」丕鄭說。其實他心裡在說：你都不當傻傻鳥，我當傻傻鳥？

里克一看，右派看來也閃了。既然這樣，大家一起閃，心情好很多啊。

「唉，看來，我只有隱退了。」里克說。

第二天，里克聲稱扭傷了叉腰肌，閉門謝客，專心休養。而丕鄭也聲稱身體欠佳，不再上朝。

誰也不比誰傻多少，誰也不是傻傻鳥。

一切障礙掃除，大結局越來越近。

一個月之後，一切準備就緒。

驪姬派人前往曲沃，以獻公的名義對申生提出要求：「我昨晚夢見你娘了，你必須盡快去祭祀她，然後把祭祀的酒肉親自送來。」

申生挺高興，爹夢見了自己的親娘，是不是爹想起當年與娘的恩愛了？毫無疑問，這對自己是一大利好啊。

申生去祖廟祭祀了母親，然後親自攜帶祭祀母親的酒和肉前往

絳，將酒肉獻給父親。

誰知，獻公恰好出外打獵，這也是驪姬的事先安排。

沒辦法，酒肉既然送來了，自然要收下，就放在了宮裡。

六天之後，獻公才打獵回來。

六天時間，幹什麼幹不了？

驪姬幹了什麼？在酒裡下了鴆毒，又把一種叫烏頭的毒藥放入
肉中。

第六幕　下毒

地點：後宮

時間：白天

背景：獻公和驪姬坐在茶几後面，還有許多宮女和內侍。

主題歌：該出手時就出手啊。

驪姬對獻公說：「申生前些天說想起他母親來了，祭祀了一番，把
祭祀的酒肉給送來了。」

「噢，這孩子還有點孝心哪。」獻公倒有點意外，想起齊姜來，還
真有點懷念，於是問：「申生沒走嗎？酒肉在哪裡？」

「申生沒走，我讓他來見見你吧，順便把酒肉獻給你。」驪姬說
完，吩咐人去把酒肉拿來，另外又讓人去請申生。

不一會，酒肉到了，申生也到了。

「想不到，你這麼有孝心啊。」獻公當面表揚申生，申生倒有些奇
怪了，這不是你讓我去的嗎？可是申生的性格就是這樣，他怕說出來
讓父親難堪，因此只是說：「多謝父親教導。」

說話間，內侍把酒肉獻了上來。按規矩，祭祀用的酒，此時應當
是倒一半喝一半，倒在地上的酒象徵著給了逝者，而剩下的一半就由
生者喝下。而祭祀的肉在烹調之後，就由生者吃掉。

獻公將祭祀的酒倒了一半在地上，然後舉起碗，就要把剩下的
喝掉。

「等等。」驪姬高聲叫了起來，獻公把端起的碗又放了下來，問：「怎麼？」

「你看。」驪姬用手指著地上，所有人的目光都向地上看去。（鏡頭轉到剛才獻公倒酒的地方）只見地上的酒開始冒泡，冒煙，地板隆起。

好厲害的鴆毒，威力不亞於王水（鹽酸和硝酸的混合物，比濃硫酸的毀容效果更好）。

獻公嚇出一身冷汗來：哎呀媽呀，幸虧沒喝。

「你，去把剩下的酒喝了。」驪姬命令一個小內侍去喝獻公手中的酒。

小內侍聽了，真是五雷轟頂一般，這不是擺明了要自己去死嗎？怎麼自己這麼倒楣呢？本來今天該休息的，一個同事拉肚子，自己臨時頂一天，怎麼就這麼巧呢？

所以，沒事的話，別給別人頂班。

小內侍去又不敢去，可是又不敢不去。

旁白：去，也是死；不去，更是死。為國君而死，死得其所；被處死，死得窩囊。何況，去喝了，不一定會死；不喝，一定會死。喝了死，有可能被追認為因公殉職；不喝而被處死，全家都要跟著遭殃。

驪姬見他猶豫，說道：「快喝，你敢違抗君命？如果喝死了，算你因公殉職。」

後世喝酒喝死而被定性為因公殉職的傳統，難道就是來自晉國小內侍？

經過一番激烈的思想鬥爭之後，小內侍終於邁動了沉重的雙腿。他拿起那碗酒，感慨萬千，心潮澎湃，久久不能平靜。他在心中倒數：三、二、一，然後閉著眼睛一口氣喝了下去。

每個人心裡都在計時：一、二、三。

數到三的時候，小內侍笑了。

「沒事了？」驪姬驚詫。

然而，數到四的時候，小內侍咕咚一聲倒在地上，口吐鮮血，臉上還帶著詭異的笑容，死了。

「啊！」所有人大驚失色。

只有驪姬露出一點不易察覺的笑容。

酒裡有毒，那麼肉裡呢？

「來人，把阿黃叫來。」驪姬下令。阿黃是誰？是宮裡的一條狗，驪姬剛來的時候曾經被這條狗驚嚇過，所以她一直在找機會收拾這條狗。

阿黃被牽過來了，一塊肉扔給牠，牠高興極了，一口咬住了肉。阿黃還沒有把嘴裡的肉咽下去，就倒在了地上。

要知道，烏頭的威力比鴆毒厲害得多。

如果因吃肉吃死而被追認為因公殉職的話，那麼，就要認這條名叫阿黃的狗做祖師爺了。

「申生，你好狠毒，竟敢暗算親爹。」獻公大怒，「嚓」的一聲抽出刀來，他要親自殺了申生。

第五十一章

殺人是一門藝術

誰也不是傻傻鳥。

從察覺到並非父親讓自己去祭祀母親的時候，申生就感到事情有些不妙了。他提高了警惕性，隨時準備應對不測。

酒倒到地上的時候，申生就隱約聞到一點什麼燒焦的味道，他發現地面隆起了。等到驪姬命令小內侍喝酒，申生就猜到了隨後會發生什麼。

俗話說：「蜂刺入懷，解衣去趕。」蛇鑽進褲子裡的時候，誰還會在意脫個光屁股？這個時候，申生的第一反應就是趕緊逃命。

當眾人專心致志欣賞小內侍和阿黃因公殉職的過程時，申生已經轉身出了後宮。所有人都認識他，所有人都不會阻攔他，因為他是太子。

出宮之後，馬就在宮門外，申生一向喜歡騎馬。他飛身上馬，甚至不敢回太子府，快馬加鞭，一個人逃往曲沃去了。

殺人的藝術

申生逃掉了，難道這一次驪姬疏忽了？百密一疏了？關鍵時刻掉鏈子了？

殺人是一門學問，在殺人之前，應該研究一下將要殺的是哪一種人。

世界上有兩種人，一種是必須快殺的，否則錯過機會就會打草驚蛇，就很難殺他；另一種是不能快殺的，因為人的本能讓他反抗，反而麻煩，但是，如果你給他時間讓他自己去想，他會越想越覺得自己該死，最後自己把自己給殺了。有的人，你不能給他時間思考；有的人，你必須給他時間思考。而申生就是第二種人。

驪姬一直在用眼睛的餘光看著申生，她不擔心他跑，她擔心他不跑。如果申生不跑，獻公就會捉住他，出於求生的本能，申生一定會為自己辯解，那時候獻公就知道申生是冤枉的。而大臣們也會很快知道，他們會來搭救申生，最後的結果很可能是自己的陰謀敗露，而申生不會被處死。

所以，驪姬希望申生跑掉，他一旦跑掉，就等於他畏罪潛逃。而申生在逃命之後會冷靜下來，然後他會選擇替父親遮醜，會選擇承認自己放了毒藥，那麼自然，他會選擇自殺。

當申生逃跑的時候，驪姬暗暗地笑。她知道，自己贏定了。

而這一切，都是優施事先教給驪姬的。

殺人，不僅僅是技術，更是藝術。

而優施恰恰是個藝術家，偉大的藝術家，他把角色的心理研究得很透。

所以，他殺人很藝術。或者說，他藝術地殺人。

俗話說：「跑得了和尚，跑不了廟。」

那時候還沒有和尚。所以我們改成：「跑得了徒弟，跑不了師父。」

申生跑了，可是師父杜原款被捉拿了。

有什麼樣的師父，就有什麼樣的徒弟；反過來，有什麼樣的徒弟，就有什麼樣的師父。

通常，春秋那時候國君殺人是比較仁慈的，能不動手就不動手。一般的做法是這樣的，派人到要殺的人家裡，對他說：「兄弟，國君要你死，你看，我能不能幫上什麼忙？」

被殺的人就說：「實在慚愧，還麻煩你跑一趟，怎麼好意思再讓你幫忙呢？」

於是，被殺的人自己去找繩子也好、找刀也好，自己解決了。一般來說，沒有找毒藥的，因為一般人家不備那個。

派去殺杜原款的人就這麼辦的，基本意思就是說太子謀殺親爹，

畏罪潛逃，當師父的罪責難逃，怎麼個死法，你自己看著辦吧。杜原款一聽，就覺得這麼大的罪，真是該死。他是個文人，動刀子的事情不會幹，自己找了根繩子，套好了圈，把脖子比劃比劃，還挺合適。掛到房梁上，找來一個凳子，就準備投繯自盡。

「哎哎哎，老爺子，別急別急，不給你徒弟留個遺言什麼的？」來人連忙問，態度還挺好。來之前，驪姬交代過。

「噢，就是，我怎麼給忘了？多謝你了。」杜原款那就是一個書呆子，獻公讓他死，他就急著死，來人這麼一提醒，他才想起來該給徒弟一個臨終教誨什麼的。

杜原款把一個叫圉的小書僮給叫來了：「孩子，我有臨終遺言轉告申生，你記住了，我死之後，一定轉達到人。」

杜原款的臨終遺言是這樣的，第一句是：「款也不才，寡智不敏。」

什麼意思？大款沒什麼才華，寡婦的智力比較低下？錯。

正確答案是這樣的：我沒什麼才幹，智謀少，又遲鈍，不是個好老師，到死也沒教給你什麼有用的東西。我沒能洞察國君的心思，沒有及時讓你流亡海外政治避難，主要是我膽子太小，敢想不敢幹。因此落到了今天這個被人陷害的田地，吃了小人的蒼蠅。我老杜老了，死了也無所謂了，遺憾的只是跟小人分擔了罪惡的責任。我聽說君子不改變自己的感情，面對讒言絕不申辯。遭到陷害，死而無悔，還有好名聲留存於世。至死不改變對國君的忠愛之情，是堅強的表現。堅持忠愛的感情讓父君高興，是孝順的表現。拋棄生命卻達到自己的志向，是仁德的表現。臨死還想到維護國君，是恭敬的表現。孩子，去死吧！

杜老師真是一個偉人，如果生在印度，他一定是個聖人。他所說的，難道不是非暴力不合作的升級版——非暴力不抵抗嗎？

杜老師說完自己的遺言，讓圉背了一遍，基本上還能記住，把幾個不準確的詞糾正了一下。杜老師還不放心，又讓圉背了第二遍，還有兩個字背錯了。於是，又背了一遍，還有一個字發音不清楚。

原本，杜老師還要讓圍背第四遍，來人不耐煩了，見過磨嘰的，沒見過這麼磨嘰的，忍不住說：「老杜，別磨蹭了，再磨蹭，去那邊趕不上中午飯了。」

杜老師就這樣走了，書呆子的祖師爺非他莫屬了。

徒弟等死

誰也不是傻傻鳥。

獻公沒有出兵討伐申生，這一點優施和驪姬都預料到了。為什麼？首先，國君出兵討伐太子，這將是一個國際笑話；其次，晉國兩軍，上軍在絳，下軍在曲沃，真的對抗起來，誰勝誰負無法預料。

除了以上兩個原因，最重要的一點，獻公也不是傻傻鳥。冷靜下來之後，他也想到了這一切很可能都是驪姬設下的圈套。雖然他寵愛驪姬，喜歡奚齊，但是他不時會想起齊姜來。對於申生，從心裡他恨不起來，自始至終，他希望申生流亡國外，把太子的位置讓給奚齊，他並不是真的想殺死申生。

獻公找各種藉口來推諉拖延，甚至連派人去殺申生的嘗試都懶得做。

驪姬很著急，但是在哭鬧幾次都沒有效果之後，她知道，要殺申生，靠獻公是不行的。靠誰？有困難，找導演。

優施早已經準備好了，他已經把這齣戲的最後一幕設計好了。

這個時候，申生在幹什麼？

圍已經把杜老師的臨終遺言轉達到了申生這裡，儘管在路上弄丟了幾個字，基本大意還是完整的。

「老師，我答應你。」申生說。

「公子，不是你犯的罪過，為什麼不離開晉國呢？」圍問申生，他雖然熟記了杜老師的那段話，卻並不認同那段話。

「不行。我走了雖能解脫罪責，但這件事的責任一定會落在我爹身上，傳出去，就是我在怨恨我爹了。假如罪名不能解脫，出走必然會

使它更重。出走而加重罪名，這是不明智。逃避死亡並且怨恨國君，這是不仁德。有罪名而不敢去死，這是不勇敢。死亡既然不可逃避，我將留在這裡等待命運的發落。」申生也來了這麼一段，不愧是杜老師的徒弟。

圍沒有再說話，有些事情他永遠不會懂。

這段時間，申生就在等待命運的判決。

第七幕　自殺

地點：曲沃

時間：白天

背景：申生辦公室，申生坐在地上冥思苦想。

主題歌：去死吧。

申生的近鏡頭，雙目無光，不知所以。

這個時候，驪姬走了進來。

「妳，夫人，妳怎麼來了？」申生吃了一驚，他萬萬沒有想到驪姬會來。

「哼，你爹派我來的。」驪姬厲聲說道。她掃視四周，再看看申生那一臉的驚訝，放下心來，她原本還有些擔心申生會殺了自己。

「我爹可好？」申生問。他知道驪姬在說謊，但是他不會揭穿她。

「好，好你個頭啊，你爹快被你氣死了。」

「啊，申生有罪。」

「有罪，你當然有罪，你對父親都忍心謀害，還會愛國人嗎？啊？」

「不，不會。」

「你忍心謀害父親卻還希望國人擁戴，誰能對你有好感呢？啊？」

「沒，沒人。」

「你說你想殺害父親來為國人謀利，國人誰會相信這一套呢？」

「誰，誰也不會相信。」

「你壞事做絕，百姓恨你入骨，你這樣的人怎能活著呢？」

「我，我該死。」

「你去死吧。」

「我，我去死。」

「那還磨蹭什麼？快點去吧。」

「我這就去。」

（背景音樂「去死吧」開始播放，一個男低音反覆唱：孩子，去死吧；孩子孩子去死吧。）

驪姬氣哼哼地走了。申生猶豫了一下，從袖子裡掏出一根繩子來，在自己的脖子上比劃了一下，嗯，好像挺滿意。

這一切，好像是心理暗示，又像是驪姬給申生灌了迷魂湯，還像是《X檔案》裡無法解釋的超自然現象。但是，歷史就是這樣。

晉國的祖廟在曲沃，申生覺得自己如果在祖廟上吊，可能會更有意義。於是，申生來到祖廟，找了一個看上去還算不錯的橫梁，搭上繩子，繫結實了，又挽了個圈，準備上吊。

正在這個時候，猛足來了。

「公子，你要幹什麼？」猛足吃了一驚，連忙上前阻止申生。

「我要死。」

「為什麼？」

「我爹讓我死。」

「誰告訴你的？」

「驪姬夫人。」

「她一定在騙你。」

「我知道。」

「那你為什麼還要死？」

「因為我知道我爹一定希望我死，只要我活著，我爹就不會快活。這段時間我一直在想，我不死，我活著很煩悶，我爹也不快樂。我死了，我爹快樂了，我也不煩悶了。」

原來，申生早就下定了要死的決心。

猛足知道申生是個死心眼，勸他也沒用，心說：你倒好，一死百了，你爹快樂了，我們這幫跟你混的兄弟們不是就白瞎了？雖然這麼想，不能這麼說。

「公子，你有什麼臨終遺言？」猛足問。

「對了，既然你來了，給狐突老爺子捎幾句話吧。」

就這樣，申生上吊之前給狐突留了遺言：我有罪，不聽你的勸告，以致落到死的地步。我不敢吝惜自己的生命，雖然這樣，我爹年紀大了，國家又多難，你不出來輔佐他，我爹怎麼辦？你假使肯出來幫助我爹，我申生就算是受到你的恩賜才死的，就是死而無悔。

申生上吊了。

申生自殺這一年，正好是齊桓公討伐楚國這一年。

猛足為申生收了屍，然後去找狐突，把申生的臨終遺言轉達了過去，老狐突淚流滿面，痛哭失聲。他很感動，也很激動，但是，他不衝動。所以，他沒有說「公子，我答應你」。

狐突對猛足說：「孩子，幹革命要跟對人啊。」

原話不是如此，但是是這麼個意思。

現在我們來簡略總結申生這個人。

申生，三好學生，優秀三好學生。就是因為太優秀了，被杜老師給害了。

從任何角度來說，申生都應該逃命。獻公多次暗示他，意思就是讓他跑，可是他不肯跑。表面上，他是忠實於父親，實際上，他是讓父親陷入困境和痛苦。申生不想讓父親背負惡名，但是這樣的結果恰恰讓獻公背負了殺死自己親兒子的惡名。什麼是迂腐？這就是迂腐。申生如果逃走，大家都高興，大家都活得不錯，大家的名聲也都比現在這樣好得多。

申生的死，直接導致了後來晉國的動亂。

幹革命，一定不能跟申生這樣的人。

歷史劇《殺生》落幕了，偉大的導演優施獲得了巨大的成功。

親痛仇快。

申生的死只能用親痛仇快來形容，儘管這個成語在將近一千年之後才被發明出來。

驪姬、優施和二五都很高興，以至於驪姬和優施又上演了一場床戲。

「現在，我們高枕無憂了。」哼哧完之後，驪姬很得意地說。

「夫人，不能高興太早啊。太子雖然死了，可是二五說重耳和夷吾更難對付。我看，趁這機會，把這兩個也給對付了，那才萬無一失啊。」優施的優勢在於他可以溝通內外，因此資訊比較對稱，看事物就比較全面。

驪姬一聽，對啊。跟優施一商量，乾脆一不做，二不休，到獻公面前把重耳和夷吾也說成申生同黨，一併剷除。

恰好，重耳和夷吾這兩天來朝拜獻公，目前就在絳。

驪姬把自己拾掇乾淨了，立即去找獻公。三言兩語之間，就要獻公把重耳和夷吾一併給辦了。

獻公不傻，還從來沒有聽說過三兄弟要合謀害親爹，本來申生就是冤枉的，重耳和夷吾那就更冤了。儘管知道是怎麼回事，獻公耐不住驪姬沒完沒了地嚼舌頭，只好點點頭，「既然這樣，都給我抓起來殺了。」

驪姬高興啊，立即派人招二五進宮，率領甲士去捉拿重耳和夷吾。

奇怪的是，這一次竟然走漏了風聲。重耳和夷吾在二五趕到之前雙雙逃走，回到了自己的領地蒲城和屈城。除了重耳和夷吾，獻公把其他幾個兒子全部驅逐出境，只留下奚齊，奚齊正式成了世子。

前面說過，晉獻公堪稱中華歷史甚至世界歷史的第一牛人，現在來說說理由。

獻公偷了父親的老婆，至少從國外搶了三個老婆，又搶了兒子的老婆。三代通吃之外，老婆中還有兩對姊妹。除此之外，他把自己的叔爺、叔伯、兄弟、子侄們，殺的殺、驅逐的驅逐，除了小兒子，等於是滅了自己家族。

還有誰比他牛？牛吧？可是，牛人怕老婆。

現在，內部問題告一段落。

《國語》記載：「盡逐群公子，乃立奚齊焉。始為令，國無公族焉。」

從那以後，晉國就沒有公族了。在這一點上，可以說是大逆不道。整個春秋，唯一沒有公族的國家就是晉國。有什麼好處？有什麼壞處？歷史都會有說明。

晉獻公的心事

對付完了親人，該對付敵人了。

誰是敵人？前面說過，虢國。

晉獻公早就想討伐虢國，第一次被士蒍勸住了。不過在兩年前，晉獻公已經討伐過虢國一次了。那麼，兩年前那一次是怎樣的呢？

「最近比較煩，比較煩，比較煩。」那一天，獻公把大夫們召集來，先來了一段《最近比較煩》，然後開始猜謎遊戲。「各位，我晚上睡覺總是睡不好，也不知道是有什麼心事，你們幫我說說，給我想想辦法。」

大家一聽，差點沒笑出來。你說你的心事，你不知道，來問我們；你睡不著覺，該你老婆想轍，我們有什麼辦法？

不過，誰也不是傻傻鳥，既然老大問這個問題，那一定是有目的的。越是莫名其妙的問題，學問就越大。所以，輕易不要開口，開口一定要說無關痛癢的屁話，以免被抓住把柄。

「難道，是侍衛們晚上走路的聲音太大？」一個大夫先發言。這個回答很穩妥，別的大夫們都用讚賞的眼光看他。

「不是。」獻公否認。

「莫非，最近天氣轉涼，又有些潮濕，讓主公輾轉反側？」又一個大夫說。這樣回答也挺好。

「不是，是心事。」獻公有些惱火，這兩個傻帽的方向都錯了。

「噢，一定是久不下雨，主公擔心百姓的收成。」又一個大夫說。這個回答還兼有拍馬屁的功效，大家都覺得好。

「不是。」

「那一定是操勞過度，夜不能寐。」又一個拍馬屁的。

馬屁一個接著一個，獻公有些不耐煩了。其實大家大概能猜出來，獻公的心事無非就是廢申生立奚齊。但是右派是絕對不會提出來的，中間派更不會說，大家都在看著左派，最後一定是左派來解題的。

左派人數不多，前面幾個發言的也都沒有提到這個方面。

現在，該荀息發言了。大家知道，他是個左派。

「我想，主公是不是總在想南面的那兩個國家？」荀息發言。大家一聽，切，這個回答估計也沒沾邊。

「荀大夫留下，其他人回家。」獻公宣布會議結束，也就等於宣布荀息獲得了最佳答案，這出乎所有人的意料。

看來，左派中標了。

第五十二章
假途伐虢

難道左派就是比右派聰明嗎？不是。

荀息原本也不知道正確答案的，他一開始跟大家一樣以為是太子的事情。可是他又隱隱感覺不太像，突然他想起來幾天前東關五曾經跟他說過獻公想要討伐虢國的事情，他覺得可能這件事才是正確答案。

事實證明，荀息的判斷是正確的。

荀息被獻公請進了自己的書房，對面而坐，桌上放了兩碗茶。

荀息有些吃驚，這樣的禮遇似乎太高了一點，那年頭茶葉在晉國還是很稀有的東西，聽說過但是沒喝過，能在這裡跟獻公一起喝茶，當然很榮幸。

「老荀，這麼多人，只有你跟我想到一塊了，來來，喝茶。」獻公很高興，他之所以沒有直接把自己的想法告訴大家，一來是他知道多數人會反對，二來也是擔心走漏了風聲。

荀息心說這不過是自己有內線，但是不敢說出來，沒話可說，喝了口茶，說：「好茶好茶。」

「老荀，既然你想到了，那你一定有什麼好辦法。我現在想打虢國，又怕虞國幫他們；想打虞國，又怕虢國幫他們。你出個主意，怎麼才能滅了他們？」獻公也不多客套，直接把問題端了出來。

「主公，我還真有一個好辦法。」

「什麼辦法？」

一個偉大的辦法，至少是名垂青史的辦法。

荀息的妙計

「我的辦法，先取虢國，再取虞國。」這就是荀息的辦法。

「然則奈何？」獻公問了這麼一句，意思是怎麼實施啊？其實獻公

114

心裡在想：你這不扯嗎？打虢國必須經過虞國，你飛過去啊？

　　虞國在今山西平陸，虢國在今河南陝縣。

　　「主公，你一定會想：你這不扯嗎？打虢國必須經過虞國，你飛過去啊？」荀息說。這話一出，嚇獻公一跳，怎麼這話跟自己想的一樣？

　　「沒錯。」

　　「主公，若是虢虞兩國之間鐵了心聯手對付我們，那真是沒辦法。可是，我們為什麼非要逼著他們聯手呢？我們主動去和其中一個國家聯手不就行了？這兩個國家，虢大虞小，而且虢國一向跟我們作對，聯虢滅虞並不現實。但是，聯合虞國討伐虢國是可以的啊。」荀息這番話說得有道理，獻公這才發覺自己原來是鑽了牛角尖，從來沒想過各個擊破。

　　「你說，怎麼聯結虞國？」

　　「如果無緣無故就去跟虞國套近乎，那就太顯得別有用心了。我們不妨以討伐虢國為藉口，向虞國借道。當然，借道不是白借，主公你不是有一乘屈地產的寶馬嗎？給他們。還有垂棘的白璧，送他們十雙。」辦法越來越具體了。

　　原來，屈地產好馬，晉國占領屈地之後，從那裡精選了四匹寶馬給獻公平日出行之用，打仗就用來裝備戰車。這四匹馬，獻公喜歡得像對待親兒子一樣。說句誇張點的話，寧可殺了自己兒子，也不殺這四匹馬。至於垂棘的白璧，更是天下聞名的寶物。

　　獻公摸摸腦袋，還真有點捨不得。

　　「主公，其實，馬也好白璧也好，說是送給他們，實際上不就是放在他們那裡保管一段時間嗎？到時候還是物歸原主。」荀息看出來了，所以接著說。

　　「老荀，白璧算不了什麼，送就送了。馬呢，我有點捨不得，但是為了國家利益，我也咬咬牙送掉了。不過，我現在擔心的是，虞公會不會幹。」

　　「主公，你問得好。但凡不貪的人，不會上當；智力超過中等的人，不會上當。可是虞國國君不僅貪婪，而且智力在中等以下。上回有

人考他腦筋急轉彎，考一個不會，再考一個還不會，一本書考完了，一個也沒答對。舉個例子，樹上七隻猴，地上一隻猴，總共幾隻猴？他非說八隻猴，你說他這智力。」別說，荀息瞭解得挺詳細，說得還挺具體。

獻公聽得發愣，樹上七隻猴，地上一隻猴，應該是八隻猴啊，不是八隻猴是幾隻猴？有困惑，但是還不敢問，怕一問就顯得自己跟虞公一個水準了。

其實他不知道，腦筋急轉彎這些東西，都是荀息編的。不管怎樣，現在獻公只好同意虞公智力低下這個結論了。

「可是，虞國還有宮之奇呢？你這招數，怕是瞞不了他。」獻公又提出新的憂慮，宮之奇是虞國上卿，出了名的聰明。

「宮之奇這個人，聰明是聰明，但是不夠強硬，虞公根本不會聽他的。」該想的，荀息似乎都想到了。

獻公還是有些捨不得那四匹馬，想了想，又說：「這年頭，好像都不守什麼信義，萬一虞國收了我們的禮物，卻要賴不借路，怎麼辦？」

荀息當時就笑了，獻公這話不是沒有道理，晉國就有很多這樣的人，獻公本人也沒少幹這樣的事。問題是，人家虞國不一樣，人家是周禮教育普及得比較好的國家，沒這麼無賴。事情雖然是這樣，可是不能這麼說。

「主公，這就是小國和大國打交道的規矩了，小國收了大國的禮物，那是一定要辦事的。」荀息反應快，拿大國小國說事。

獻公也笑了，因為晉國是大國，荀息這番話，等於說晉國是經常拿人家錢不給人家辦事的，想想也是，所以獻公笑了。

第一次借路

誰出主意誰幹活。

自古以來，就是如此。

如果幹活就有好處，那麼人們就願意出主意；如果幹活的還不如

說風涼話的，那就沒有人願意出主意了。而晉國之所以強大，在於幹活就有好處。前面說過，士蔿提建議了，幹活了，於是發財了。

荀息的建議，自然由荀息來執行。

荀息送禮物來到虞國，由於事先就故意洩漏了消息，因此受到熱烈歡迎，虞公第一時間親切接見。

荀息獻完馬，又獻了璧，虞公高興得如猴子上樹一般。

接見的過程基本上還是那個段子，荀息首先代表獻公問候了虞公和他老婆，隨後，開始回顧兩國長期以來業已存在的友好關係，以及兩個國家血濃於水、一衣帶水的兄弟感情。在熱烈友好的氣氛中，賓主共進晚餐。

吃完晚餐，閒坐的時候，進入正題。套近乎、互相拍馬屁、大吃大喝之後，最後談一點正事。自古以來，這就是外事活動的標準程序。

「想當年冀國侵犯虞國，為了虞國的安全，我們偷襲了冀國，使得冀國不得不撤軍，這證明我們與虞國之間休戚與共的關係。如今，虢國亡我之心不死，在下陽加強了戰備，隨時準備進攻我國，同時也威脅著貴國的安全。因此，我們準備討伐虢國，希望向貴國借道。」荀息這段話說出來，自己心裡都在打鼓，為什麼？下陽在虢國和虞國的交界處，根本沒有挨著晉國。

「哎，老荀，你說的對。我們借路，不僅借路，為了我們兩國的友誼，我們和你們一起出兵，並肩作戰。」虞公眼皮子都沒眨一下，智力水準確實在中等以下。

事情就這麼定了，虞公甚至根本就沒有跟宮之奇商量。事後，宮之奇表示反對，虞公笑道：「反對無效。」

現在，晉虞聯軍進攻虢國，第一站：下陽。

在開打之前，簡單介紹虞國的由來。

周文王有兩個伯父太伯和仲雍，為了給文王父親讓位，兩人逃去了吳國，後來先後擔任吳國國君。周武王時，將仲雍的後代封在虞，公爵。因為吳國也是仲雍之後，因此虞、吳是一家。

說起來，虞國出於姬姓，與晉國是親戚。

晉國由里克為主帥，荀息為副帥，虞國宮之奇領軍。兩國軍隊先後抵達下陽，各自攻一個城門。宮之奇雖然沒辦法勸止虞公，但是如今自己領軍，自然多長一個心眼，十分之一的部隊假裝攻城，其餘的部隊隨時提防著晉國軍隊。而里克和荀息一面攻城，一面還要防著宮之奇的隊伍。你說這樣的聯軍是不是很搞笑？

幸好晉軍實力強勁，沒幾天工夫，愣是把下陽給拿下來了。拿下下陽，前面就是一片坦途，可以直接滅了虢國。可是這個時候，里克堅決要求撤軍了。為什麼？

首先，宮之奇派人過來通報，說是自己拉肚子拉得天昏地暗，下不了床，因此再往南打就不奉陪了，你們自己去幹吧。

其次，虢國派出大將舟之僑在前面等著呢。舟之僑是什麼人物？就是虢國的宮之奇，那也不是善類。前有舟之僑，後有宮之奇，里克一看，我們再打下去，萬一你們兩面夾擊，我們不是被包餃子了？

再次，虢國與周王室那是真正的傳統友誼，聽說虢國被攻，王室已經派了特派專員前來調停，這個面子別人不給，晉國是一定要給的。所以，再打下去也沒什麼意義。

荀息雖然還有打下去的意思，但是主帥要撤，也沒有辦法。

「我們已經教訓了虢國，達到了預期的目的，因此我們撤軍。」里克派人向宮之奇轉達了這個意思，似乎是自己放了虢國一馬。

就這樣，晉國撤軍了。臨走，把下陽城一把火燒了，人民、牲畜和能搬走的全部搬回了晉國。那年頭，地大人少，人民就是財富啊。

最後的國宴

儘管沒有滅掉虢國，但是荀息的計策證明是行得通的，而且攻破了下陽，也算是出了一口氣。因此，獻公很高興，嘉獎了荀息。

高興雖然高興，獻公也看出來了，有宮之奇和舟之僑在，要對付虢國和虞國絕不是那麼容易。怎麼辦？等等看吧。

只等了三個月，好消息來了。什麼好消息？舟之僑來投奔了。

原來，晉國拿下下陽之後主動撤軍，虢公毫不在意，大概以為晉國也就這麼回事。於是虢公起兵攻打桑地的戎，結果大勝，搶了不少美女回來，還給舟之僑分了兩個。

得了美女的舟之僑一點也不高興，他反而很擔憂：丟了下陽要塞，一點也不害怕；戰勝了戎，就得意洋洋。就憑這警惕性，這個國家離完蛋不會超過五年。預料到國家要完蛋，兩條路擺在舟之僑的面前：與國家共存亡，或者保全自己，早早逃命。

識時務者為俊傑，舟之僑選擇了後者。既然選擇了後者，逃跑的方向就很容易確定，那就是晉國。

舟之僑帶領整個家族來到晉國，荀息高興壞了。什麼叫此消彼長？這就是。荀息當即提出再次討伐虢國，獻公沒有同意，因為國內的鬥爭正在白熱化，顧不過來了。

基本上，前面的事情就是這樣。

這一次下手，獻公不需要再向任何人討教了。

「里克，準備攻城器械，整頓兵甲。」

「荀息，活動活動舌頭，準備去借路。」

「舟之僑，帶路。」

獻公用了半年時間做準備工作，到了次年的夏天，一切工作準備就緒。

荀息首先出動，帶著十對白璧又來到了虞國。

程序跟上次完全一樣，吃飽了喝足了，荀息又要借路。虞公剛要答應，宮之奇早盯著呢，急忙上來插話。

「虢，虞之表也。虢亡，虞必從之。晉不可啟，寇不可玩，一之為甚，豈可再乎？諺所謂『輔車相依，唇亡齒寒』者，其虞、虢之謂也。」宮之奇上來就這麼一段，他急了。這段話什麼意思？這個意思：虢國是虞國的屏障，虢國要完蛋了，虞國也跑不了。晉國這樣的國家，最好從一開始就拒絕跟他們玩。上次借路給他們就很過分了，怎麼能

再借呢？俗話說：「輔車相依，唇亡齒寒。」就是指虢國和虞國之間這種關係啊。

「唇亡齒寒」、「唇齒相依」這兩個成語，就是宮之奇這次發明的。

虞公一看，有些不高興，這太沒禮貌了。

「你這說的什麼話？人家晉國是大國，講信用的，上次借道，有什麼問題嗎？何況大家都是姬姓國家，同宗啊，他們怎麼會害我們？」虞公說話的嗓門還挺大，好像挺有道理。

「主公啊，虢國也姓姬啊，跟晉國比我們的關係還近呢！再說，晉侯這些年滅的國家有幾個不是姬姓的。別說遠親，自己家四代都被他滅了。」宮之奇這時候也顧不了那麼多了，本來還想接著說「你以為你誰啊？你以為你長得漂亮啊」，忍住了沒說。

虞公很不高興了，當著客人的面子，宮之奇給自己下不了臺，這怎麼行？

「老宮，你是不是看我高興了你就不舒服啊？你是不是覺得就自己聰明，別人都是傻瓜啊？人家晉國是大國，主動跟我們友好，這是看得起我們，有什麼不好？你沒事回家蹲著去吧，啊。」虞公說話也不客氣，直接趕人。

宮之奇沒辦法，只好出來，在外面碰上了大夫百里奚，又叫百里井伯。當初百里奚當上大夫，就是宮之奇推薦的，說起來，兩人是好朋友。

「老宮，你怎麼要走啊？」百里奚這是上廁所回來，看見宮之奇一臉的不高興，忙問。

「被趕出來了。」宮之奇氣哼哼地說，之後把事情說了一遍，「兄弟，你也去勸勸主公啊。」

百里奚搖了搖頭，歎一口氣：「老宮啊，我知道你說得有理，但是，你勸都被趕出來了，我是個什麼材料啊？我要是去勸，立馬就會被炒魷魚啊。算了，該死活不了，我還是扎扎實實把這頓國宴給吃完吧。」

見百里奚不肯，宮之奇想想也是，歎口氣，回家去了。百里奚回

到宴會廳，一頓海吃，撐得個半死。他知道，這是最後一頓國宴了，下一次國宴不知道還有沒有機會吃到。

第二次借路

現在，宮之奇面臨舟之僑同樣的選擇：與國家共存亡，或者保全自己，早早逃命。

宮之奇沒有猶豫，他選擇了後者。

連夜，宮之奇收拾好了家當，第二天一早就登程前往宋國。老娘問了：「孩子，怎麼這麼急？」

「娘啊，晉國打虢國，回程就會把咱祖國順手滅了，那時候再走可就晚了。」

宮之奇就這麼走了，據說去了宋國。

宮之奇，虞國公族，宮姓的祖先。

為什麼舟之僑和宮之奇這樣的良臣到了國家存亡的危難關頭，都選擇了逃命呢？因為他們知道自己挽救不了這個國家，既然如此，那就只好挽救自己。

可恥嗎？一點也不可恥。

十天之後，晉國出兵了，這次是晉獻公親自領軍，目標明確：滅了虢國。

前面說過，鬼子進村，漢奸帶路，這是黃金組合。晉國大軍此次有了舟之僑作為嚮導，上下兩軍齊進，基本上是一路小跑就占領了虢國全境；虢公率領全家逃命，一直逃到了雒邑。還好，原本虢公就是中央領導，在偉大首都有房有地有二奶，這下就不用再來回折騰了，可以全心全意為中央服務了。

那時候正好是周惠王在位期間，惠王看見虢公帶著全家來了，還以為是旅遊呢，一問，原來是國家沒了。再問，是晉國幹的。惠王很生氣，當時就火了：「奶奶的，晉太不像話了，虢國他們也敢滅，總共四個公爵國家，他們也敢滅？叔啊，你們先安心住著，我這幾天就

替你譴責晉國，發動齊國等國家為你討回公道。」

「多謝大王，多謝大王。」虢公高興壞了，一家人安心住了下來。

這一等，可就沒有盡頭了。轉眼間過了十天，沒看見周王有任何動作，虢公急了，這天就去問去了。

「大王，我那事兒怎樣了？」虢公問。

「叔啊，你那事吧，木已成舟，沒辦法了。你就安心在中央工作吧，你祖先的牌位過幾天晉國就給你送過來了。」周惠王這麼說，見虢公很失望，安慰道，「知足吧，你知道虞公怎麼樣了嗎？也被滅了。比你還慘，你還能接著當中央領導人，虞公現在只能當小地主了。」

「啊，虞國也被滅了？」虢公大吃一驚，隨後哈哈大笑起來，「哈哈哈哈，該死的虞公，想不到你也有這一天，哈哈哈哈。」

現在想起來，舟之僑逃命是對的。想想看，地方沒搞好，虢公拍拍屁股，帶著全家去中央了，舞照跳，馬照跑，可是虢國的卿大夫們怎麼辦？自己不想辦法，誰管你？

那麼，虞國怎麼被滅的？周惠王又為什麼不肯幫虢公了？

第五十三章
秦故事一：兩個大饃

　　晉國滅了虢國，回家的路上順手滅掉了虞國。事情太簡單，基本上相當於順手踩死一個螞蚱，不用浪費筆墨。虞公可沒有虢公的運氣好，被晉軍生擒活捉，獻公將他帶回絳，對他還算不錯，祖宗的牌位給他自己保管，又給了一小塊地，當了個小地主。

　　春秋時候這點好，滅了你的國家，不滅你全家，還讓你當小地主。

　　不過，一口氣滅了兩個公國，晉獻公還是有點害怕。不管怎麼說，人家爵位比你高啊，你憑什麼滅人家？再說，虢公和王室的關係那是大家都知道的，怎麼說人家也是中央領導人，如果周王發布命令，再說動齊桓公率領聯合國軍隊來討伐，那還真是一件麻煩事。

　　怎麼辦？滅人家之前獻公沒有想到這麼多，現在兩個國家都滅了，問題來了。

忽悠周王室

　　「老荀，你看看，這怎麼處理？」獻公把荀息給叫來了，荀息一聽，也有點頭大，什麼都想到了，沒想到這個。

　　荀息傻眼了，獻公召開卿大夫大會討論這個問題，可是沒人有辦法。

　　怎麼辦？這個時候，獻公想起老丈人來了。誰？狐突。

　　「狐突一定有辦法。」獻公派人去把狐突給請來了，他知道，別看這個老狐狸整天在家裡裝病，其實什麼事情都瞞不過他。

　　獻公把事情大概說了一遍，又說些除了老爺子沒人有辦法的屁話，請老爺子出主意。

　　「荀息不是挺能幹嗎？讓他想辦法啊。」狐突特別討厭荀息這個人，所以先說兩句風涼話。

「他有辦法，就不用驚動您老人家了。」

別說，老狐狸還真有辦法。

「主公，其實這個事情不難。不是有那麼一句話嗎：『沒有永遠的朋友，只有永遠的利益。』你現在就派人去雒邑，把虞國祖廟裡的寶貝都帶去，再告訴周王，說今後虞國雖然歸了晉國，但是虞國的稅收全歸王室。至於虢公的祖先的牌位，咱們過幾天也給送到首都去。現在王室窮得一塌糊塗，平白無故得了虞國的稅收，還不高興死？」老狐突可不是老糊塗啊，看問題很透徹。

獻公一聽，好主意啊，立馬派人前往雒邑，該送的送，該承諾的承諾。周王一看，又省事又實惠，傻瓜才不幹。因此，周王決定不管虢公的事情了。

中央最高領導人都這樣，也就怪不得春秋大家都這樣了。

有人問：獻公真的把虞國的稅收給了周王室嗎？獻公會從墳墓裡跳出來：我傻啊，辛辛苦苦打下來，憑什麼給他們？

說來說去，最高領導人被忽悠了。

假途伐虢，就是這段故事。

接下來就要開慶功宴了。

獻公大宴群臣，發獎的發獎，表揚的表揚。

荀息功勞最大，獎勵最多，喝得也最多。喝多了之後，荀息要炫耀一下了。

「來、來人，把那四、四、四匹寶馬給牽上來。」荀息下令。立即有人出去，不多時，寶馬牽了進來。荀息端著酒就來找獻公了：「主、主公，把馬、馬還給你，還是那四、四匹馬吧？」

獻公也高興，笑道：「馬則吾馬，齒亦老矣。」啥意思？馬還是我的馬，不過已經老了。

眾人大笑，正在高興，門前侍衛進來稟告：「主公，秦國有使者來到。」

「秦國。」晉獻公愣了一愣，其實，每個人都愣了一愣。

晉國從來沒有跟秦國打過交道，他們來幹什麼？

土包子求婚

既然說到了秦國，還是按照慣例，先說說秦國的由來。

《封神演義》中商紂王有兩個部下是父子，姓嬴，父親叫蜚廉，兒子叫惡來。父親跑得快，兒子力量大，活到今天的話，就是劉翔和張湘祥（註）了。不過他們的年頭不好，沒趕上北京奧運會，趕上周武王伐商了，結果惡來為國壯烈犧牲，蜚廉自殺身亡。（註：劉翔—中國田徑運動員。張湘祥—中國男子舉重運動員。）

惡來的後代叫非子，因為給周孝王養馬養得好，被封在秦。作為一個附庸，非子就叫秦嬴。秦嬴傳了三代，到了秦仲，秦仲被犬戎所殺。秦仲的五個兒子率領七千周兵擊敗了犬戎，於是大兒子莊公繼位，並且占有了犬丘和大駱，地盤擴大。

莊公的兒子襄公因為護送周平王東遷，被封為伯爵，秦正式成為諸侯。之後，又經過文公、甯公、武公、德公、宣公、成公和穆公。歷代秦國國君都有一個特點，就是蠶食周邊小國。因此，到穆公繼位的時候，秦國已經是一個中等以上的國家。

有人會問：為什麼短短一百一十年的時間裡，秦國竟然經歷了八任國君？原因很簡單：秦國的習俗是兄終弟及，武公和德公是兄弟，宣公、成公和穆公也是兄弟。

現在，秦穆公為秦國國君。

秦穆公任好，是秦姓和繆姓的祖先。

與他的歷屆前任一樣，秦穆公登基之後繼續擴張，登基第一年就吞併了茅津。

周邊的小國一個個被消滅，穆公卻有些煩躁起來。為什麼煩躁？就像一個發了財的土老帽一樣，單單有錢已經不能滿足，要混進上流社會啊。

這麼多年了，秦國就像是一個被遺忘的國家，一個被扔進狼群裡的孩子，中原國家幾乎都忘記還有這麼一個國家了。

「怎麼辦？咱們有地盤了，有人馬了，有女人了，可是，咱們沒文化啊，說來說去，還是一幫土包子。我想跟中原正統混一混，長長見識，扮扮斯文。兄弟，你還去過中原，也算咱們秦國的文化人了，你有什麼辦法？」這一天，秦穆公把公子縶（音執）給請來了。公子縶是誰？秦穆公的異母弟弟，秦國的庶長。庶長是個什麼東西？

原來，秦國長期與中原國家隔絕，也沒個什麼正規的官制，除了國君之外，最大的官就叫庶長，直譯就是「老百姓的頭兒」。庶長什麼都幹，和平時期當總理，戰爭時期當將軍，反正就是他了。至於什麼上卿啊、太傅啊、司空啊這些職位，秦國人聽都沒聽說過。

「我看，咱們不妨先從婚姻開始，不是離著晉國近嗎，就向晉國求婚吧。」公子縶出了這麼個主意，其他的也想不到。

「好啊好啊，這活就派給你了。」秦穆公覺得這個主意好，當時就拍板了，「除了求婚，有那素質高的人才，撿大號的弄幾個回來。」

就這麼著，公子縶帶著一車狼皮就去了晉國。

秦國國君來求婚了，晉國卿大夫們都覺得好笑，這不是癩蛤蟆想吃天鵝肉嗎？

也沒等獻公提問，卿大夫們你一言我一語就討論開了，基本上沒有一個人支持。

「好吧，你回去告訴你們國君，我願意讓他做我的女婿，秋收之後來迎親，我把大女兒嫁給他。」出乎所有人的意料，也出乎公子縶的意料，獻公很爽快地答應了。

獻公派人送公子縶去國賓館休息，卿大夫們唧唧喳喳，對獻公的決定表示不理解。

「你們知道什麼？你們看見那一車狼皮了嗎？那得多少頭狼？這充分說明秦國國君很有誠意。既然這麼有誠意，我女兒去了一定會很受寵。你們知道嗎？一個女人，最大的幸福就是被男人寵。」獻公高聲說。其實，他還有一個理由沒說出來，那就是自己的大女兒伯姬，也

就是申生的同母妹妹，那時候已經二十一歲了，再不嫁出去，就砸手裡了。這麼大歲數，要嫁給中原諸侯是不大可能的，也只有秦國這樣沒什麼講究的國家還能接受。

不管怎樣，獻公覺得挺好，至少把女兒嫁掉了。

人才難覓

公子縶非常高興，沒想到這麼順利就把婚事搞定了，這個功勞可不小。

除了求婚，公子縶還有一個使命，那就是挖幾個人才回去。公子縶心想：晉侯的女兒都到手了，高薪誠聘幾個人才應該也很簡單吧。

公子縶沒想到的是，人才還真不好找。

人才太少？不是。找不到人才？也不是。

公子縶在晉國住了三天，第一天還打聽打聽哪個大夫是人才，然後上門拜訪，盛情邀請前往秦國，條件都開得很好，封邑面積至少是晉國的兩倍，高額安家費，十二個美女，此外，只要幹得好，半年之後就可以擔任庶長。

「庶長？庶長是什麼東西？」晉國人根本不知道這是什麼玩意，就憑這個滑稽的名字，誰也不肯去。

沒辦法，第二天，公子縶把目標放在了士的身上，成功人士不願意去，士總會願意吧？誰知道，士也不願意，說起秦國，大家都說那裡遍地野狼，老百姓都吃人肉。儘管公子縶再三解釋，誰聽他的？

第三天，公子縶沒辦法了，在大街上看見誰就問誰去不去秦國。誰去？還是沒人去。到晚上，公子縶甚至動員國賓館燒開水的大爺去，也被斷然拒絕了：「我老了，還想多活幾年，秦國的狼太多了。」

公子縶感到自己很失敗，很沒有面子。

第四天，公子縶失望地上路回家了。出了絳城，一路向西。走不多遠，看見前面有一個流浪漢。只見這個流浪漢長得高大魁梧，一臉的鬍子，一身衣服破破爛爛，遮不住渾身的肌肉。流浪漢的手裡拿著

一個破碗，抖抖索索等著施捨。

俗話說：「鄉下人心腸好。」公子縶看見這個人可憐，心說：乾脆在晉國做個好人吧，也顯示秦國人沒有傳說中那麼差勁。

「喂，過來，給你一個饅。」停了車，公子縶對流浪漢喊。

流浪漢瞪了他一眼，一動不動。

公子縶一看，這人還挺有骨氣。語氣溫和一點，說：「請過來，我這裡有饅吃。」

流浪漢又瞪他一眼，還是不過來。

公子縶心說：我這已經夠客氣了，他還不肯過來？這不是死要面子活受罪？再想想，猛然想起來，別看這流浪漢是個流浪漢，基本上可以肯定是個士。為什麼呢？因為士農工商四大社會類別中，後面三者都是有恆產恆業的，都是有正當職業的，如果放棄正當職業來流浪，那是屬於犯法的。只有士沒有正當職業，才有流浪的權利。你再看這個人的長相，儘管可憐兮兮，眼睛裡卻還有一股傲氣。

「先生，我有饅，賞個臉吃一個吧。」公子縶更客氣了，倒好像他在求流浪漢。

流浪漢這才走了過來，公子縶親自取了一個饅，雙手遞給他，流浪漢雙手接過去，行了個禮，走到一邊，蹲下去吃饅。

公子縶一看，這人要了一個饅，竟然也是這麼有禮貌。等流浪漢把饅吃完，公子縶看他像是沒有吃飽，又送了一個給他。

兩個饅下肚，流浪漢明顯有一種滿足感。他把碗放在一旁，走到公子縶的面前，又躬身施了個禮，朗聲說道：「公子，我公孫支雖然流落街頭，好歹也是個士，我不能無緣無故受別人的恩惠。你賜給我兩個饅，我一定要有所報答，說吧，我怎樣才能報答你？」

原來，這個流浪漢叫公孫支，字子桑，從這個名字就知道是晉國公族，不過不是曲沃那邊過來的公族，而是被推翻的晉侯緡這邊的公族，所以才混得這麼落魄。不過話說回來，也幸虧是晉侯緡這邊的公族，否則早給滅了。

看公孫支的舉止，再聽他說話，公子縶就覺得這個人不簡單。猛

然，他有了一個想法。

「既然你這樣說，那好，你跟我回秦國。告訴你，我是秦國庶長公子縶，你跟我回去，就算是我秦國人才引進計畫中的第一人。」公子縶決定把公孫支帶回秦國，人才啊。

「啊，去秦國？」公孫支的眼裡充滿了沮喪和絕望。

「去了秦國，你就是大夫，吃香的喝辣的，娶六個老婆，不比在這裡當流浪漢強？」

「唉，」公孫支歎了一口氣，「誰讓我吃了你那兩個饃呢？」

秦國的第一個外教：公孫支

回到秦國，公子縶安排公孫支住下，換了一身好衣服，洗個澡，然後帶他去見秦穆公。

公子縶首先彙報了此行的情況，說晉獻公爽快答應親事，迎親時間都已經定好。然後說到人才引進，這個時候把公孫支介紹給了穆公。

穆公非常高興，一來跟晉國要成親戚了，二來還請來了公孫支這樣的人才，看上去就是人才。

三個人一邊喝酒，一邊聊了起來，主要是秦穆公和公子縶向公孫支請教。公孫支雖說是個破落貴族，但是義務教育沒落下，沒吃過豬肉也見過豬跑，當下甩開腮幫子，一邊吃一邊說，主要介紹中原的禮儀、制度、人文等等，聽得穆公目瞪口呆，大長見識。

「看見沒有，我們簡直就是野蠻人啊。子桑先生，從今以後，你就負責秦國的教育工作，從野蠻人變成文明人，就靠你了。」穆公太高興了，就像地下黨見到了組織上派來的人。

公子縶一看，這公孫支還真有兩把刷子，當時一激動，然後一衝動，對穆公說：「主公，乾脆，我這庶長也別當了，子桑先生來就行了。」

「好啊。」穆公同意。

公孫支很激動，也很感動，人家秦國人真是太厚道了，太好騙

了，太什麼了。可是，公孫支不衝動，他知道自己是什麼材料，在秦國他算人才，在晉國他什麼也不算。要管理秦國這樣的國家，他知道自己不行。

「不行，在下實在沒有這樣的能力，做個大夫輔佐公子縶，我就很滿足了。」公孫支一再推辭，打死也不當庶長。

沒辦法，穆公任命公孫支為大夫，主要職責就是編制制度，教化人民。

秋收之後，到了冬天，迎親的日子到了。

按規矩，秦國依舊派出公子縶前去晉國迎親。晉獻公也挺高興，把大女兒送出了門，總算給嫁出去了。

公子縶一路上唱著秦腔，高高興興把伯姬給帶回了雍城。雍城在哪裡？當時的秦國都城，在今天的陝西省鳳翔縣。

秦穆公高興啊，終於娶到一個有文化有教養的老婆了。高興到什麼程度？穆公決定把晉國陪嫁過來的東西都當庭打開，給大家開開眼界。

「哇。」第一件陪嫁打開的時候，大家都驚奇地叫了出來。什麼東西？史書上沒記載。隨著一聲聲的「哇」「哇」，陪嫁品都被打開了，大家都說好。

東西看完了，看看人吧。於是，除了新夫人之外，其餘晉國隨從人員都到朝廷點名，順便給每人發紀念品。

「張三。」「李四。」「王老五。」一邊點名，大家一邊看，覺得晉國人看上去就有文化。

可是點著點著名，出問題了。

「百里奚。」

沒人答應。

「百里奚，百里奚來了沒有？來了舉個手。」

還是沒人答應。

百里奚沒來，百里奚為什麼沒來？晉國的陪同官員說話了：「百里

奚這個老頭在半路上跑了。」

「跑了，為什麼要跑？」穆公有點不高興了。

「這個，他不是晉國人，可能跑回家了吧。」

「不是晉國人？」穆公又不高興了，怎麼弄個外國人來冒充晉國人？

穆公正在不高興，公孫支說話了。

「主公，這個百里奚我知道，他是虞國的賢臣，晉國滅了虞國，把他也捉到了晉國，這次把他當成陪嫁的奴僕，他當然要跑了。」公孫支知道百里奚，連忙解釋。

「賢臣？既然是賢臣，我們求賢若渴啊，把他弄來啊。」穆公聽了，反而高興了。說到這裡，穆公去看公子縶，公子縶幾乎哭出來，「唉，我怎麼這麼笨？有眼不識賢臣啊，那個老頭我在路上見過好幾次啊。」

世界上的事情就是這樣的，你苦苦尋求卻尋不到的，也許就在你身邊。只有當你失去之後，你才知道你失去的是什麼。

穆公很迫切，公子縶很懊惱，秦國人很倔強。

所以，穆公和公子縶決定，一定要把百里奚找回來。

公子縶親自率人沿途去找，首先確定了百里奚逃走的地點，之後向南搜尋，一路上打探，最終，功夫不負有心人，百里奚的下落打聽到了——他逃到了楚國的宛（在今天的河南南陽境內），被楚國人捉走，去放羊了。

公子縶回到雍城，把上述情報向穆公作了彙報。穆公緊急召見公孫支，和公子縶一起，討論如何把百里奚給弄回來。基本上，我們把這項行動命名為「拯救老頭百里奚」。

第五十四章

秦故事二：五張羊皮

　　秦穆公、公子縶和公孫支進行了一次頭腦風暴，最後提出了三個行動計畫。

　　甲計畫：派小分隊潛入楚國，以武力的方式搶奪百里奚。這個計畫，類似於《搶救雷恩大兵》

　　乙計畫：派出使者，攜帶大量禮品，向楚國的宛大夫贖人。

　　丙計畫：派公孫支扮成流浪漢，進入楚國，設法被楚國人捉住，然後接近百里奚，帶領百里奚潛逃到秦國。這個計畫，類似於《越獄》。

拯救老頭百里奚

　　三個行動計畫提出來之後，三個人一一進行了可行性分析。

　　甲計畫是公子縶提出來的，但是穆公和公孫支都認為實際操作比較困難，尤其是秦國與東面的國家一向缺乏交流，很容易在路上就被發現。一個潛在的危險是，一旦與楚國軍隊交手，很可能因此產生國際爭端，而楚國的實力強大，惹不起。

　　乙計畫是穆公提出來的，主要想通過外交途徑解決問題。可是公孫支和公子縶認為不妥，特別是公子縶強烈反對：「主公，為了一個放羊的老奴，我們用禮物去贖，對方一定懷疑，到時候一調查，百里奚原來是個賢臣，那恐怕就直接被楚王請到楚國做大夫去了，豈不是竹籃打水一場空，給人家作嫁衣裳？」

　　丙計畫是公孫支提出來的，他決定士為知己者死，寧可自己冒危險去拯救百里奚。可是，穆公和公子縶都強烈反對，公孫支是好不容易弄來的人才，萬一這一去出點什麼差錯，那不是偷雞不成反蝕把米？

　　三個行動計畫，一個也沒有通過。

怎麼辦？又一輪頭腦風暴之後，公孫支突然有了一個辦法。

「這樣，我們乾脆就派邊境的小吏到宛去，就說百里奚是我們這裡逃走的奴隸，準備把他贖回來定罪。據我所知，在楚國，贖一個奴隸也就是五張羊皮。我們用五張羊皮去贖他，楚國人不會起懷疑，而且百里奚也老了，楚國人一定很高興還能把他賣出去。」公孫支的主意省錢省力，還切實可行。

「好主意，好主意。」穆公和公子縶齊聲叫好。人才啊，什麼叫人才？

公子縶是一個執行力超強的人，他親自來到秦國邊境，找到一個小吏。這個小吏叫什麼名字並不重要，我們就叫他秦八。

「秦八，我們有一個老奴跑到楚國去了，名叫百里奚。現在他被楚國人抓住，在宛這個地方放羊。我給你六張羊皮，你帶著兩個弟兄去把他給贖回來。記住，楚國的行情是一個奴隸五張羊皮，你自己去講價，反正就六張羊皮，多的是你的，不夠你自己想辦法。」公子縶採取了激勵的辦法，但是不把真相告訴他，免得他緊張。

就這樣，秦八領了六張羊皮，又領了差旅費和路上的乾糧，帶著兩個兄弟出發了。

閒話少說，一路上無非就是《水滸傳》上常說的：「免不得吃癩碗，睡死人床。」

沒幾天工夫，秦八三人來到了宛，一打聽，真有個北邊來的老頭在這裡放羊，他家主人名叫楚八。

秦八就找到了楚八，基本上，這是歷史上秦國人跟楚國人的第一次親密接觸。

秦八把自己的來意說了一遍，說是要贖人。

「五張羊皮，人歸你了。」楚八是一口價，那年頭，中國人還沒有無恥到漫天要價。

「你看看，一個老不死的傢伙，怎麼還值五張羊皮？四張。」秦八開始砍價，那年頭，中國人也還沒有狡猾到攔腰一刀。

「哎，你怎麼說話？這裡就這個行情，愛買不買。」楚八有點生

氣，同時他也有底氣，他認準了你一個秦國來的，你耽誤不起時間。

秦八沒辦法了，掏了五張羊皮出來，成交。

又吃上了國宴

秦八傻眼了。

如果你押送犯人到華盛頓，出來迎接犯人的是總統和國務卿，你是不是會傻眼？

穆公、公子縶和公孫支親自前來迎接，百里奚當時就笑了。他早就料到了，秦國人這麼遠把自己弄來，肯定不是讓自己來養羊的。

公子縶給秦八額外賞賜了十張羊皮，秦八戰戰兢兢，和兩個兄弟回去分了。

秦穆公稍微有一點失望，因為百里奚不像是個人才的樣子，鬍子拉碴，破衣爛衫，一身的羊臊。看上去像什麼？就像被老婆趕出家門的老酒鬼。

不管怎樣，穆公還是高高興興將百里奚迎接了回來。

「百里先生，不知高壽幾何？」穆公先問歲數，看看符不符合招工條件。

「不老，才七十歲。」百里奚說。鬍子上都是唾沫星子。

「哎喲，夠老了。」穆公聽了，更失望了。

「怎麼老呢？如果讓我打狼，是老了點；放羊還行啊，在楚國，誰也沒有我放得好。」

「問題是我們把你弄來，不是請你來放羊的啊。」穆公急了。

「那是幹什麼？」

「我們聽說你是個賢人，請你來指導我們治理國家啊。」穆公要哭了。

百里奚笑了，他知道秦國人就這德行，愛衝動。所以，他剛才是故意裝傻。看見秦穆公要哭，百里奚這才笑道：「當年姜太公遇上文王的時候，已經八十多歲了。不也一樣幫助文王武王滅了商？我剛剛七十

出頭，牙口倍兒好，身體倍兒棒，幫著主公您出謀劃策，管理國家，不是打狼也不是放羊，怎麼會老呢？」

秦穆公一聽，對啊，老頭說得對啊。

正是：別看穿得髒，出口成文章。

「你說得有理，那你接著說，我們秦國該怎麼整？」

「怎麼整？這麼整。咱們秦國呢，現在只能說是個半野蠻國家，這個時候不能急著跟中原國家湊太近，一來實力不行，二來容易被騙。不過秦國有一個天然的優勢，那就是地理條件得天獨厚，易守難攻，當年文王武王就是靠著這塊地起家的。我們現在應該眼睛向外，一方面學習中原國家治理國家的經驗，另一方面把西戎小國一個個吞併了，等到實力壯大了，就可以東進，跟中原國家抗衡了。」百里奚在路上沒閒著，早已經把這些道理想得清清楚楚。

穆公傻眼了，徹底傻眼了。自己從前雖然很努力很向上，但是一直是東一錘子西一榔頭，完全沒有方向。如今聽百里奚這麼一說，那是豁然開朗。

「來人，安排國宴，給老爺子接風。」秦穆公一衝動，國宴伺候。

百里奚哭了，這次輪到他哭了。

「想不到，我百里奚又吃上國宴了。」想起在虞國吃的國宴，想起在楚國吃的剩飯剩菜，百里奚百感交集。

百里奚洗了個熱水澡，自從被晉國人捉走之後，他就沒有洗過澡了。這一洗，洗下兩斤多泥來，最裡面是晉國的，中間的是楚國的，外面一層是秦國的。洗完澡，換了一身乾淨衣服，有專人幫著梳理好了頭髮和鬍子，在鏡子面前這一看，老酒鬼沒有了，眼前就是一個張大千。

百里奚來到國宴大廳，秦穆公再一看，哇，髒老頭不見了，換了一個知性老頭。有知性美女，當然就有知性老頭。

秦穆公親自牽著百里奚的手，來到主座坐下，秦國的大夫們也各自坐下。

如果換了是在中原國家，國宴可就複雜了，各種禮儀之後，估計

黃花菜都涼了。秦國沒那麼多臭規矩，秦穆公把筷子一舉，說一聲：「動筷子。」於是國宴正式開始。

百里奚這一次沒有狼吞虎嚥，他知道，吃國宴的機會多著呢。

酒過三巡，秦穆公說話了：「老爺子，你看，你這麼有本事的人來到秦國，就屈就當個庶長吧。」

「什麼，庶長？」百里奚沒聽明白，不知道這是個什麼官，會不會是負責養羊的？

「啊，對，除了我，就是庶長大了。現在是公子縶當著，你來當，讓他靠邊站。」秦穆公說話挺直爽。沒辦法，那時候秦國沒文化，還沒學會拐著彎說話。

「這不行，這不行。」百里奚現在知道，庶長就是總理。自己剛剛來，怎麼就把人家公子縶給頂了？

「老爺子，別推託了，主公這麼說，我也這麼想。」公子縶插話進來，他也很直爽。這個庶長幹得挺費勁，早就想讓出去。

百里奚一看，人家很有誠意啊，自己不幹還不太好。這個時候，他突然想起一個人來。

「主公，我有一個結拜大哥。他的能力比我高十倍，主公為什麼不把他請來當庶長呢？」

「誰？在哪裡？你怎麼認識他的？現在就去請他來好不好？」秦穆公急了，一口氣冒出四個問號來。公孫支比公子縶高明十倍，百里奚比公孫支高明十倍，這個人比百里奚還要高明十倍，那該有多高？

「主公，說起來，那話兒就長了，聽我慢慢說來。」百里奚喝了一口酒，將碗放在桌上，這才甩開腮幫子，講起那過去的事情。

正是：往事輕易不回首，回首起來淚長流。

姓白的朋友請注意，百里奚是白姓始祖之一，請在此分享你們先祖的坎坷經歷。

百里奚的故事

百里奚，字井伯，虞國公族。祖上封在百里而得姓，到了百里奚這一輩，就什麼也沒有了，成了一個光棍士。

家裡只有幾畝薄田，沒錢的親戚你不願意理人家，有錢的親戚人家不願意理你。熬到四十歲上，這才好不容易娶了一個老婆，杜家的姑娘，排行第九，就是杜九娘。杜九娘那年也有三十多歲，還是個二婚。沒辦法，龍配龍，鳳配鳳，老鼠的老婆會打洞，一對剩男剩女就湊合在一起了。

結婚不久，生下一個兒子，百里奚夫婦那是悲喜交加。喜的是生了個兒子，從此百里家有後代了，悲的是家裡家徒四壁，從前百里奚是一個人吃飽了全家不餓，現在老婆孩子睜眼也要吃飯啊。

「老公啊，咱不能一家人坐在家裡喝西北風啊。眼看冬天過去了，連西北風也沒有了。我看，你去東面打工吧，好歹掙幾個錢養活我們母子二人。」杜九娘勸百里奚。

「老婆啊，想不到養老婆孩子這麼費事。早知道這麼費事，嗨。我也想去東邊碰碰運氣，可是，我不放心你們娘兒倆啊。」百里奚早就動了這個念頭，只是一直沒好意思說。

「怕什麼？怕我偷男人？你看我長得像個茄子一樣，誰要我啊？你放心去吧，孩子我養著，有一口是一口，說什麼也得把他養大，等你回來接我們去享福啊。」杜九娘說著，辛酸的淚水都出來了。

兩口子大哭一場，第二天，百里奚收拾了兩個餅，向東而去。

那年頭，還沒有護照，也沒有特區通行證，好像強盜也少有。總之，想走就走，想去哪就去哪。

去哪裡？百里奚想好了，要去齊國。

一路上，風餐露宿，連死人床都沒機會睡。飢一頓飽一頓，一路乞討就到了齊國。

齊國那時候正是齊襄公時代，忙著同性戀呢，啥也顧不過來。百里奚在齊國混了一段日子，本來想搞個政治避難之類，混個大夫當當，

誰知根本見不到齊襄公。想想也是，你看你一個乞丐樣子，開口說自己怎麼怎麼有才，誰信你？沒辦法，百里奚就在齊國淪為乞丐了。

所以，有的時候這就是個命。要是再晚幾年來，說不定就是甯戚的命了。

這一天正討著飯，遇上一個人。這人聽百里奚說話不是本地口音，挺好奇。

「老兄，你哪裡的？怎麼跑這裡來了？」這人問。聽口音，也不是齊國人。

百里奚歎了一口氣，好不容易有人願意搭理自己，還不好好說說？於是一五一十，把自己的情況給介紹了一遍。

「老兄，你認識齊侯嗎？」百里奚最後問。

「我靠，」那人聽了，歎一口氣，「我要認識他，還跟你扯什麼？」

不管怎樣，兩人通了名姓，此人名叫蹇（音檢）叔，果然不是齊國人，是宋國人。蹇叔跟百里奚一樣也是個士，也想出來撈世界，於是當了「東漂一族」。

哥倆越聊越投機，都覺得對方還真是懷才不遇，一衝動，兩人竟然結拜為兄弟，蹇叔大百里奚一歲，當了大哥。百里奚高興啊，有了大哥，從此吃飯不愁了，睡覺也不用睡大街了。為什麼？因為蹇叔雖說也是個士，但是家裡還有幾畝薄田，生活上還過得去，因此，在齊國雖說苦點，還能租間小房，吃飯不愁。

就這樣，百里奚跟著蹇叔又混了一個多月。

「兄弟，咱們得走了，這樣等下去不是個頭，而且，盤纏快用光了。這樣，你跟我先回宋國，咱們再想辦法。」一天，蹇叔提議。

哥倆收拾收拾，準備上路。其實也沒啥好收拾的。

離開齊國

第二天，蹇叔帶著百里奚進到臨淄城裡，準備買點齊國特產帶回家給孩子吃。

來到臨淄，只見齊國都城戒備森嚴，城樓上平添了許多兵馬，四個大門也都增添了守門衛士。

「出事了。」蹇叔判斷，來齊國一年多了，沒有過這樣的陣仗。

果然出事了，原來是管至父和連稱殺了襄公，擁立公子無知為齊國國君。

在大門之外，張貼著兩張告示，一張是安民告示，意思是：齊襄公無道，搞破鞋搞同性戀，說話不算數等等，因此被正義的力量剷除。如今公子無知挺身而出，撥亂反正，擔當大任，大家可以安心過日子，不必驚慌云云。

另一張是招賢廣告，意思是：國家要發展，人民要富裕，離不開齊侯的英明領導，也離不開廣大人才的貢獻。目前，大把職位空缺，希望各國人才踴躍報名，共同加入為齊侯效力的隊伍。

招賢廣告下面，就有兩個招聘人員進行現場招聘，應聘者絡繹不絕。

「大哥，太好了，我們的機會終於等到了。」百里奚高興啊，真是來得早不如來得巧。說著，百里奚就往前擠，要去報名。蹇叔在後面一把抓住他，直接就給拉出來了。拉到一個偏僻一點的地方，蹇叔劈頭就說：「兄弟，腦子進水了吧？腦殘了你？」

蹇叔的話說得百里奚雲裡霧裡，自己做錯什麼了？

「大哥，你什麼意思？」

「兄弟，你知道這個公子無知是個什麼人嗎？人見人恨啊。聽說過嗎，幹革命要跟對人。跟錯了人那是很危險的。」關鍵時刻，蹇叔保持了高度的革命警惕性，非常清醒。

百里奚恍然大悟，這個道理他懂。

於是，哥倆不為所動，該買什麼買什麼，買夠了，拍拍屁股，揚長而去。

蹇叔的家在宋國的鳴鹿村，地方挺好，山清水秀。

回到家中，蹇叔的老婆孩子高興得像猴子看見香蕉一般。蹇叔又

把百里奚介紹給他們，大家也都客客氣氣。

一轉眼過去十多天，百里奚在蹇叔的家裡過得比在自己家裡還舒服，不過整天看著人家一家人團圓，難免心中想起自己的老婆孩子來，也不知道老婆孩子還活著沒有，也不知道他們過得怎樣，也不知道老婆有沒有跟人私奔。

這一天，百里奚聽人說偉大首都的王子頹喜歡養牛，正在招聘養牛的牛郎。百里奚心想：不如先去當牛郎，一來有口飯吃，還能把老婆孩子接過去，二來也可以找機會看能不能混上去。想好了，百里奚來找蹇叔，要告辭上路。

「大哥，你看，我在這裡住著雖然開心，可是也不是個長久之計，我準備前往雒邑，去當牛郎。」百里奚先客氣了幾句，然後把自己的想法說出來。

「當牛郎？」蹇叔大吃一驚，沒想到這個百里兄弟還有這樣的想法，「兄弟，那可是體力活，你這體格行嗎？」

「沒問題，別看吃得不好，身體還行。」

「那可是技術活，你有技術嗎？」

「不瞞大哥說，我從小就當牛郎的。」

「唉，人各有志啊，我也不好攔你。不過，當牛郎要有客戶才行啊，你人生地不熟的，到了那裡怎麼攬活啊？」

說到這裡，百里奚才恍然大悟，原來兩個人說擰了。

「大哥，我說的牛郎，是養牛的，不是做鴨。」當下，百里奚把自己聽說的王子頹招聘牛郎的事情說了一遍，說罷，哥倆哈哈大笑。

「兄弟，既然你要走，大哥也不能攔你。這樣，你先去看看，一個月後我也過去，看看有沒有咱們的機會。」蹇叔表態支持。

第二天，蹇叔湊了些盤纏給百里奚，送他上路了。

第五十五章
幹革命要跟對人

那年頭還不流行假新聞，所以，百里奚聽說的事情是真的。

百里奚很容易就獲得了當牛郎的機會，試用期一個月。一個月之後，百里奚獲得王子頹的接見。

這位說了，一個養牛的，竟然王子頹就接見？那等於國家副主席熱情接見養豬專業戶，那可能嗎？

那年頭，養牛可不是一件小事。牛在那個年頭可不是用來吃的，用來做什麼？耕地。那時候一頭牛，相當於現在的一輛賓士。養個幾十頭牛，等於開了一間汽車製造廠。百里奚把牛養得個個膘肥體壯，那就等於是凱迪拉克製造商。對於這樣的人才，王子頹當然要接見了。

可巧那一天蹇叔來了，於是百里奚帶著蹇叔一同去見王子頹，就說那是自己的助手。

不當牛郎了

「百里先生，養牛養得好啊，你養的牛真……真……」王子頹很高興，開口就表揚百里奚，可是說到這裡突然大腦短路，就想不起該怎麼說，最後急了，說道：「真牛啊。」

後世說誰很厲害，就說牛，就是從這裡來的。

誇獎完了，王子頹就請百里奚介紹養牛經驗。

「其實沒什麼訣竅，養牛呢，那不僅要眼中有牛，重要的是心中有牛。怎麼說呢，把牛當成自己的老婆，當成自己的孩子。吃草喝水一定要準時，吃飽了喝足了，然後使用牠們的時候要適量，不能超負荷；有危險的地方自己先去探路，不能讓牠們去冒險；睡眠要充足，不能熬夜。總之，用心去愛牠們。」百里奚是這樣說的，更是這樣做的，他甚至給其中最大的一頭老母牛取名杜九娘，以寄託自己對老婆孩子的

思念。

「哇噻，你說得太好了。」王子頹很高興，太高興了。王子頹其實一直盯著周王的寶座，一直想要招攬人才，可是不敢公開進行，只能暗中變換花樣。招聘牛郎同時也是王子頹發現人才的途徑，現在他發現，這個百里奚是個人才，是個牛人，這樣的人才，需要儲備起來，「這樣，你就留下來做我的家臣，暫時總管牛郎，等今後我那個什麼了，讓你當大夫，如何？」

百里奚高興啊，終於熬出頭了，老婆孩子熱炕頭的幸福生活不遠了。

可是，沒有這麼簡單。

「兄弟，我看，此處不可長留。」從王子府出來，蹇叔就對百里奚說。

「為什麼？不是挺好？大哥，你乾脆也留下來，咱們一塊養牛。」

「你知道齊國的事情了嗎？」

「齊國？什麼事？」

「無知被殺了。」

「啊！」百里奚吃了一驚，想一想，當初幸虧聽了蹇叔的勸告，否則說不定現在也被砍了。

「幹革命要跟對人啊。」

「那，大哥的意思是？」

「我聽說王子頹志大才疏，親近小人，沒心沒肺。今天一看，真是這樣。兄弟，聽我的，不要才出虎口，又進狼窩。牛郎這個活，不是那麼好幹的。」

「那……」

「聽大哥的，走人。」

「哎喲，我的命怎麼就那麼苦呢？」

百里奚哭了，可是，他還是決定走。

可以感動，可以激動，但是不要衝動。

現在的問題是，不當牛郎，幹什麼去？

回鄉，老婆沒了

百里奚回到了家鄉，回到了自己的家。

蹇叔陪他一道回來，他認識宮之奇，希望能夠讓宮之奇幫一幫百里奚。蹇叔為什麼認識宮之奇？因為十年前，宮之奇也曾經「東漂」，恰好路過蹇叔的家，在蹇叔家蹭過一頓飯，因此兩人認識了。

百里奚灰頭土臉回來，他覺得自己丟人，不敢白天回家，生怕被人看見。可是，當他回到家的時候，他已經不是這樣的想法，他現在要讓全村都知道自己回來了。為什麼？

因為丟人了。

老婆孩子都不見了，家裡的蜘蛛網已經結成了互聯網，蜘蛛們在網上聊得很開心。

「九娘，九娘，老婆，老婆。」百里奚大聲喊起來，他要找老婆找孩子，現在真的丟了人，也就顧不得自己丟人了。

整個村子都被驚動了，大家都出來看熱鬧，也看看百里奚外出打工混得怎麼樣。

既然大家都出來，杜九娘的下落很快就有了眉目。原來，在百里奚東漂兩個月之後，杜九娘實在無法生活下去，帶著孩子出外討飯去了。

「嗚嗚嗚嗚，嗚嗚嗚嗚……」百里奚哭了，男兒有淚不輕彈啊，可是養不活老婆孩子，讓老婆孩子外出討飯，對於男人來說，這是莫大的恥辱啊。「九娘，我對不起妳啊。」

大家都哭了，誰沒有老婆孩子？

蹇叔找到了宮之奇，宮之奇那時已經是虞公的紅人。可貴的是，宮之奇還記得在宋國吃的那頓飯，那時他還說：「有空去虞國，我做東。」

古人說話是算數的。

宮之奇熱情接待了蹇叔和百里奚，並且答應幫百里奚找一份體面的工作。

第二天，宮之奇帶著百里奚和蹇叔去見虞公，推薦他們做虞國大夫。基本上，虞公接受了宮之奇的說法——「海龜」學者百里奚和外國著名學者蹇叔。

百里奚被任命為大夫，而蹇叔婉拒了任命，他說他想老婆孩子了。

從虞公那裡回來，百里奚很高興，這下終於當上高級公務員了，有房有車有糧食吃了，終於可以過上穩定而體面的生活了。

「兄弟，我看，你還是不要當這個大夫了，這個虞公看上去智力也就是中等以下，而且不知道天高地厚，我看他懸。兄弟，幹革命……」蹇叔覺得這個虞公也長久不了，所以他不僅自己不準備在這裡幹，還要勸百里奚也別幹，可是話沒說完，就被百里奚打斷了。

「大哥，別說了，道理我都懂，我也知道幹革命要跟對人，我也知道這個虞公不怎麼樣。可是，大哥啊，我現在是久旱的魚、餓暈的狼，但凡有個什麼吃飯的法子，都不願意錯過啊。」百里奚說得有點激動，心說：你是飽漢子不知道餓漢子飢，光有理想是不夠的，首先要活下去啊。

「唉。」蹇叔歎了一口氣，他知道百里奚說得有道理，人窮志短啊，現在百里奚無非就是想混口飯吃而已。

第二天，百里奚就任大夫，分了房分了地分了車，搖身一變奔小康了。說話有底氣了，走路搖搖晃晃了，用句後來的話說：抖起來了。

蹇叔也為百里奚高興，哥倆大吃大喝了幾天，蹇叔告辭，回宋國去了。

正是：沒吃沒喝沒有房，革命理想放一旁。

忠臣百里奚

後來，百里奚就在虞國這麼混著，一邊派人去尋找杜九娘母子。可是，二十多年過去了，杜九娘母子杳無音信，漸漸地，百里奚斷了

這個念頭，就當老婆孩子餵了狼。

眼看就這麼平平安安過一生，像個老鼠一樣悄無聲息地死掉。可是，大概命中註定百里奚不能這樣平凡地死去。於是，晉國滅了虞國。

國家被滅，百里奚的大夫職務肯定是沒有了。現在他面臨兩個選擇：

找門路拉關係，爭取當上晉國的大夫。

灰溜溜離開虞國，帶著那點積蓄去投奔蹇叔。

百里奚選擇了第三：跟著虞公去晉國，做虞公的忠臣。

虞公做了小地主，百里奚也跟了過去。別說，虞公挺感動，當年那麼多吃國家糧的，就百里奚沒有離開自己。

百里奚的忠心還感動了一個人。誰？舟之僑。

舟之僑是百里奚的老朋友，因為帶領晉軍滅了虢國有功，在原來虞國的那塊地方封了好大一個邑。在得知百里奚還跟著虞公混之後，舟之僑派人把百里奚給叫來了。

「百里大哥，你看你這麼死心眼幹什麼？老虞都破產了，別跟老虞了，我給你推薦推薦，也在晉國當個大夫怎麼樣？」舟之僑挺佩服百里奚，自己算是個叛徒，可是人家百里奚是個忠臣。

百里奚哭了，掩面而哭。

「百里大哥，別這麼激動，我也就是幫幫忙，能不能成還不一定呢。」舟之僑連忙說。他以為百里奚很激動。

百里奚擦擦眼淚，又擦了擦鼻涕，咽了兩口口水，這才說話：「兄弟，我不是因為你的話而激動啊，我是後悔啊。你知道嗎？當年我要跟著虞公混，我大哥蹇叔就告誡我跟他混不長，果然他就亡國了。如今想起大哥的話我就想哭，大哥常說：『幹革命要跟對人。因為如果跟錯了，也不能去跟別人。』我跟了虞公這麼多年，現在讓我去跟晉侯？不行，我都快死了，吃也吃不了多少，喝也喝不了多少，跟誰都一樣，可就是不能跟滅了我國的晉侯。」

舟之僑一聽，這不是傳說中的高風亮節嗎？

「百里大哥，我也知道幹革命要跟對人。可是沒有跟對怎麼辦？換

人哪。幹革命嘛，不是幹人，為什麼一定要跟死一個人呢？再說了，人家虞公也不容易，當個小地主，一大家子人，就那麼幾間房子，那麼幾畝地，你還非要往人家那裡湊，不給人家增加負擔嗎？不讓人家看著礙眼嗎？」舟之僑勸說。

「你別勸我，我決心已定。」

後來，舟之僑又勸了幾次，可是百里奚倔脾氣上來了，不僅不肯，最後還發誓：我要是當了晉國的大夫，你全家不得好死。

這世上的事情還真怪，你越是要幫我，我就越是不領你的情；你越是不領我的情，我就越是想幫你。

所以，如果今後有人主動幫你，一定要拒絕他，那樣他會更賣力地幫你。

舟之僑就是這麼個人，百里奚越是不想讓他幫，他就越是想幫。可是，用什麼辦法幫？舟之僑突然想起一個辦法來。

「主公，虞國舊臣百里奚死忠虞公，十分可惡，建議把他打入奴籍，作為勝隨伯姬嫁到秦國，以示懲罰。」舟之僑到晉獻公面前提議。

「好啊好啊。」獻公當場同意，這無關緊要的小事，國君通常都不會駁大夫的面子。

於是，百里奚成了伯姬陪嫁的老奴。

舟之僑是一片好心，他知道秦國目前正求賢若渴，當初公子縶還曾經動員自己去秦國當庶長。因此，只要百里奚去了秦國，一定會有機會的。

可是，人算不如天算，舟之僑怎麼也沒有算到，百里奚竟然在半路上逃跑了。為什麼要逃跑？百里奚也以為秦國遍地是狼呢。

人傻錢多速來

百里奚所說的那個比自己高明十倍的人，就是蹇叔。

秦穆公一聽，蹇叔如此厲害，還不趕快請來？

第二天，公子縶打扮成東漂一族，率領一個小分隊，登程東進，

專程去請蹇叔。臨走之前，百里奚給蹇叔寫了一封信。

　　工夫不負有心人，公子縶等人曉行夜宿，非止一日，來到宋國。一路問，一路走，找到了鹿鳴村。一問，蹇叔依然健在，而且沒有出門旅遊。公子縶找到蹇叔，也不用遮遮掩掩，三言兩語說明來意，說是百里奚推薦，秦穆公要請蹇叔全家前往秦國，聘任蹇叔為秦國庶長。公子縶還怕蹇叔沒聽懂，又解釋說庶長就是上卿。

　　蹇叔聽罷，愣了一下，難道天上真的會掉餡餅？看公子縶，又是特真誠的樣子。蹇叔有點猶豫，他是個很謹慎的人，他並不認識秦穆公，如果自己拖家帶口去了，發現秦穆公不怎麼樣，那時候，可就沒有回頭路了。

　　「交押金嗎？」如果是現代人，就會這麼問。可是，那年頭還沒有這麼多騙子，所以蹇叔不會這麼問。

　　「這，公子，承蒙好意，只是我已經老了，不願意離開家鄉了。」蹇叔決定推辭掉，他不願意去冒這個險。

　　「這，老先生，百里先生可是強烈推薦啊，你要不去，太不給面子了。」公子縶有點急了，這個任務可是死任務。

　　「這，確實身體不允許了。百里奚現在怎麼樣？」

　　見蹇叔問起百里奚，公子縶突然想起來還有一封百里奚的信，趕忙把信拿出來，遞給蹇叔。「對了，老先生，百里先生有信讓我帶給你。」

　　蹇叔接過信，那時候的信就寫在絹上。蹇叔將絹展開，只見上面只寫了八個大字，蹇叔看完，笑了。

　　「好，我跟你走，這就叫人收拾家當，明日出發。」蹇叔竟然同意去秦國了。

　　公子縶大喜過望，很顯然，蹇叔能夠改變主意，百里奚的那封信至關重要。那麼，那封信上究竟寫了什麼？我們想知道，公子縶更想知道。

　　於是，公子縶將那封信拿了過來，展開一看，他也笑了。

　　百里奚的信上寫著什麼？

八個大字：此處人傻錢多，速來。

蹇叔來了。此後成為陝西蹇姓的祖先

現在的秦國，擁有了蹇叔、百里奚和公孫支三名海外人才。

與蹇叔交談之後，秦穆公非常高興，因為蹇叔的見識還在百里奚之上。可是，庶長只有一個，怎麼辦？

公子縶靈機一動，出了個主意。

「主公，不妨任命百里先生為左庶長，蹇先生為右庶長，同掌大權，如何？」公子縶的主意就是弄兩個總理，反正是哥倆好，不會爭權奪利。

穆公一聽，好啊，這個主意不錯。

於是，穆公任命百里奚為左庶長，蹇叔為右庶長，同時任命公子縶為大庶長，與公孫支一共四人構成核心決策層，共同主持秦國的國事。

因為百里奚是用五張黑公羊的羊皮換回來的，因此秦國人稱他為五羖（音股）大夫。羖是什麼？黑色公羊。

兩個饃請來一個公孫支，五張羊皮換回一個百里奚，秦國的強國之路竟然如此開始，發人深省，發人深省啊。

後來，秦國人發明了羊肉泡饃，據說就是為了紀念當初秦穆公用羊皮和饃來秦國第一批人才的。所以說，羊肉泡饃就是秦國的歷史。

事實上，從公孫支開始到秦始皇麾下的李斯和呂不韋，秦國一直就是在用中原的人才征服中原。秦國文化落後，缺乏人才，但是他們敢於大膽引進人才，不拘泥於國籍和出身。相反，中原國家人才濟濟，卻不知道怎樣使用，結果自己的人才為人所用，反過來對付自己。

遠見和氣量，這是中原國家無法與秦國相比的地方。

而秦穆公就是秦國大膽引進人才的始祖，偉大的秦穆公。

一家團圓

百里奚當上了庶長，過上了幸福生活。看上去風光無限，心中卻很是痛苦。為什麼痛苦？孤獨啊。老婆孩子都沒有了，老婆固然還能再娶，可是孩子是生不出來了。

所以，老頭每天很怕天黑，天一黑，就想老婆孩子，心情就不好。

那一天下午，百里奚百無聊賴，正在休息，就聽見院子裡有人唱歌。怎麼唱？

「百里奚，五羊皮！憶別時，烹伏雌，春黃齏（音姬），炊扊扅（音掩移）。今日富貴忘我為？百里奚，五羊皮！父粱肉，子啼飢，夫文繡，妻澣衣。嗟乎！富貴忘我為？百里奚，五羊皮！昔之日，君行而我啼，今之日，君坐而我離。嗟乎！富貴忘我為？」

歌詞大意就是：百里奚你真不是個東西，你吃香的喝辣的，老婆孩子吃糠咽菜。

百里奚一聽，罵我？這不是哪壺不開提哪壺嗎？明知道我老婆孩子都丟了，還這麼刺激我。

「誰唱歌？給我帶進來。」百里奚生氣了，下令。

不一會，唱歌的人被帶進來了。一看，是個老太太，是剛剛招進來的洗衣女工。洗衣女工會唱歌，而且會唱這樣的歌，百里奚就覺得奇怪了。

「妳叫什麼？」百里奚問，他就覺得這個洗衣女工有些面熟。

「杜十娘的姊姊，杜八娘的妹妹。」洗衣女工說。原來她是杜九娘。

「老婆。」百里奚跳了起來，歲數大了，差點摔一跤。

老夫妻兩個抱在了一起，老淚縱橫。

「老婆，咱孩子呢？」哭了一陣，百里奚問。

「打狼去了。」杜九娘說。

原來，杜九娘這些年來帶著兒子孟明視四海為家，乞討度日。後來到了秦國，到處打工，養活兒子，一直把兒子拉扯大。雖然說從小吃不飽穿不暖，孟明視長大之後卻身強體壯，長得一表人才，舞刀弄

槍極有天分。平時就跟街上的一群無賴去荒野打獵，以此養活老娘。

前些日子，杜九娘聽說秦國新來的庶長叫百里奚，心說苦日子總算熬到頭了。可是又沒有辦法相見，正好百里奚府上招聘洗衣女工，於是前來應聘，又唱了那一首歌，這才一家團圓。

秦穆公聽說了百里奚全家團圓的事情，非常高興，拜孟明視為大夫，與蹇叔的兩個兒子西乞術、白乙丙合稱「三帥」，掌管秦國軍隊。

百里奚、蹇叔和公孫支如何改造秦國？基本上，參考齊國管仲的路子。

首先，發展農業，讓百姓安居樂業。百姓富了，周邊國家的百姓就紛紛來投奔，秦國一律歡迎，給房給地給安家費。那時候，地廣人稀，人口就是力量。

於是，周邊小國有主動要求歸順的，有秦國出兵占領的，秦國人口和土地同步增長。

與此同時，對全國人民進行教化，也就是用中原的禮儀來統一全國，提高人民的素質。

在擴張的同時，秦國保持必要的低調，以免引起周邊大國特別是犬戎的注意。

秦國在悄悄地發展，也在悄悄地擴軍。中原國家誰也沒有想到，西邊有一個將來的超級大國正在崛起。

讓秦國去悄悄地發展，我們回過頭來，繼續看晉國的好戲。

第五十六章

武林第一高手

滅虢，滅虞，晉獻公非常得意。

申生死了，驪姬也很高興。可是，想起公子重耳和夷吾還在蒲城和屈城，驪姬就感到心頭不安。

「重耳和夷吾合謀下毒，如今，申生已經伏法了，重耳和夷吾卻還逍遙法外。老頭子，手心手背都是肉，一碗水可要端平啊。」驪姬強烈要求把重耳和夷吾也都殺死，這樣才算公平。

殺申生，獻公就捨不得，可是最後申生自殺了。如今要殺重耳和夷吾，獻公內心一樣是捨不得，畢竟都是自己的兒子，而他們的罪狀都是驪姬給安上的。可是，驪姬要死要活非要殺了他們，獻公權衡利弊，最後咬咬牙：「好吧，我派兩人去，命令他們自殺。」

派了兩個什麼人？兩個太監。一個叫勃鞮（音低），一個叫景連。

兩個太監，是不是太肉了一點？

什麼叫大內高手？在有文字記載的歷史中，勃鞮是第一個大內高手。說他是大內高手的祖師爺並不為過，儘管他一輩子也當不了爺爺。

勃鞮的武功有多高？要多高有多高，當時的天下第一高手就是他。與勃鞮相比，景連要略差一些。兩人的分工情況是：勃鞮負責重耳，景連負責夷吾。為什麼這樣分工？因為天下人都知道，重耳手下高手如雲。

勃鞮，字伯楚，又叫寺人披，天下武林第一高手。

欲練神功，揮刀自宮。據說，勃鞮練的就是九陰真功。

臨行之前，驪姬對他們兩人說：「要是兩個公子不肯自殺，就勒死他們。」

消息，永遠比人走得要快。

在勃鞮和景連出發之前，消息就已經傳到了蒲城和屈城。

對於重耳和夷吾來說，申生的下場很可能就是他們的下場，怎麼

辦？重耳不是申生，夷吾也不是申生，他們知道自己應該怎樣做。

重耳的團隊

重耳，獻公的二兒子，狐突的外孫。

關於重耳的年齡，歷史上爭議頗多。按《史記》的說法：「獻公為太子時，重耳固已成人矣。獻公即位，重耳年二十一。」那麼，在獻公二十二年，重耳已經四十三歲。

可是，按照《左傳》和《國語》的說法，那一年重耳只有十七歲。不管按照哪一種說法，都會有很多難解的疑團。

在這裡，我們姑且按照《左傳》的說法，也就是說，重耳十七歲，翩翩美少年。

公子重耳，性格豪爽，為人慷慨，處事果斷，講義氣。因此，重耳有很多哥們，就連舅舅們都願意跟著他混，吃香的喝辣的，有你的就有我的。

跟重耳關係最好的有五個人，《左傳》的說法叫做「有士五人」，哪五個人？

請看 X 檔案。

姓名：狐偃，字子犯
父親姓名：狐突
年齡：三十八歲
家庭出身：大夫、公族
職業：士
民族：周翟混血
與重耳的關係：舅舅
技術指標如下——
戰力：八十
謀略：九十九

忠誠度：一百

評語：老謀深算，詭計多端，是重耳隊伍中的軍師。

姓名：趙衰，字子餘

祖父姓名：趙夙

年齡：二十八歲

家庭出身：大夫

職業：士

民族：周

與重耳關係：老師

技術指標如下——

戰力：五十

謀略：九十

忠誠度：九十九

評語：穩重細緻，正直謙恭，是重耳陣營中最受尊重的人。

姓名：先軫（音枕）

父親姓名：先丹木

年齡：二十一歲

家庭出身：大夫、公族

職業：士

民族：周

與重耳關係：哥們

技術指標如下——

戰力：九十

謀略：九十五

忠誠度：九十

特點：英武神勇，沉著機警，是天生的元帥材料。

姓名：魏犨（音抽）
父親姓名：畢萬
年齡：二十三歲
家庭出身：大夫
職業：士
民族：周
與重耳關係：哥們
技術指標如下——
戰力：九十九
謀略：七十
忠誠度：九十
特點：力大無窮，勇猛無敵，性格暴躁。

姓名：狐射姑，字季佗
父親姓名：狐偃
年齡：十八歲
家庭出身：大夫、公族
職業：士
民族：周
與重耳關係：表哥
技術指標如下——
戰力：八十
謀略：八十
忠誠度：九十
特點：沉穩大氣，膽識過人。

　　這五個人，是重耳的死黨。這麼說吧，重耳就是他們的組織。組織指到哪，他們就打到哪。
　　在這裡，我們簡稱他們為「五常委」。除了「五常委」之外，重耳

還有二十多個好兄弟，譬如胥臣、欒枝、介子推等，都是晉國著名的少年才俊，大家平時一塊跑馬打獵，吃吃喝喝，好不快活。自從重耳到了蒲，兄弟們就把蒲當成了安樂窩，沒事就跑過去樂呵樂呵。

狐偃的分析

獻公派勃鞮來殺重耳的消息傳來了，誰傳過來的？欒枝。欒枝是誰？晉國公族，不過是很遠的公族。

欒枝從絳快馬趕到蒲城，他沒有找重耳，而是直接去找狐偃。為什麼找狐偃？因為狐偃在所有人中輩分最高，除了趙衰和狐射姑，其餘的哥們都跟著重耳叫狐偃舅舅。但是，狐偃絕不僅僅是輩分高這一點優勢，實際上他哥哥狐毛也在這裡混。

狐偃的老謀深算讓所有人都佩服得五體投地，比如賭錢，除非狐偃不跟你玩，否則錢都是他的了。所以，狐偃是這些人中的主心骨，誰有疑問都去找他，就連重耳也要聽他的。

欒枝把自己打探到的消息說了一遍，狐偃點點頭。

「開會。」狐偃立即召集會議，平時也都是他召集會議。

緊急會議一共七個人參加，分別是重耳、狐偃、趙衰、狐射姑、先軫、魏犨和欒枝。狐偃先讓欒枝介紹了情況，然後讓大家發言。

「怕他什麼？他一個人來，我一巴掌拍死他。」魏犨第一個發言，他的脾氣比較暴躁，身材高大，力大無窮。他是畢萬的兒子，因為畢萬被封在魏，因此他就姓魏了。

到這裡，姓魏的讀者請保持恭敬，魏犨就是你們的祖先。

「沒錯，宰了他。」狐射姑附和。

狐偃沒有答他們的話，他轉頭問欒枝：「欒枝，你看呢？」

「老魏，你力量大，我們都整不過你。可是，你知道勃鞮是什麼人嗎？天下武功第一。你雖然有力氣，但是我相信，你在勃鞮面前走不了五個回合。」欒枝說。他平時住在絳，比別人更瞭解勃鞮。

魏犨一聽，很不服氣，剛要說話，一旁的先軫說話了：「此人不可

力敵，只能智取。依我看，不如設置陷阱，再佈置二十名弓箭手，保證讓他有來無回。」

狐偃看看先軫，點點頭，但是還是沒有說話。

「衰，你怎麼看？」狐偃問趙衰。其實不用問他也知道趙衰會怎麼回答。

「不好，公開抗拒君父，那是不對的。我看，還是跑算了。」果然，趙衰的話都在狐偃的預料之中。這麼多人中，趙衰算是書卷氣最重的。

到這裡，同樣請趙姓的讀者保持恭敬，趙衰是前面說到的大夫趙夙的孫子，是趙姓的祖先。

每個人都算發過言了，狐偃這個時候問重耳：「公子，你的想法呢？」

重耳笑了，這個時候他還能笑出來。每逢大事有靜氣，這就是重耳，他好像從來不知道驚慌。

「舅舅，我聽你的，你說吧。」重耳笑著說。

狐偃也笑了，於是所有人都笑了。

其實每個人都知道，最後還是要聽狐偃的。

狐偃說話的時候，大家都很注意聽，這個老狐狸看問題總是那麼準確。

「一個字，跑；兩個字，快跑；三個字，拚命跑。」狐偃說話了，先把結論告訴大家，聽得重耳在那裡笑。「為什麼？第一，趙衰說得對，對抗君父，那是不可以的；第二，就算我們殺了勃鞮，晉侯大軍一到，我們還是要跑；第三，逃跑也是晉侯的本意，公子，你不跑，那才是對不起你父親。」

重耳不笑了，所有人都感到困惑，這不是獻公派人來殺他兒子嗎？為什麼說他想要重耳跑？

「大家想想，上一次公子從絳逃回，是誰向我們洩漏了消息？無名人氏，是一塊包著布的石頭砸到了窗戶裡，布上寫著『速逃』；這一次呢？欒枝也是這樣得知消息的。是誰在救公子？唯一合理的解釋，就

是晉侯自己。想想看，誰願意殺自己的兒子？知子莫如父，別以為晉侯真的就相信自己的幾個兒子合謀害自己，誰也不比誰傻多少。晉侯一面迫於驪姬壓力，不得不同意問罪三位公子，另一方面，又在暗中給自己的兒子通風報信。」狐偃一口氣說完，然後掃視眾人。

「那為什麼申生死了？」欒枝問。

「晉侯三番兩次暗示他逃走，他不走，即便這樣，晉侯也沒有出兵討伐，申生之死，都怪他那個書呆子杜老師。」

狐偃把前前後後說了一番，大家都看重耳。

「舅舅說得對，要跑，要快跑。各位，今天收拾一下，備好車馬，明天一早出發。」重耳的決斷很快，不過，他還有一個問題，「各位，逃去哪裡？」

「我看，去齊國。」趙衰率先建議，他的理由是：「齊國是大國，今後可以借上他們的力量。」

「我覺得，去楚國比較好。」先軫發言，他的理由是：「楚國，南蠻國家，如果我們去投奔，他們會覺得很有面子，必定歡迎我們。」

兩個人的提議各自得到一個擁躉，欒枝認為趙衰的主意比較好，魏犨則是先軫的鐵杆粉絲，對先軫那是佩服得五體投地，先軫說什麼，他都支持。狐射姑沒有表態，父親在，他盡量少說話。

兩邊爭論了幾句，誰也不能說服誰。重耳一看，似乎誰說的都有理，一時半會爭不出個結果來，怎麼辦？

「算了，幾位別爭了，占卜決定吧。」重耳建議，也算是命令。

這個時候，狐偃說話了。他心說：都什麼時候了？你們還玩拋硬幣，缺心眼啊。心裡那麼想，嘴上這麼說：「無卜焉。夫齊、楚道遠而望大，不可以困往。道遠難通，望大難走，困往多悔。困且多悔，不可以走望。若以偃之慮，其狄乎！夫狄近晉而不通，愚陋而多怨，走之易達。不通可以竄惡，多怨可與共憂。今若休憂於狄，以觀晉國，且以監諸侯之為，其無不成。」大意是：別扯了，占什麼卜？楚國和齊國是大國，又遠，咱們落魄投奔，人家還看不起咱們。咱們啊，不如投奔北翟。北翟對晉國本來就很怨恨，人又傻，距離又近。咱們去了

正好受歡迎，晉國有什麼事情也能及時知道。

狐偃一番話出來，別人沒得發言了。看見別人都不說話，狐偃問重耳：「公子，你認為呢？」

「好啊，聽你的啊。我說的占卜，就是讓舅舅決定的意思。」重耳又笑了，他就愛開玩笑，末了還加了一句，「舅舅，這可是去你的老家了，兄弟們的吃喝拉撒，你搞定啊。」

殺手來了

殺人有計畫，但是，逃命是沒有計畫的。為什麼這樣說？因為，你不知道什麼時候危險就會降臨到你的頭上。

所以，逃命要快逃。

重耳以為自己已經夠快了，但是，他還是慢了。

既然已經決定了，狐偃分配各人的工作：魏犫去準備車馬，先軫上城巡守，加強戒備，狐射姑跟著趙衰清點庫府，把需要帶走的先挑出來。

狐偃自己帶著欒枝去狐偃府上，一來吃飯，二來再問些情況。

眾人都走了，重耳回到房裡，躺在床上休息一陣。

大約過了一個時辰，重耳怎麼也睡不著，乾脆一骨碌起來，到院子裡坐坐。

剛一出門，壞了，門口正站著一個人。誰？不認識。

但是重耳立即就知道是誰了，為什麼？此人手提一口寶劍，臉上帶著一股殺氣，殺氣之外還帶著妖氣，卻沒有一根鬍鬚。

勃鞮，肯定是勃鞮。

「你找誰？」重耳問。他心裡發慌，但是，臉上很鎮定。

「公子重耳。」來人一說話，重耳就更加確定這是勃鞮。

「在裡面睡覺。」重耳指指屋裡，只要勃鞮進去，他就立馬狂奔。

「哈哈，騙誰，你就是重耳。」勃鞮笑了。重耳不認識他，他認識重耳。他早就聽說重耳遇事鎮定，今天看見，發現果然如此。

重耳也笑了，這個時候，他還能笑出來。

「不是說明天嗎？怎麼提前了？想宴請你也來不及準備了。」重耳問。似乎眼前這個人不是來殺他的，而是來看望他的老朋友。

「既然公子都知道了，那就不要讓我為難吧。有遺言沒有？有的話，儘管說。」勃鞮才沒心思跟重耳搭訕，直奔主題而去。

「不瞞你說，我已經派人去買毒藥了，稍後就到，你進屋喝杯酒，我去撒泡尿就回來。」重耳說著，要走。

勃鞮見重耳要溜，急忙攔住。重耳想走，可是又不敢，生怕勃鞮急了出劍，那時就沒辦法了。所以，現在能做的就是拖延時間，以便自己的舅舅和兄弟們趕到。

勃鞮自然看出重耳的意圖，他也知道重耳手下能人很多，所以來的時候沒有大張旗鼓，而是悄悄地進城，又悄悄地跳牆進來。

「死都要死了，這泡尿就留著吧。也不用去買毒藥了，我帶了一瓶給你，保證吃下去就死，不死你來找我。」勃鞮說著，從懷裡掏出一個瓷瓶來。

「不愧是大內的，服務意識一流啊，嘿嘿。」重耳又笑了，眼睛一面四處掃看，看有沒有自己的人。勃鞮見重耳笑，又見他左觀右瞧，心裡不免有些打鼓，他也怕，畢竟這是人家的地盤。

眼看重耳東一句西一句跟自己泡，勃鞮明白，要讓重耳自己動手基本上是沒指望了。怎麼辦？勃鞮暗下決心，來硬的，直接打翻重耳，把藥灌下去。

重耳看出來了，勃鞮馬上要下手了。他不是束手就擒的人，可是，身邊沒有帶武器。想跑回屋裡去拿劍，又怕正好被堵在屋裡。唯一的辦法，就是跑。可是，跑，是跑不過勃鞮的。

「哈哈哈哈。」重耳突然放聲大笑起來，笑得勃鞮莫名其妙。

「你笑什麼？」勃鞮問。

「你猜。」重耳說。其實，大笑是沒有辦法的辦法，一來拖延時間，二來如果附近有自家兄弟，也算是求救信號。

「猜？你在忽悠我。」勃鞮不是傻瓜，他要下手了。

「沒有忽悠你，你回頭看，我的兄弟們來了。」重耳說。他確實在忽悠勃鞮。

勃鞮回頭一看，哪裡有什麼人，再回頭，重耳已經邁出去了一步。可是，重耳再快，也沒有勃鞮快，第二步還沒有邁出去，勃鞮已經擋在了前面，而手中的劍就抵在重耳的胸前。

「公子，你忽悠我。」勃鞮面帶微笑，就像貓捉到了老鼠。

可是，永遠要記住「螳螂捕蟬，黃雀在後」這句話。

「忽悠你怎麼了？」勃鞮的身後傳來一個內力十足的聲音，僅從聲音，勃鞮知道那一定是個武林高手。

「舅舅。」重耳叫了一聲，狐偃來了。

現在，形勢是二對二。

狐偃手持長劍，他的身邊，是他的哥哥狐毛。狐毛是個老實人，話不多，也沒有什麼主意，因此雖然輩分和歲數都是第一，平時卻都是躲在角落裡混吃混喝的角色，反而沒有弟弟狐偃那麼受尊重。

不過，狐毛的劍術極高，遠遠高於狐偃，儘管狐偃也算是一個高手。

狐家二兄弟聯手，在江湖上頗有威名。

勃鞮只有一個人，一把劍，但是，他的劍始終不離重耳前胸，重耳就算成了他的人質。

因此，現在是二對二。

重耳在勃鞮手上，二狐兄弟不敢輕舉妄動。勃鞮一手持劍，一手拿著毒藥。他不敢一劍捅死重耳，因為他沒有資格殺公子，只能讓公子「被自殺」，而捅死重耳顯然不能說成是重耳自殺。同時他也不敢去攻擊二狐兄弟，因為這樣會放跑重耳。

所以，現在不僅是二對二，而且誰也不敢率先動手，大家一時僵在了那裡。

趁大家還沒有動手的機會，來看看狐偃為什麼在這個時候趕過來了。

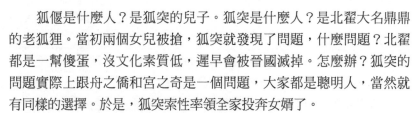

狐偃是什麼人？是狐突的兒子。狐突是什麼人？是北翟大名鼎鼎的老狐狸。當初兩個女兒被搶，狐突就發現了問題，什麼問題？北翟都是一幫傻蛋，沒文化素質低，遲早會被晉國滅掉。怎麼辦？狐突的問題實際上跟舟之僑和宮之奇是一個問題，大家都是聰明人，當然就有同樣的選擇。於是，狐突索性率領全家投奔女婿了。

晉國人也知道狐突的才能，再說還是獻公的老丈人，因此也混得不錯。後來有了兩個外孫重耳和夷吾。

人生就是這樣，總是遇上岔路口，總是要做出選擇。為了在晉國世世代代過好日子，狐突決定去輔佐申生，那是個好孩子。

「爹，申生不行，太弱，我覺得重耳不錯，大氣，你老人家為什麼不幫重耳？」狐偃那時候問老爹，他的性格像老爹，聰明也像老爹，當年在北翟，就是著名的神童。

「孩子，狡兔三窟知道不？」狐突說，這個成語不是他發明的，但是意思是這麼個意思，「我去幫申生，你跟你哥哥幫重耳，今後不論誰當國君，咱們不都還能過好日子嗎？」

基本上，狐突的法子跟管仲和鮑叔牙的法子是一樣的。

「那，夷吾呢？這小子夠狠，保不定他能當國君。」狐偃問。夷吾也是他的外甥，也是狐突的外孫。

「別管他，那兔崽子是個白眼狼，靠不住。」狐突說。

就這樣，父子分工，各守一邊。

現在，話題扯回來。

忽悠第一高手

開完會，狐偃回到自己家中，就總覺得不妥，總覺得好像有什麼

地方不對。左思右想，突然醒悟過來：對了，逃命沒有最快，只有盡快啊。殺手可不是上班族，每天準時上下班，他們是隨時會到的。

想到這裡，狐偃抓起劍來，叫上哥哥狐毛。兄弟倆不敢耽擱，急急忙忙來找重耳。

來到公子府，看門的說公子可能還在休息，這段時間沒有外人來過。狐偃稍微放心一點，照例，狐偃來是不用通報的，因此二狐直接進去，也不用人帶路，快到重耳臥房的時候，就聽見重耳哈哈大笑。狐偃心中一個咯噔，他知道出事了，因為重耳的笑聲聽得出來十分勉強。

等到狐偃看見勃鞮，真是驚出一身的冷汗來：幸虧來得及時，晚來一步，重耳就「被自殺」了。那樣的話，十多年的辛苦耕耘就都泡湯了。

「勃鞮，不是說好了明天來嗎？你這麼早來幹什麼？啊？」狐偃說話了，聽那口氣，在斥責勃鞮。狐偃這樣做，第一要在氣勢上壓倒對方，讓對方不敢輕舉妄動；第二，要試探對方的反應，好制定下一步的策略。

「我，我，是驪姬夫人催我早出發的。」勃鞮果然被狐偃的氣勢鎮住了，儘管武功高強，但是身為太監，平時被使喚慣了，容易被嚇唬住，不過勃鞮立即覺得有點沒面子，提高了嗓音問：「你是什麼人？敢如此說話？」

就這兩句話，狐偃已經知道該怎樣對付他了。狐突曾經對他說過，對付聰明人，要利誘；對付缺心眼的，要欺騙。勃鞮顯然屬於缺心眼那一類，狐偃決定激怒他。

「我是誰，我兒子知道。」狐偃說。

「你，你是狐偃？」勃鞮猜測，狐偃的大名他自然知道，出門的時候，二五還叮囑他，一定要小心狐偃的詭計。到現在，他突然想起來了。可是這個時候說出來，就吃虧了。

狐偃一聽，自己沒看錯，這小子確實缺心眼。

「你說對了。不過，你是誰，你兒子就不知道。」狐偃接著說。

「為什麼？」勃鞮緊跟著問了一句，問完就發現上當了。為什麼？

他是個太監，怎麼能有兒子？重耳忍不住笑了出來，舅舅也太壞了。

勃鞮看見重耳笑他，禁不住惱火起來，憋紅了臉。

「狐偃，我奉了國君的命令來讓公子自殺，你若是阻攔，連你也殺了。」勃鞮一邊說，一邊將左手中的藥瓶放回懷裡，似乎要動手。

狐偃不怕他動手，就怕他不動手。不過看這樣子，他還有些猶豫。既然如此，再激激他。

「你牛什麼？你以為你是誰？你以為你是崑崙大俠？說殺誰就殺誰？」狐偃作出一副很不屑的樣子，順口編了一個崑崙大俠。

「崑崙大俠？崑崙大俠是誰？」果然，勃鞮對崑崙大俠產生了興趣，按照狐偃的說法，崑崙大俠不是比自己還要屬害？

「誰？天下武功第一高手。不服啊？看見我身邊這個人了嗎？崑崙大俠的師弟，崑崙季子是也，天下第二高手。」

「咦，那我呢？」勃鞮問。

「你？你要贏得了崑崙季子，就是天下第一，贏不了，就是天下第三。」

「那好，我們比劃比劃。」勃鞮蠢蠢欲動了，不過他看了看重耳，還有點猶豫。

「別看了，我給你保證，你要是贏了，公子就讓你殺了；你要是輸了，那就滾蛋。」狐偃趁熱打鐵，要讓勃鞮出手。

「你發誓。」

「我發誓。」

古人發誓是很嚴肅的，所以，這一次勃鞮徹底放心了。

惡鬥第一高手

勃鞮的劍向狐毛刺來，劍勢之凌厲，狐家兄弟見所未見。狐毛使出全力接了第一招，但是他知道，自己在勃鞮手下走不了十招。

俗話說：「行家一出手，就知有沒有。」一招之後，勃鞮就知道狐毛的功力了，他算江湖上的一流好手，但是，根本不是自己的對手。

這個時候，勃鞮也就知道自己上當了。他回頭看重耳，重耳可不是傻瓜，已經邁開步子逃命了。

勃鞮正要去追，狐偃的劍已經過來，沒辦法，只好接招。

「狐偃，你說話不算數。」勃鞮質問狐偃。

「我說話算數，可是腿在他身上，他要跑，我有什麼辦法？」狐偃回答。他可以不回答，可是他想拖住勃鞮。

以二敵一，狐家兄弟還是攻少守多，更糟糕的是，勃鞮竟然能夠一邊與狐家兄弟鬥，一邊去追重耳。最糟糕的是，勃鞮竟然就追上了重耳。

別看重耳年輕，可是公子哥兒畢竟平時鍛煉少，他跑不快。跑出不到十步，被勃鞮從後面一把抓住了衣服，重耳急了，使勁去掙，無奈勃鞮抓得結實，就是不鬆手。重耳正在慌張，狐毛追了上來，劈頭一劍，勃鞮用劍去格，剛剛格開，狐偃的劍又到了，勃鞮急忙低頭，劍就從頭上擦過去。狐偃劍勢一變，順勢下壓，只聽「噗」一聲，恰好將重耳的衣服切開，勃鞮手中只剩下一塊布，重耳拔腿就跑。

就這樣，重耳在前面跑，勃鞮在後面追，二狐左一劍右一劍，逼得勃鞮跑跑停停。重耳也是慌不擇路，一路跑，竟然跑到了死路。前面是院牆，後面是勃鞮追來，怎麼辦？

狗急了跳牆，人急了跟狗沒什麼兩樣。

牆有一人多高，重耳蹦了兩蹦，手抓不到牆簷。眼看勃鞮上來了，重耳真急了，拼盡全力向上一躍，竟然抓住了牆簷，可惜的是，重耳沒力氣了，怎麼也撐不上去。

這個時候，狐偃也急了，眼看著重耳在牆上乾掙扎，這要被勃鞮追上，一劍捅穿屁眼，那可是神仙也救不了了。

「你咬住他。」狐偃對狐毛說了一句，然後什麼也不顧，直接向重耳奔去，腳下一用力，飛身上牆，手一撐，已經到了牆上，之後一把抓住重耳的領子，就拎了上去。不等重耳站穩，一把推到院牆外面。之後，自己也跳了下去，因為他不知道外面是否還有勃鞮的人，他要保護重耳。

164

說時遲，那時快，勃鞮被狐毛擋了一下，但還是衝到了牆邊，眼看狐偃把重耳拉上去，這回輪到勃鞮急了，也不管自己有沒有資格殺公子了，一劍劈了過去。

這一劍貼著重耳的屁股，重重劈在牆上，生生劈下來兩塊磚。勃鞮也要縱身上牆，可是身後狐毛的劍又上來了。

勃鞮很惱火，自己升官發財的機會生生被狐偃和這個崜崙季子給攪了，看來，只能先殺了這個崜崙季子，再去追重耳了。

有了這樣的想法，勃鞮下手可就是十二分的功力了。連環三劍出去，狐毛就亂了手腳，沒辦法，也只能硬著頭皮扛著。十個回合，勃鞮判斷得不錯，狐毛也就只能抵擋十個回合。十個回合結束的時候，勃鞮一腳將狐毛踢翻在地，手腕一翻，就要結束狐毛的性命。

「去死吧！」就在這個時候，勃鞮聽到一聲暴喝，打雷一般從身後傳來，隨後就是風聲。勃鞮叫聲：「不好！」急忙低頭，後腦一陣清風過去，還沒來得及抬頭，屁股上已經被踢了一腳，勃鞮一個滾翻出去，足有兩三丈之外才停住，然後跳將起來，回頭再看。

「唉。」勃鞮歎了一口氣。

耍笑第一高手

院子裡多了三個人，不用猜，都是重耳的兄弟，他們是魏犨、先軫和狐射姑，魏犨手持一條大鐵棍，另外兩人都是使劍。剛才就是魏犨橫掃了一棍，大棍走空之後，一腳把勃鞮踹出幾丈遠。

勃鞮認識魏犨，因為整個晉國，使棍的就是魏犨一個人。那年頭，有身分的人都用劍，只有魏犨覺得劍太輕，像玩具，因此用棍。魏犨的大棍在晉國一帶也是十分聞名的，單從力量來說，沒有人是魏犨的對手。

看見魏犨在這裡，勃鞮只能自認倒楣，一個魏犨就不好對付了，何況他還有兩個兄弟。

「你們對付他，我去看看公子。」狐毛從地上爬起來，魏犨幾個人

來了，他放心了。說完，狐毛縱身也上了牆，追趕重耳去了。

現在，以三敵一。魏犨本來就不服氣勃鞮，現在自己人數占優，更加底氣十足。

「臭太監！」魏犨在動手之前，先罵起來。

「你，你怎麼罵人？」勃鞮尖著嗓子回了一句。

「罵你，老子還打你呢。」魏犨說著，大棍就揮了上來。

勃鞮的臉色氣得鐵青，也不說話，也顧不上對方人多勢眾，揮劍而上。一時間，四個人戰在一起。

這一回勃鞮算是找了個苦差事，雖然自己武功高強，可是對面的三個也非善類，魏犨的大棍帶著呼呼的風聲，勃鞮的劍根本不敢碰，而先軫和狐射姑都是一流的高手，比狐毛只強不弱。三大高手圍攻，勃鞮被打得渾身流汗，險象環生。

可氣的是，這三位一邊打，還一邊損人。

「嘿，老兄，你叫什麼名字？」狐射姑問勃鞮。

勃鞮瞪他一眼，沒說話，他這時候哪裡還有精力說話。

「他姓勃，叫勃鞮。」魏犨說。他以為狐射姑真不知道，心說：開會的時候你幹什麼去了？

要說，還是先軫和狐射姑是好朋友。

「對了，這人姓勃，名鞮，字不起，哈哈哈哈。」先軫說，還有工夫笑。

「那不是勃不起？哈哈哈哈。」狐射姑也發出壞笑。

重耳的這幫小弟中，黃段子一般都是狐射姑和先軫創造的，不過，一般都是先軫說出來，畢竟有父親在，狐射姑還要扮扮深沉。

勃鞮被狐射姑和先軫取笑，氣得直翻白眼。高手比武，最忌諱心浮氣躁，勃鞮無意之中上了哥三個的當，一時氣憤填胸，劍法散亂。三十多個回合過去，只聽得「噹」的一聲，勃鞮的劍還是被魏犨的棍給找到了，當時握不住劍，那把劍直接飛上天去。勃鞮一愣，被先軫一腳踢翻在地。緊接著，被踏上了三隻腳。

「我數三二一，數到一，咱們一起剁了他。」狐射姑的主意多，能

多壞有多壞。「三，二……」

數到二的時候，勃鞮絕望地閉上了眼睛。

狐射姑沒有數一，他故意在拖延時間。等到他準備數一的時候，他發現，自己數不了了，狐偃來了。

「刀下留人。」狐偃的聲音，於是，三個人都不敢下手了。

「這個死太監太可惡，為什麼不殺了他？」魏犨問。

「此人雖然可惡，怎麼說也是晉侯派來的，如果殺了他，那就真是對抗國君了。算了，讓他走。」狐偃的大局觀那是沒得說，該殺的殺，不該殺的不能殺。

勃鞮戰戰兢兢爬起來，轉身要走，狐偃又說：「勃鞮，你把從公子身上割下來的那塊布帶走，就說公子逃命，追趕不及，只割下衣袂覆命。」

勃鞮一聽，這個辦法挺好，也算是部分完成了任務，回去也有個臺階可以下。別說，狐偃這人還不錯，我得罪他，他還幫我想辦法。於是，勃鞮撿起那塊布，急急忙忙回絳城去了。

勃鞮前腳走，狐偃隨後宣布：「立即動身，逃往北翟，魏犨、先軫等人保護公子，此地留下狐射姑和管家壺叔，收拾家當，隨後趕來。」

車輛早已經準備好，公子重耳、趙衰、狐毛、欒枝等人已經在城外等候，狐偃帶著魏犨和先軫前去會合，之後一同上路。第二天，狐射姑與壺叔押著車仗，隨後趕到。

《史記》：「獻公二十二年（前 655 年），獻公使宦者勃鞮促殺重耳。重耳逾垣，宦者逐斬其衣袂。重耳遂奔翟，翟，其母國也。」

勃鞮狼狼逃回，硬著頭皮去見獻公。就說重耳聞風逃走，差點追上，結果切了衣角回來。

「嗯，知道了。」獻公沒說啥，好像根本不關心這事。

獻公不關心，可是驪姬關心啊。

驪姬把勃鞮叫到自己房間裡，一頓臭罵。最後說了：「你這沒用的東西，暫時放過你，要是人家景連完成了任務回來，對不起，你自己

把那毒藥喝了吧。」

勃鞮很鬱悶，他知道驪姬說話是算數的。怎麼辦？祈禱，祈禱景連殺不了夷吾。

祈禱有用嗎？祈禱沒用嗎？

兩天之後，有人來向獻公報告：「報告主公，景連死了。」

「嗯，知道了。」獻公還是沒有說啥，好像根本不關心這事。其實，不是不關心，而是獻公早就預料到了所有的結果。

勃鞮很高興，自己終於可以不用吃藥了。可是，他也很納悶，為什麼景連會死呢？夷吾的手下根本就沒有高手啊。

景連出馬

景連的身手與勃鞮相比，是差了一個檔次的。但是，他依然是天下一流的高手。景連知道，重耳手下太多武林高手，自己去了基本上就是白給。所以，他打定了主意，要是自己被派去讓重耳「被自殺」，立馬捲鋪蓋就逃，有多遠逃多遠。可是，他的運氣不錯，因為他被派去殺夷吾，而夷吾的手下沒有高手。

景連高高興興上路了，一路上，他在替自己慶幸的同時，還在對勃鞮幸災樂禍。「該死的勃鞮，能活著回來就算他運氣好。」

幸災樂禍是一件很爽的事情，但往往也是一件很危險的事情，因為幸災樂禍者最終往往是倒楣者。

來到屈城，景連大大咧咧就到了公子府，以他的身手，他認為自己可以橫掃公子府。事實上，也確實是這樣。

公子府守門的一聽是獻公派來的特使，連通報也不用，直接帶著景連就進去了。景連一看，挺順利。

後面一直都這麼順利，夷吾正在跟師父郤（音細）芮喝茶呢，看見景連來，一問，說是父親派來的，當時就看座。

「景大人，什麼事？」夷吾挺客氣，還一邊讓手下再上一個茶杯，倒滿了茶，「哎，大老遠的，辛苦了，喝杯茶，這是我專門派人從楚國

買回來的，味道不錯。」

景連一看，人家這麼客氣，還真有點不好意思下手了。茶接過來，聞了聞，長個心眼，沒喝。

「公子，咱們明人不說暗話了。不好意思了，我來就是奉了公子君父的命令，請您自殺的。」話說得客氣，好像請人吃飯一樣。

「噢？」夷吾吃了一驚，似乎沒有料到，然後歎了一口氣，「唉，該來的總是要來的，只是想不到，來得這麼快。」

郤芮在一旁，也是乾瞪眼，半晌才說：「公子啊，你的性命都是君父給的，君父要你死，還有什麼想不通的呢？你等著，我給你找繩子去，早死早托生，你死了，我也跟著你死。」

說完，郤芮就要起身去找繩子。

景連一看，這師徒兩個爽啊，不僅深明大義，而且絕不拖泥帶水。真想不到，這一趟的功勞來得這麼容易。

「別介，用繩子多沒檔次啊，我隨身帶了劇毒來，也是楚國進口的，據說是十多種蛇毒合成的。化在水裡喝，保證喝下去就死，一點不難受。」景連攔住郤芮，從懷裡掏出個小瓷瓶來，遞給他。

在這裡，景連是長了個心眼的，他也擔心郤芮以找繩子為藉口，出去搬救兵。

郤芮接過瓷瓶，很高興，說：「這個好，這個好，這個夠兩個人用嗎？」

「別說兩個人，全家用都沒問題。」

第五十七章 公子重耳

169

第五十八章
公子夷吾

任何事情，太順利都是有問題的；任何人，太真誠都是有問題的。

當你越是以為大功就要告成的時候，你就越危險。

記住，世界上，沒有人願意自殺，更沒有人願意「被自殺」。

對於殺人的人來說，就如同被殺的人一樣，任何時候放鬆警惕都是危險的。自古以來都是如此，死的都是該死的，誰讓你自己不小心？

殺人，殺技並不重要；殺人，重要的是殺心。

景連死了

郤芮手捧毒藥，熱淚盈眶。

「君父就是君父，想得就是周到，為公子準備了這麼好的藥，今世有緣，來世還要做父子啊。」郤芮把藥遞給夷吾，說得還挺感動，要不是親眼看見，景連也不會相信世界上還有這樣的人。再想想，杜原款和申生師徒不就是這樣的人嗎？看來，這師徒倆跟那師徒倆沒什麼區別。

再看夷吾，只顧激動，連話都說不出來了。

「公子，臨死之前，你還有什麼要求，儘管對景特使說。」郤芮對夷吾說。

「對，你說吧，能做到的，我一定做到。」景連有點感動，還有點衝動。

夷吾猶豫了一下，說：「我聽說：君子雖死，必正衣冠。你們看我，這一身便服，不正規啊，怕到了那邊給我爹丟人啊。我想到裡屋換一身正裝，死得也有面子些，可以嗎？」

「沒問題，去吧。」景連連想都沒想，同意了。

夷吾轉身回了裡屋，換衣服去了。外面，郤芮和景連有一搭沒一搭地說話。

過了好一陣，不見夷吾出來，景連暗說不妙，看來自己疏忽了，夷吾一定是跑了。想到這裡，景連急了，跳了起來，一腳踹開裡屋的門，衝了進去。

映入景連眼簾的是一具屍體，夷吾的屍體。

夷吾的屍體就倒在地上，七竅流血，面色烏黑，手中還握著那個小瓷瓶。原來，夷吾不僅沒有跑，而且自覺自願地自殺了。

差點冤枉了好人啊。景連心想。別說，那一瞬間，還真有點慚愧。

郤芮在景連後面進來，看見夷吾死在地上，大吃一驚。他探下身去摸了摸夷吾的鼻息，確認他是死了。然後又拿起那個小瓷瓶，口朝下倒倒，空空如也。

「公子啊，你怎麼就這樣走了？等等我啊，你怎麼把藥都吃完了，我吃什麼啊？嗚嗚……」郤芮欲哭無淚的樣子，絮絮叨叨對著夷吾的屍體說。

景連退了出來，心裡挺高興。現在，只需要坐著等郤芮出來，看看他用什麼法子自殺。看完之後，好回去覆命。

等了一陣，郤芮還在裡面哭，景連又覺得不好意思催，漸漸地，就覺得有些口乾。順手拿起桌上的茶，一口喝了下去。

味道不錯，楚國的茶味道不錯。

可是，味道不錯的茶也是要命的茶。

「啊——」景連就感覺肚子發痛，越來越痛，痛得他不得不蜷起了身子。

「難道？難道茶裡有毒？」景連想說話，但是說不出來，他感覺口乾舌燥。

就在這個時候，郤芮出來了，郤芮的身後，夷吾也出來了。

「你，你沒有死？」景連想問，卻說不出話來。

「哈哈，看來，楚國的毒藥真是不錯。」郤芮說話的聲音。

「跟我們鬥？哼。」夷吾說話的聲音。

再之後，景連就什麼也聽不見了，因為他死了。

正是：饒你奸似鬼，喝了老娘的洗腳水。

公子夷吾

夷吾，小狐姬的兒子，重耳的異母弟弟，也是狐偃的外甥和狐突的外孫。雖說是重耳的弟弟，可是夷吾實際上就比重耳小不到半歲。

《史記》：「獻公子八人，而太子申生、重耳、夷吾皆有賢行。」這樣看來，夷吾也不錯。但是，賢行與賢行是不一樣的，賢人與賢人也是不一樣的。三兄弟，三種賢行。

申生是個謙謙君子，他很規矩，待人和氣忠厚，對父親唯唯諾諾。人們都很尊重他，但是未必喜歡他，更未必願意和他交往。因此，申生的朋友不多。說來說去，一個書呆子。

重耳是我行我素的人，慷慨大方，不做作，從來不為小事計較，有一說一，有二說二。因此，重耳的朋友多，大家都願意跟他一起混。重耳這個人，江湖義氣的東西多。

夷吾不一樣，對他有用的人，他交往；對他沒用的人，他根本不屑一顧；他的賢行基本上是作秀，內心裡，他心胸狹隘，生性多疑，心黑手狠。所以，他的朋友也不多，多數人討厭他。用現在的話說，就是一個偽君子。

面對父親的威逼，書呆子「被自殺」了。

面對父親派來的武林高手，重耳拒絕「被自殺」，但是，他選擇逃命。生命誠可貴，但是他不願意對抗父親。

而偽君子不一樣，他拒絕「被自殺」，他還要殺掉來殺他的人。對於那些威脅到他的人，不論是誰，他的態度是：要我死，你先死。所以，在得知自己將要「被自殺」的時候，夷吾與師父郤芮商量對策。

郤芮是什麼人？晉國公族，不過也是比較遠的公族。郤芮的父親叔虎被獻公封在郤邑，因此全家改姓郤，叔虎就是郤姓的得姓始祖。而郤芮後來被夷吾封在冀，因此史書上又稱為冀芮，郤芮是冀姓的得姓始祖。

郤芮這人，聰明，但是有一點跟夷吾一樣，是一偽君子。可以說，師徒二人相得益彰。所以，師徒真是有緣分的。

「師父，老不死的要派人來殺我，怎麼整？」夷吾問。現在，他把父親稱為老不死的。

「誰整我們，就整死誰。」冀師父說。

於是，師徒兩個定計，假裝情願自殺，獻茶毒死景連。如果景連不喝，就毒死一個長得像夷吾的手下，製造夷吾自殺假象，使景連放鬆警惕，喝茶中毒而死。

計策非常成功，景連就這樣死了。

「整軍備戰，老不死的不會善罷甘休的。」夷吾下令。

夷吾跑了

知子莫如父，獻公預料到了會是這樣的結果，因此，他一點也不意外。儘管不意外，獻公多多少少對夷吾還是有些惱火。畢竟，你逃命就可以了，為什麼要把派去的人殺了呢？

一年之後，一來是驪姬成天絮絮叨叨，二來是獻公也覺得該給夷吾一點顏色看看，省得這兔崽子不知道天高地厚，於是下令：右行大夫賈華率軍討伐屈城。

為什麼要派賈華？賈華又是個什麼人物？

賈華在七輿大夫中排名第二。那麼，什麼是七輿大夫？

按照《周禮》，各級領導人出行的車隊規模是有限制的。天子出行，隨行車輛十二乘，十二個大夫隨行。公爵級的諸侯，隨行車輛九乘，九個大夫。也就是說，宋國國君這樣的，出門九乘車隨從；侯爵伯爵這個級別的諸侯，出門七乘車隨行，七個大夫。齊國晉國國君這樣的，出門七乘車隨從。子爵男爵這樣的諸侯，出門五乘車隨從，五個大夫。

因此，獻公出門七乘車、七個大夫隨從，這七個大夫，就叫做七輿大夫。遇上打仗，七輿大夫就是上軍的七個將軍，協同保護獻公指揮作戰。有種說法認為七輿大夫是下軍的人馬，此說很難成立。一來，下軍在曲沃；二來，賈華等人地位很高也很受獻公重用，不是下軍的

人馬可以做到的。

七輿大夫是哪七個人？左行共華、右行賈華、叔堅、騅顓、累虎、特宮、山祁。

賈華，晉國名將，右派。作為七輿大夫中的第二位，賈華出馬，也就意味著獻公是下定決心要拿下屈城的。

賈華的部隊很快來到了屈城，離城三十里紮營，然後賈華派人悄悄地進城了。

賈華的人來到公子府，直接找到了夷吾和郤芮。

「公子，賈大夫大軍明天攻城，勸你今晚趕緊走，否則玉石俱焚，賈大夫回去也不好交代。」賈華的人這樣通報，好心好意。

「什麼？賈華牛什麼？讓他來。」夷吾一點也不領情，他以為自己的城池固若金湯。

「好吧，賈大夫說了，明天攻城，我們會留下西門，要跑請走西門。」賈華的人留下這樣一句話，走了。

「賈華，一個傻瓜，還不知道誰逃跑呢，哈哈哈哈。」夷吾大笑，郤芮也大笑。

不過，郤芮在晚上開始收拾行裝。

一切都在賈華的預料之中，夷吾的性格他是知道的，他嘴上絕不會服軟，除非你拿刀子放在他的脖子上。但是，他自己心裡是清楚的，所以他一定收拾了行李。

賈華並不想殺他，因為他知道獻公其實也不想殺自己的兒子。於公於私，放人都是最好的選擇。

第二天，賈華率軍攻城。城上，是夷吾的部隊，也就是屈城保安大隊的水準。基本上，正規軍和保安隊之間的戰鬥不會持續太久。

作為一個久經戰陣的大將，賈華可以在半個時辰之內拿下屈城。可是，他決定換一種打法。

晉軍弓箭手向城上射箭，城上保安大隊哪裡見過這樣的陣勢？一個個都縮了頭。晉軍迅速逼近城牆，但是並不架設雲梯，而是用粗大

樹幹撞擊城牆。

　　沒有人想到，看上去厚實的城牆被一下子撞出一個大窟窿來。窟窿裡面，填埋著乾枯腐爛的木頭。隨後的事情很簡單，點火。

　　晉軍全部後撤，然後大家看火。只見火焰騰騰而起，順著城牆向兩邊擴散。城上，煙霧騰騰，根本不能站人。一個時辰過去，屈城一面牆被燒垮。

　　什麼是豆腐渣工程？這就是豆腐渣工程。

　　「士蒍，你永遠活在晉國人民心中。」賈華說。士蒍已經死了，可是，他留下的豆腐渣工程還是為保持晉國的領土完整作出了貢獻。

　　戰鬥就這樣結束了，夷吾和郤芮開西門逃跑，該逃跑的時候，他們絕不會猶豫。

　　跑去哪裡？這是個問題。

　　「師父，咱們也跑去北翟，投奔重耳怎麼樣？」夷吾想到了姥姥家。

　　「不好。你們兄弟倆跑去同一個地方，好像商量好一樣，那就證明你們確實串謀了，老不死的肯定還要討伐。依我看，不如投奔梁國。梁國和秦國是同姓國家，跟秦國關係好，到時候我們還能借上秦國的力量。」郤芮畢竟是老師，想得遠一些。

　　於是，師徒二人逃往梁國。

攻打北翟

　　奚齊一天天長大，眼看十三歲了。獻公讓荀息做他的師父，因為他知道荀息這個人靠得住。

　　驪姬每天都在盼望奚齊快一點長大，培植自己的力量，這樣才能接獻公的班。可是，奚齊還是長得太慢，當然，這不怪奚齊。實際上，奚齊是個好孩子，聰明、英俊，還很懂事，獻公也很喜歡他。

　　問題是，時間不等人。獻公的身體狀況一天天差下來，那是隨時心肌梗塞或者腦膜炎的。如果獻公鞠躬盡瘁了，驪姬孤兒寡母的，重耳和夷吾在外面虎視眈眈，那可就危險了。儘管優施會表演，可是抗

不住真刀真槍啊。怎麼辦？

「老公啊，你要為我們娘兒倆考慮考慮未來啊。到時候你一閉眼走了，我們靠誰去？重耳和夷吾那還不把我先姦後殺，把奚齊大卸八塊？老公啊，你一定要把那兩個白眼狼給辦了啊。」兩年多來，驪姬不定期地在獻公面前來這一段。一開始，獻公哼哼唧唧裝聽不見，可是現在這是個現實的問題，而且越來越現實了。

威脅來自哪裡？獻公盤算。夷吾實力不足，再加上梁國是個小國，不足為慮。重耳手下一班英雄豪傑，北翟的實力不差而且是重耳的姥姥家，將來為重耳出頭那是順理成章的事情。所以，真正的威脅來自重耳。

獻公派人把里克請來了，他準備派里克攻打北翟，殺死重耳。可是，當里克來到的時候，獻公又覺得說不出口，對自己的兒子趕盡殺絕，這似乎說不過去。所以，他臨時改變了主意。

「老里，翟人最近總是侵犯我們的邊境，我想要教訓他們。這樣，你率領下軍討伐北翟。」獻公給了這麼一個命令，討伐到什麼程度並沒有交代。

里克也不敢多問，領了命令回家了。

通常，晉國出兵有兩個目的，一個是搶女人，一個是搶地盤。而搶地盤這樣的事情，通常都是獻公親自領兵。這一次，獻公說了個詞是「教訓」，怎麼個教訓法？打一巴掌也是教訓，砍一刀也是教訓。

那麼，獻公究竟想幹什麼？

每當這個時候，里克就會請丕鄭過來。打仗，里克是晉國第一把刀。但是說到計謀，那還是人家丕鄭心眼多。

里克把情況對丕鄭說了一遍，丕鄭思索片刻，眼前一亮，他明白了。

「我問你，打敗了北翟怎麼辦？搶女人還是搶地盤？」

「我不知道啊。」里克心說：我要知道，找你來幹什麼？

「都不是，主公的意思，是要殺死公子重耳。」

「那他為什麼不直說？」

「因為說不出來，把自己的兒子趕盡殺絕，畢竟不是什麼光彩的事情。」

「那我應該直搗北翟，殺死重耳？」里克問是這麼問，他絕對不會殺重耳。

「你傻啊？」丕鄭說。他跟里克是哥們，習慣了這麼說話，「依我看，主公也不是一定要殺死重耳，只要我們擊敗翟人，讓他們不敢幫重耳攻打晉國，主公就滿意了。」

「那我該怎麼辦？」

「率軍進攻采桑，擊敗翟人之後，就可以撤軍了。」

采桑，北翟的地盤。

里克率領晉國下軍攻擊采桑，大夫梁由靡為御，虢射為車右。三下五除二，北翟就頂不住了。於是，北翟軍隊敗退。

梁由靡駕著車就要追，里克連忙給叫住了：「哎哎，梁司機，剎車剎車。」

主帥下令，司機只好剎車。不過，梁司機覺得不理解。

「敵人已經潰敗了，為什麼不乘勝追擊？」梁由靡覺得有些奇怪，從前遇上這樣的情況，里克都恨不能追到人家家裡去。

「唉，算了算了，誰沒有老婆孩子啊？人道主義嘛，何必呢何必呢。」里克說。好像挺慈悲。

梁司機還是不理解，連虢射也不理解，嘮嘮叨叨說些「這不是示弱嗎」之類的屁話。里克瞪了他們一眼，於是這兩個人不說話了。

這兩個蠢貨，這是政治鬥爭，你們懂個屁。里克心中暗罵。

就這樣，里克率軍擊敗北翟軍隊，然後收兵回國。

果然，獻公什麼話也沒說。

投靠組織

轉眼又是一年，到了獻公二十六年（前651年）。這一年，恰好是

齊桓公舉行聯合國大會的那一年，也就是葵丘盟會。

晉獻公對於聯合國這類組織歷來沒有興趣，認為那都是騙吃騙喝的事情而已。可是，這一次他的態度改變了。

「我要加入組織。」獻公說。

如果加入組織沒有好處，誰會加入組織呢？沒有人。所以，任何申請加入組織的人，都是懷有目的的，見得人或者見不得人的。

獻公為什麼要加入組織呢？他的目的是什麼？好處是什麼？

奚齊歲數太小，而荀息實力有限。如果加入了組織，把奚齊託付給以齊桓公為核心的聯合國組織，那不是就找到了強有力的靠山？當今天下，還有比齊桓公及其聯合國更可靠的組織嗎？

所以，獻公收拾了一些禮品，到八月（農曆）出發了，特地讓荀息同行，以便與管仲等人建立私人聯繫。

也不知道是開會的日期提前了，還是獻公在路上耽誤了。總之，獻公走到半路，人家那邊會議已經結束了。可巧，獻公遇上了準備回雒邑的宰孔。

「老弟，你怎麼才走到這裡？晚三秋了，代表大會都結束了。」宰孔認識獻公，作為周王室的太宰，叫獻公老弟倒也合適。

「啊。」獻公傻眼了，滿懷希望而來，誰知道連組織是什麼樣都見不到，那是遺憾得抓耳撓腮。「哎，這怎麼回事？我老糊塗了？老哥，下一次聯合國大會什麼時候召開？」

宰孔一看，晉獻公好像很失望，於是安慰他：「沒趕上就算了，齊桓公現在喜歡四處惹事，北面討伐山戎，南面討伐楚國，西面來開這麼個會，東面不知道要幹什麼。老弟你別跟著他湊這些熱鬧了，專心管自己國內的事情吧。」

獻公並不認同宰孔的話，可是，認不認同又能怎樣呢？獻公很失望，陰差陽錯，錯過了組織的懷抱。

獻公本來就是抱病上路，一路上辛苦顛簸不說，此時又受到巨大的精神打擊。回到絳，獻公就病倒了。

到了九月，獻公知道，自己是看不到十月的第一縷陽光了。

小小鳥之死

那一天，陽光明媚。

陽光明媚的日子，該死的還是要死。

獻公在一次迴光返照之後，知道自己熬不到烏雲遮住陽光的時候了。遺囑早已經立好，但是，獻公還有兩個問題等待答案。

「請荀息和夫人來。」獻公發出最後的命令，他各有一個問題要問他們。一個嚴肅的，一個不嚴肅的。

什麼問題？

獻公最後的問題

荀息首先被請了進來，他是奚齊的師父，獻公把奚齊委託給了他，也就是後來的所謂託孤。為此，獻公已經把荀息任命為上大夫。

「我把奚齊託付給你了，你會怎麼去做？」獻公問，氣息微弱。

「我會竭盡全力，忠貞不貳。不成功，則成仁。」

「那，什麼是忠貞？」獻公又問。

「為了國家利益，有條件要上，沒有條件，創造條件也要上，這是忠；保護新國君，永遠不變心，這就是貞。」

「好，你退下。」獻公也不知道自己對這個回答滿不滿意，反正滿不滿意都一樣。

荀息退下，驪姬進來。

「夫人，我有一個隱藏很久的問題，不好意思問別人，但是如果我沒有得到答案，我會死不瞑目。」獻公說。

「那您說吧，看我是不是知道答案。」

「說是樹上七隻猴，地上一隻猴，怎麼正確答案是總共兩隻猴呢？」原來，獻公記著荀息當年的腦筋急轉彎呢。

「嗨，那不是樹上七隻猴，是樹上騎著隻猴，實際上樹上只有一隻猴。那可不總共就是兩隻猴？是荀息給你講的嗎？是優施講給他聽的。」

「該死的荀息，你忽悠我。」獻公喃喃自語。說完，閉上了眼睛。

獻公正式鞠躬盡瘁了。

晉獻公，公正地說，是一代雄主。晉國能夠迅速壯大，成為中國北方最強大的國家，晉獻公居功至偉。晉獻公在位二十六年，併國十七，服國三十八，戰十二勝。其中除虞、虢、焦、耿、霍、楊、韓、魏八國是姬姓諸侯，還有不少戎狄部落。

心黑手狠是晉獻公的特點，他能一口氣滅掉兩個公爵國家，即便楚國這樣的南蠻國家也沒有膽量做。他消滅公族，更是其他諸侯國家聞所未聞。他害死了自己的太子，還把兒子們統統驅逐出境。

作為父親，晉獻公夠狠。但是，再狠的父親也不願意親手殺死自己的兒子。因此，獻公一直在設法避免害死自己的兒子們。在這一點上，良知尚存。

左派、右派、中間派

看上去，左派勢力占了上風，荀息和二五主持朝政，好不風光。但是，左派是脆弱的，因為他們沒有實力。俗話說：「槍桿子裡面出政權。」這話放在兩千多年前，同樣是正確的。

槍桿子在誰的手中？中間派。

中間派是誰？里克。里克的手中不僅有晉國下軍，還有晉國上軍，為什麼這樣說？因為上軍的七輿大夫都是他的人，都唯他的馬首是瞻。

當此之時，拉攏中間派，打擊右派，建立廣泛的統一戰線，這是左派唯一的也是最緊要的任務。可是，荀息沒有認識到這一點。從這一點說，他不是一個成熟的政治家。

荀息的精力，都用在了安排葬禮上。

重視死人，忽視活人，是一定要受到懲罰的。

　　一段時間以來，里克的心情就不大好。論資歷、論實力、論能力、論成績、論身高、論腰圍，甚至論酒量，不管論什麼，上大夫都應該是他的而不是荀息的。所以，他很不爽。

　　一個人不爽的話，就會有想法。

　　到獻公鞠躬盡瘁之後，荀息也不說上門安慰一下，里克的心情就更不爽，感覺自己被徹底遺忘了。其實，如果這個時候荀息能夠上門致意，給點好處給點尊重，假惺惺要把上大夫讓出來等等，後面的事情也許就不會發生了。

　　所以，任何時候都一樣，一旦改朝換代，第一件事情就是拜山頭，讓有實力的人都覺得你跟他好，讓沒有實力的人以為你跟有實力的好，那就妥了。

　　里克原本就是右派，跟重耳的關係最好。如今想想，自己軍權在手，動個小指頭就能把奚齊、荀息都給廢了，再把重耳弄回來，豈不是更好？

　　想到這裡，里克決定去荀息那裡探探風聲。

　　就這樣，你不來，我去。里克去找荀息了。

　　問題是，人家找你和你找人家，完全是兩種意義。

　　「老荀，辛苦啊，跑上跑下的，注意休息啊。」見面之後，照例還要客套幾句。

　　「主公託付了，光榮而艱巨啊。」荀息回答，以為里克是專程來慰勞自己。

　　兩人又寒暄幾句，進入正題。

　　「三公子之徒將殺孺子，子將如何？」（《國語》）里克問。意思是：聽說三公子的人馬，也就是右派，準備殺掉奚齊，你準備怎麼辦？

　　荀息看了里克一眼，他做夢也沒有想到，準備「殺孺子」的就是眼前這個說別人要「殺孺子」的人。想了想，荀息說：「死吾君而殺其子，吾有死而已，吾蔑從之矣。」（《國語》）意思是：獻公死了，又要

殺他的兒子，連我一塊殺吧，我是不會跟他們一塊幹的。

里克一聽，放心了。如果當時荀息說「你知道是誰？我先滅了他們」。那樣的話，里克還真有點發慌。如今荀息說話說得像個軟蛋，最大的本事就是「不跟他們一塊幹」，連反抗都免了。你說，這樣的人怕他什麼？

回想一下，當初優施通過「我是一隻傻傻鳥」來試探里克，結果里克示弱，導致驪姬可以肆無忌憚陷害申生。應該說，里克汲取了那一次的教訓，借鑑了「我是一隻傻傻鳥」的經驗，以同樣的辦法來試探荀息。結果呢，他發現荀息就是一隻傻傻鳥。

儘管荀息是一隻傻傻鳥，但是看在多年朋友的分上，里克還是希望拉他一把，所以他說：「如果你死了，奚齊立為國君了，那就很值得啊；可是，如果你死了，奚齊還是被廢了，你不是白死嗎？何必要死呢？」

「不然，我已經答應了主公，說話要算數的，就算死，我也不能掉鏈子。」荀息堅持要死，不死不甘休的樣子。

不管怎樣，里克探清了左派的思路。

心裡有底了，里克派人去請丕鄭來，看看右派是怎麼想的。

「三公子之徒將殺孺子，子將如何？」里克問。還用問荀息的那段話。

可是，丕鄭不是荀息，他是丕鄭。丕鄭不吃這一套，他笑了，然後問：「三公子之徒，就是老里您吧？」

里克服了，儘管他一向就很服丕鄭，這次他還是要強調一下他服了。原本想探對方的底，結果一下子被對方看透了自己的底牌。所以，里克也笑了。

「我問你，荀息怎麼說？」丕鄭接著問。也不知他是料到里克已經摸了荀息的底，還是看見里克去了荀息那裡，總之，他的問題一出來，就顯示出高水準來。

「他說要為奚齊死，奚齊死，他也死。」里克老老實實地說。他懷

182

疑丕鄭是明知故問。

「老里，那你就努力幹吧。咱哥倆是什麼人？咱們籌劃的事，哪有過不成功的？這樣，我來幫助你一起行動。你呢，跟七輿大夫在國內做內應，我去翟國煽動他們出兵，再聯絡上秦國搖旗吶喊。那時候，咱們說誰行誰就行，不行也行；說誰不行誰就不行，行也不行，誰給咱們好處多，咱們就讓誰當國君；誰要是不給好處，去他的，靠邊涼快去。那時候，晉國不就是咱們的天下？」丕鄭描繪了一幅宏偉藍圖給里克，很誘人啊。

里克一聽，不對啊，弄來弄去，這不成了發國難財？你說左派覺悟高吧，右派也不能這麼反動啊。

「老丕啊，雖然我很佩服你，可是這幾句話我就不佩服。人為財死，鳥為食亡，沒錯，是這麼回事。可是，也不能眼中只有利益啊。咱們是什麼人？國家高級公務員啊，不能把自己等同於一般群眾吧。咱們要為這個國家的前途著想啊，怎麼能發國難財呢……」里克發表了長篇大論，有理有利有節，說得十分激昂，感覺自己從來沒有這麼高尚過。

掌聲，雖然稀稀落落，但是很真誠。丕鄭在笑，他一直在笑。

「老里啊，真想不到，你這麼有才，這麼深明大義啊。我剛才說的，不過是試探一下你。看來，你不為利誘所動。好，咱們聯手行動。」丕鄭也很激動，里克現在又成了右派。

兩雙大手握在一起。

左派在行動

如果以為左派和右派的鬥爭就這樣輕易結束的話，那就太天真了。

儘管都是左派，荀息瞧不起二五，認為他們都是奸佞之人；儘管瞧不起二五，可是，他們畢竟都是左派，是一個戰壕裡的戰友。

二五聽說里克找了荀息，他們的政治敏感度是比荀息要高的，他們意識到一定有什麼事情要發生。於是，二五聯手來找荀息。

「荀總理，您為了晉國日夜操勞，夜以繼日，不舍畫夜，辛苦啊，大家都說您是晉國的好總理啊。」梁五習慣性馬屁先拍上一段，隨後東關五也拍了一段：「是啊，荀總理。這段時間，要是沒有您的正確領導，晉國早就亂套了，您真是德高望重、德藝雙馨啊。」

荀息一聽，差點樂了，東關五竟然把拍優施的馬屁用到自己身上了，德高望重也就算了，什麼叫德藝雙馨啊？儘管不喜歡他們，荀息知道還得依靠他們，因此也很客氣，寒暄幾句，問：「兩位大夫，找我有什麼事？」

「聽說里克來找您了，不知是什麼事？」東關五問。

荀息也沒隱瞞，把里克來說的那些話都說了一遍。二五一聽，大事啊，可是荀息看上去好像一點也不在意。

「總理啊，我們覺得，里克不是個什麼好人。要麼拉攏他，要麼殺了他。」梁五直接出主意，別說，這個主意很正點。

「不用吧，里克，中間派啊，好人。」荀息不同意，他挺信任里克。

二五一看情況，不再說話了，走了。為什麼這樣？一來，荀息很倔，很難說服他；二來，荀息和里克關係不錯，若是荀息去里克面前說一通，把哥倆出賣了，豈不是很無聊？

荀息不行，怎麼辦？找大師去。

二五和優施是比較投緣的，最近兩人少有見到優施，因為獻公死了，優施花在潛規則上的時間和精力就比較多。按理說，這個時候去打擾人家，那就有點不解風情了。可是，事態緊急，二五也管不了那麼多，直接派人進宮，把優施給請出來，大夥商量對策。

「哎呀媽呀，太好了，要不是你們請我出來，我還真沒法脫身。再這麼過幾天，我非精盡人亡不可。」優施還挺感謝二五，這話倒不是虛的，他瘦得厲害，可見得在後宮那是沒日沒夜地伺候驪姬姊妹兩個。

二五開了幾句「能在花下死，做鬼也風流」之類的玩笑，進入正題。

兩人把里克找荀息的事情說了一遍，又說荀息不作為，如今大家都在一條船上，必須盡快搞定里克，否則就很危險。

說到里克，優施立即想起來「我是一隻傻傻鳥」，那個老右派那天晚上的惶恐給他很深的印象，以至於從那以後優施就認定里克是一個軟蛋。

「里克，很難對付嗎？」優施問。

「很難。」二五說。

「交給我了，今天晚上就搞定他。」

「真的？」二五顯然不信。

「明天聽我的好消息吧。」

二五還是不信，可是，不信又能怎樣呢？

你算是個什麼鳥？

作為一個藝術家，優施是無與倫比的。在《殺生》大戲中，優施的導演才能和表演藝術都得到了充分的發揮。

可是，藝術家就是藝術家，他們畢竟不是政治家。

優施顯然沒有意識到時代已經變化，里克所依靠的樹固然已經枯萎，可是，自己所依靠的大樹也已經轟然倒塌。現在，里克再也不用怕誰。

正因為對形勢判斷的錯誤，優施以為憑藉自己的表演藝術，憑藉另一首鳥歌，就可以讓里克乖乖就範。他錯了，而犯錯一定是要付出代價的。

晚上，優施來到了里克的家。里克原本已經忘記優施，這個時候他想起來了，想起自己當初在優施面前很沒有面子，他就有一種衝動。

兩人坐下，里克的老婆讓人擺了酒菜，兩人就喝了起來。幾個黃段子下來，優施就覺得機會來了。

「老里，最近我又寫了一首歌，唱來給你聽聽。」優施把里克叫成老里，里克心說：你他媽算個什麼東西？不過是個戲子，也敢這樣叫我？

里克很生氣，不過他想聽聽優施的歌，忍住了。

「唱來聽聽。」里克說。

第五十九章　小小鳥之死

185

優施聽不出里克話裡的諷刺，清了清嗓子，開始唱歌。

歌名：我有一隻小小鳥
唱法：流行風格
小時候我記得自己有一隻小小鳥，
想要飛卻怎麼樣也飛不高，
曾經有一天牠棲上了枝頭，
那樹卻轟然地倒掉，
牠飛上了青天才發現自己變得無依無靠。

每次到了夜深人靜的時候牠總是睡不著，
牠懷疑是不是只有牠的明天沒有變得更好，
未來會怎樣究竟有誰會知道，
幸福是否只是一種傳說牠永遠都找不到。
我有一隻小小小小鳥，
想要飛卻飛也飛不高。
牠尋尋覓覓尋尋覓覓一個牢固的樹梢，
這樣的要求算不算太高？

所有知道牠的名字的人啊你們好不好，
晉國是如此的小我們註定無處可逃，
當牠嘗盡人情冷暖當牠決定為了牠的理想燃燒，
生活的壓力與生命的尊嚴哪一個重要？
我有一隻小小小小鳥，
想要飛卻飛也飛不高，
牠尋尋覓覓尋尋覓覓一個牢固的樹梢，
這樣的要求不算太高。

歌聲高亢，清冽入肺。與從前那首《我是一隻傻傻鳥》相比，又

是另一種味道。

可是，這一次里克沒有聽得入迷。他也沒有問優施這首歌是什麼意思，很明顯，優施以為里克現在沒有依靠，建議他投奔左派陣營，棲居在奚齊的樹梢上。

優施唱完，看里克沒什麼反應，有點沒趣，自己喝了一碗酒。

「阿優，我最近也創作了一首歌，處女作啊，唱給你聽聽。」里克也喝了酒，抹了抹嘴巴，也不等優施說話，自顧自唱起來。

歌名：你算是個什麼鳥
唱法：原生態風格，也就是俗稱的吼
哎嗨，哎嗨——
一飛沖天是大鵬鳥哎，嘍嘍嗖，
布穀布穀是布穀鳥哎，嘍嘍嗖，
晚上捉老鼠是夜貓子哎，嘍嘍嗖，
冬天沒毛是寒號鳥哎，嘍嘍嗖，
整天只會床上混哎，
你算是個什麼鳥？什麼鳥？

哎——
住在樹上的是麻雀啊，唧唧喳，
住在房梁的是烏鴉啊，唧唧喳，
住在山頂的是燕子啊，唧唧喳，
住在屋簷下面的是蝙蝠啊，唧唧喳，
大樹倒了小樹還是苗，
你這個鳥何處能落腳哎？能落腳？

哎嗨——
什麼鳥啊什麼鳥？
什麼鳥啊什麼鳥？

管你是隻什麼鳥，
老子讓你今天晚上成死鳥哎，嘍嘍嗖。
嗨，嘍嘍嗖。

歌聲難聽，令人作嘔。優施卻嘔不出來，因為他聽得明明白白，里克要讓他今晚成死鳥。

「老里，你這隻鳥，嘿嘿，搞笑啊。」優施搭訕一句，準備找機會告辭回家。

「搞笑？當初你一首傻傻鳥讓老子吃蒼蠅，不爽了這麼多年。現在你還敢來上門唱小小鳥，你以為你是什麼鳥？以為主公死了，你上了主公的床，就是主公二號了？告訴你，晉侯這棵大樹倒了，奚齊這個兔崽子這棵小樹我要弄折他，你這隻小小鳥，老子不會讓你見到明天的太陽。」里克趁著酒勁，一通狂罵，罵完了，對外面喝一聲，「來人，把優施拉出去砍了。」

撲通。優施跪下了，哀求：「我只不過是個藝人，饒命啊，饒命啊。」

當晚，集導演、演員、歌唱家於一身的偉大的藝術家優施不幸遇難，享年四十五歲。被殺害之後，優施被埋在了里克家的後花園裡。在優施被埋葬的地點，後來長出一棵參天大樹。奇怪的是，從來沒有一隻鳥在這棵樹上落腳。

正是：不管黑鳥白鳥，保住小命才是好鳥。

第六十章
機關算盡一場空

優施做夢也沒有想到，傻傻鳥里克竟然會唱「你算是個什麼鳥」。同樣，他沒有想到里克會這樣乾淨利索地殺人。優施更沒有想到的是，他幫里克下定了決心。

里克一向不是一個很果決的人，就像這次，想要動手，卻猶猶豫豫，先是向荀息摸底，然後又向丕鄭諮詢。也就是荀息弱一點，否則早就先下手為強了。

可是，一怒之下殺了優施，里克知道自己沒有退路了，這決心下也得下，不下也得下。

分清形勢，下定決心，這是腦力活；殺人，體力活。里克擅長的就是體力活，決心下了，下面就簡單了。

殺奚齊

《左傳》:「冬十月，里克殺奚齊於喪次。」

在獻公死後不到一個月，也就是殺死優施的當天晚上，里克派了一名武林高手下手手。晉國是出武林高手的地方，這一點在後面我們會看到很多例證。里克派出的武林高手叫什麼沒有記載，也不重要。那是一次非常簡單的行動，以至於我們無法為此次行動命名。我們來推演一下這樣的謀殺場景。

深夜，高手大搖大擺來到喪次，即奚齊為獻公守喪居住的茅屋。

「什麼人？」大內侍衛問，睡眼惺忪。

「宮裡的，太后怕公子晚上睡覺冷，讓我送床被子來。」高手懷裡抱著一床被子。

「進去吧，別把公子吵醒了。」大內侍衛說。

高手推開門，藉著微弱的燈光來到奚齊床前，十三歲的奚齊睡得

正香。高手將被子蓋在奚齊身上，又為他把脖子處的被角披好。順手，高手的兩根指頭在奚齊脖側上方輕輕一按，那是什麼位置？頸動脈竇和迷走神經的位置。高手就是高手，連讓你哼一聲的機會都不給。

高手從容出來，從容上車，從容離去。

第二天，奚齊遲遲沒有起床，直到中午，婢女進去探望，才發現公子已經硬了，體溫降到氣溫，又涼又硬。

那麼，為什麼大內侍衛對高手竟然沒有一點警惕？理由很簡單：高手是女的。

奚齊就這麼莫名其妙地死了。自殺？被自殺？自然死？被自然死？

荀息第一時間得到報告，他知道，這是右派的謀殺。

左派會議，地點：後宮；出席人：荀息、驪姬、梁五、東關五。

「唉，主公啊，我辜負了您的信任，公子死了，我也死。」荀息仰天長歎，拔出劍來，他要自殺。

「總理啊，你不能啊。」二五一起上前，一人一隻胳膊，把劍給奪了下來。

「你們讓我死吧，奚齊死了，我活著還有什麼意思呢？」荀息還要死。

驪姬哭了半天了，十三歲的孩子，犯了什麼錯？就被右派給「自然死」了。十三歲啊，養一個孩子不容易啊。

「荀總理啊，一個奚齊倒下去，千萬個奚齊站起來。奚齊被他們害死了，可是，我們還有悼子啊。」擦乾了眼淚，驪姬決定化悲痛為力量。悼子是誰？驪姬的妹妹小驪姬三年前生了一個兒子，就叫悼子，不知道為什麼取了這麼一個倒楣的名字。至於悼子究竟是獻公的兒子，還是優施的兒子，誰也不知道。

荀息一聽，對啊，奚齊死了，悼子在啊。

「好，立悼子為國君。」荀息又來精神了。

三歲小屁孩，還在尿炕的年齡。這個年齡，自然不用守喪。好在晉國也不是那麼守周禮的國家，荀息也不管那麼多了，匆匆忙忙，草

草埋葬了晉獻公。一轉眼，十一月份了。

殺悼子

這一天，陽光明媚。

陽光明媚的日子，該殺人還是要殺人。

埋葬了獻公，現在可以正式立悼子為晉國國君了。荀息精心佈置了登基現場，對他來說，這是個大日子，需要隆重而且莊重。

所有卿大夫全部到場，除了裝病多年的狐突之外。

上大夫荀息宣布悼子為新任晉國國君，隨後，奶媽把悼子抱出來，放在了國君的寶座上。

「哇。」悼子哭了，活這麼大歲數，從來沒見過這麼多人，特別是這麼多男人，他一邊哭一邊喊：「娘，娘哎，娘哎。」

娘沒有來，說起來，現在他娘算是誰還沒有弄清。生他的是小驪姬，可是太后是驪姬。如果能活下去的話，他的娘可能要算是他大姨媽才對了，他親娘反而會變成小姨媽。不過，這一切都不會發生了，因為他的生命到今天就要結束。

「荀總理，根據周禮，有嫡立嫡，無嫡立長，申生死了，重耳還在，怎麼輪得上這個乳臭未乾的小孩子？抱他走。」里克大聲說道，手按寶劍。

里克身後，七輿大夫一個個都怒目圓睜，手握劍柄。其餘的人見右派勢力強橫，也都紛紛隨聲附和。這個時候再看二五，兩人嚇得不敢吱聲，縮在一邊。

「胡說，主公遺命，誰敢違抗？」只有荀息毫不畏懼、大義凜然、義正詞嚴、鏗鏘有力；精神飽滿、視死如歸、不畏強權、膽大心細、勇往直前……

用了這麼多形容詞，可是，形容詞再多，又有什麼用呢？這個時候，實力才是決定性的。

「屠岸大夫，還等什麼？」里克一聲喝令，從大夫群中走出一個人

來。只見此人身高八尺，虎背熊腰，誰？屠岸夷。屠岸夷是晉國著名的武林高手，原本是左派東關五的跟班，最近認清形勢，果斷投靠里克。在所有大夫之中，屠岸夷是地位最低的一個。此時聽到里克號令，挺身而出。

屠岸夷直奔悼子而去，荀息拔劍阻攔，哪裡攔得住？被屠岸夷一把推開，一個箭步來到國君寶座前，將悼子一把抓起。下面的鏡頭兒童不宜，插播廣告一分鐘。

廣告回來。

悼子死在地上，血流滿地。

荀息傻了眼，他跪在地上，對天號哭：「主公啊，我愧對您啊。我死之後，不敢見您啊。」說完，荀息橫劍在脖子上。

鏡頭轉向二五，二五低下了頭。

血，飛濺出來。下面慢鏡頭，荀息緩緩倒下。再來一次，荀息緩緩倒下。

鏡頭轉向後宮，驪姬跳井身亡，小驪姬披頭散髮，又哭又笑，裸體狂奔，她瘋了。

機關算盡太聰明，反誤了卿卿性命。

這段歷史，《左傳》評述：「君子曰：詩所謂『白圭之玷，尚可磨也。斯言之玷，不可為也』荀息有焉。」

啥意思？君子說了，《詩經》裡說：「白璧之瑕，尚可磨掉；言語之失，不可追回。」荀息就是這樣的人啊。

講了什麼道理呢？就是別亂答應別人，答應了做不到，連命都會搭上。

左派被消滅了，中間派不存在了。

俗話說：「黨外有黨，黨內有派。黨外無黨，帝王思想。黨內無派，千奇百怪。」

當只剩下右派的時候，右派本身就會分裂。當左派不再存在，右派也就不再存在。

現在，派沒有了，但是，黨產生了。晉國卿大夫分為了兩黨：重耳黨和夷吾黨。

重耳黨的代表人物是里克、丕鄭、七輿大夫，而夷吾黨的代表人物是呂省（又叫呂甥、呂怡甥）、虢射、郤稱和梁由靡等四五個人，一眼就能看出來，重耳黨的實力遠遠強於夷吾黨。

「小崽子死了，荀息也死了，大家認為，誰該繼位？」里克說。他依然手按劍柄。

二五縮著脖子躲在人群的最後，哪裡還敢說話？就是夷吾黨的人，此情此景，也知道不能說話。

「我看，非公子重耳莫屬。」丕鄭說。七輿大夫紛紛附和，其餘的人要麼跟著說好，要麼不敢吭聲。誰也不是傻傻鳥。

「好，既然大家一致同意，那就拿絹過來，大家簽名。」里克拍板。早有人取了絹過來，里克令人在上面寫上：「敬愛的公子重耳，國不能一日無主，全體卿大夫一致建議請您回來主持大局，繼承君位。」

之後，里克先簽名，在場的每個人都簽了名。基本上，這就相當於後來的「表態」。大家都簽了名，里克看了一遍，把絹收了起來。

「老里啊，我看，再請狐突簽個名吧。」丕鄭建議。

「不用了，我們都簽名了，還不行啊？他都退休了，不用管他。」里克說。往常，遇上事都要問丕鄭，偏偏今天在眾人面前耀武揚威，故意不聽丕鄭的，要掙點面子。

丕鄭一看，這麼多人，也不好說什麼。

「好，屠岸夷，還是派你去，到翟國迎請公子重耳回來。不要耽擱，現在就去。」里克發號施令了。屠岸夷聽了，接過簽了名的絹，急忙出去，備車馬前往北翟。

丕鄭張了張嘴，似乎有話要說，猶豫一下，沒有說出來。

重耳拒絕歸來

重耳在北翟的日子過得很幸福，姥姥家的人對自己還真不錯，真

沒把自己當外人。而一幫兄弟都從晉國來追隨自己，大家吃吃喝喝嘻嘻哈哈，似乎跟在蒲沒什麼區別。

別說，翟人雖然沒文化，可是待人很真誠。

父親死了，重耳還真是有些傷心，畢竟是自己的父親。重耳這人重感情，儘管自己是被父親趕出來的，他還是體諒父親的難處。

「兄弟，我給你派兵，出兵晉國，搶回寶座，怎樣？」北翟國主主動來找重耳，說起來，哥倆還是表兄弟。

「別介，父親剛剛去世，我就出兵攻打回去，大逆不道啊。算了，看看再說吧。」重耳這樣回答。回到住處一說，狐偃拍拍他的肩膀：「小子，你真行。」

晉國的形勢也讓重耳關心，不過也說不上是特別關心，因為一切都有狐偃在盯著，該幹什麼，狐偃會提出來的。

這一天重耳正在睡午覺的時候，突然有人來報：「公子，晉國大夫屠岸夷前來求見，說是要請公子回去繼位。」

「什麼？」重耳吃了一驚，倒不是因為繼位的事情，而是因為屠岸夷這個人。在晉國的時候，重耳就知道屠岸夷，這個人不僅武功高強，而且是個左派爪牙，基本上跟勃鞮是一類貨色，不同之處僅僅在於屠岸夷不是個太監。所以一聽到屠岸夷，重耳還真有點害怕。

心裡怕，可是表面上不能表現出來。好在兄弟們都在隔壁睡覺，重耳立即派人把魏犨給叫起來，一同接見屠岸夷，也算是個保護。至於其他的兄弟，也都爬起來，躲在屋子裡偷聽。

「請進來。」重耳下令，把屠岸夷給請了進來。

屠岸夷進來，敘過禮，先把那簽名的絹遞上來。然後重耳一邊看，他一邊把剛剛發生的宮廷政變說了一遍，免不得把自己誇得花兒一樣。

「你，不跟二五混了？」重耳問。

「嗨，我棄暗投明好多天了。」屠岸夷說，似乎很自豪。

現在，重耳放心一些了。

「那，你來的意思，就是請我回去當國君？」重耳問，明知故問。

「國亂民擾，得國在亂，治民在擾，子盍入乎？吾請為子鍼。」屠岸夷說。啥意思？國家動亂，民眾受到驚擾，動亂時才有得到君位的機會，民眾受到驚擾時反而容易治理，你何不回國來呢？讓我們為你回國肅清道路吧。

重耳一聽，屠岸夷說得有道理啊。可是看屠岸夷這個人，左看右看就是覺得不踏實。

「你等等，我問問我舅舅。」重耳說，隨後轉身進了裡屋，狐偃趙衰幾個早就在裡面偷聽著呢。

重耳把大致的情況說了一遍，然後問：「舅舅，回去行不行？」

「不行。服喪期間不哀痛卻想求得君位，難以成功；乘國家動亂之機想回國執政，將有危險。因為國喪而得到君位，就會視國喪為樂事。動亂而得以回國，就會把動亂當做喜事。這些都顯然與喜怒哀樂的禮節相違背，還怎麼來訓導民眾呢？民眾不聽從我們的訓導，還當什麼國君？」重耳沒有料到的是，狐偃竟然反對，這麼好的機會，狐偃竟然不要。

「舅舅啊，如果不是國喪，誰有機會繼承君位？如果不是動亂，誰會接納我？機不可失，時不再來啊。」重耳有點急，覺得舅舅有些迂腐了。

「我聽說，喪亂有大小之分。大喪大亂的鋒芒，是不可以冒犯的。父母故世是大喪，兄弟間鉤心鬥角是大亂，如今你正處於這種境地，所以很難成功。」狐偃堅持他的理論。

重耳聽不下去了，心說：你怎麼變杜原款了？從前你不這樣啊。

「舅舅，不是我說你，你這話都是書呆子說的，我不愛聽。」重耳說完，轉身要出去，顯然，他不想聽狐偃的。

見重耳要走，狐偃一把把他拉了回來。

「小子，大道理你不聽，舅舅給你講點小道理吧。」狐偃有點生氣，心說：我這小九九本來不想說，你非逼我說出來啊。沒辦法，狐偃只好把自己的真實想法說了出來：「我問你，這簽名上，有沒有你姥

爺的名字？」

「沒有。」重耳脫口而出。原本他倒沒注意，狐偃這麼一說，他想起來上面沒有狐突的名字。

「咱們在外，老爺子在內，誰更清楚朝廷的情況？老爺子沒有簽名，說明他認為我們不該回去，這是第一。第二，屠岸夷是個什麼東西？里克派他來請我們回去，這不明擺著不把我們放在眼裡？我聽說里克這人很貪，我們回去，順他意還行，不順他意，他殺你跟殺奚齊有什麼不同？回去，不是不可以，但是太冒險，不值。」狐偃這一番話，算是說出了真正的顧慮。原本不想說得這麼明白，用大道理忽悠大家了事，現在不得不說了出來。

這下，重耳信了，舅舅確實比自己高明一大截。

道理明白了，重耳的決策還是非常迅速的。

「承蒙你的好意，來看望我這個逃亡在外的人。父親在世時，我不能盡灑掃的義務。父親去世後，又不能回去操辦喪事而加重了我的罪過，而且玷辱了大夫們，所以冒昧地辭謝你們的建議。安定國家的人，要親近民眾，處理好鄰國的關係，還要體察民眾的情緒以順應民心。如果是民眾認為有利，鄰國願意擁立，大夫們都服從，我重耳才不敢違背。」重耳對著屠岸夷說了一堆大道理，中心思想就三個字：不回去。

屠岸夷聽得發呆，大道理懂不懂無所謂，可是多少人盯著這個寶座，拚命往上湊，送到你的手上了，你不要？

帶著無奈和困惑，屠岸夷回去了。

丕鄭當初想說未說的，就是不應該派屠岸夷，而應該派七輿大夫中的一位去見重耳。

事實證明，丕鄭比里克高明太多了。

啟動第二人選

重耳不肯回來，這幾乎出乎所有人的意料，只有丕鄭歎了一口氣，他覺得這不奇怪。

196

里克有點傻眼，他怎麼也想不通重耳為什麼不回來。問題是，重耳不回來，怎麼辦？這國君的位置不能空著吧？

重耳黨沒主意的時候，夷吾黨就看到了機會。

「老里，你看，重耳不回來，可是，國不可一日無君啊，現成的夷吾就在梁，為什麼不請夷吾回來？」呂省、郤稱和梁由靡結伴來找里克，人多嘴雜力量大啊。

里克不願意，可是人家夷吾黨說得有理啊，想要反駁，還真沒有太多話可說。那三個人見里克好像無話可說，於是你一言我一語，說得個天花亂墜。最後里克也不知道是聽膩了還是聽糊塗了，終於點了頭。

「試試看吧。」里克表態了，自己也不知道試試看是怎麼弄法。

那哥三個見里克鬆了口，高興得幾乎暈過去，一通馬屁過去，然後回去商量下一步的行動綱領了。

世界上的事情是這樣的，手中把握大把機會的人，就會不珍惜機會；相反，好不容易爭取到機會的人，就會很認真地對待，就會想盡辦法把機會變現。

現在，夷吾黨的幾個兄弟得到了機會，經過緊急商討，決定由呂省和郤稱親自前往梁國迎請夷吾回國就位，梁由靡待在絳，隨時掌握事態發展。

分工一定，呂省和郤稱立即出發前往梁國。

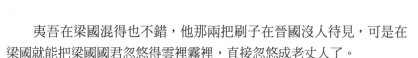

第六十一章 連環計

夷吾在梁國混得也不錯，他那兩把刷子在晉國沒人待見，可是在梁國就能把梁國國君忽悠得雲裡霧裡，直接忽悠成老丈人了。

獻公剛死的時候，夷吾高興壞了，跟郤芮一商量，兩人去找梁國國君去了，要借兵攻打晉國。

「爹，機會來了，借兵給我吧，拿下晉國，您老人家就是晉侯的老丈人了。」夷吾滿懷希望，還幽了一默，以為老丈人會很支持。

「什、什麼？打、打、打晉國？」梁國國君一聽，話都說不利索了，做夢也不敢想打晉國啊。當時，也不管什麼女婿老丈人之類了，梁國國君一口拒絕，說什麼也不幹。

為此，夷吾在暗地裡把老丈人罵到祖宗八代，可是沒用啊，還是乾瞪眼。

在得知里克派人去請重耳的消息之後，夷吾很失望，甚至有些絕望，郤芮開解他也沒有用，幾天時間，夷吾感覺很糟糕。

祖國來人了

這一天，陽光明媚。

為什麼總是陽光明媚？

儘管陽光明媚，夷吾的心情還是不好。

就在這個時候，呂省和郤稱到了。說起來，郤稱還是郤芮的弟弟。看見他們，夷吾心中陡然又燃起了希望。

「公子，大利好，大利好啊。重耳不肯回國，現在，我們力推公子繼位，里克也答應了，趕快收拾收拾，咱們上路吧。」呂省和郤稱帶著好消息就來了，當時把重耳為什麼不肯回國，他們又怎樣費盡九牛二虎之力說動了里克等說了一遍，恨不能立即拉著夷吾就走。

夷吾一聽，喜出望外，真恨不得上車就走。可是激動之餘他鎮靜下來。「多謝幾位大夫，不過，你們等等，我先問問師父。」

夷吾讓人安排水果點心給呂省和郤稱，自己去找師父郤芮商量。

「師父，呂省和郤稱來了，說要接我回去繼位，老師你看怎麼樣？」夷吾問。他把剛才的事情大致說了一遍。郤芮一聽是這兩個兄弟，先放心了，都是自己人啊。

「公子，這事沒那麼簡單，我們要認真規劃一下。國家動亂民眾驚擾，大夫們沒有主心骨，這個機會不能失掉，這是原則。不是動亂你哪有機會回國繼位？不是民眾有危難，何必要立君以安民？幸好你是國君的兒子，所以找到你了。不過話說回來，晉國公子不止你一個，憑什麼就是你啊？就算你回去了，你又憑什麼坐得穩當啊？重耳不肯回去，一定有他的考慮。」到底不愧是師父，郤芮比夷吾冷靜多了。

「那、那，那我們也不回去？」夷吾問。這他可不甘心。

「當然要回去，不過，回去之前，要先做點鋪墊。」郤芮笑了，他成竹在胸。

「什麼鋪墊？」

「我們要爭取秦國和里克的支持，有他們內外支持，我們就可以放心回去了。」郤芮的落腳點在這裡，思路清晰。

「可是，我們憑什麼讓他們支持我們？」

「賄賂，給他們好處。問天下英雄，誰不貪財？」郤芮的辦法也很鮮明，就是給田給地。

「可是，重耳他們不會也用這個辦法？」

「不會，重耳的師父趙衰是個書呆子，他這人太正直，不會想到這樣的辦法。」

「可是，我舅舅也想不到？」

「能想到，但是狐偃心高氣傲，要他去巴結別人給人行賄，他不會幹。」別說，郤芮這人看人一絕，對趙衰和狐偃的分析令人信服。

「可是，師父，咱們哪有田地去賄賂他們啊？」

「承諾，公子你當上晉侯，晉國的田地不就是你的嗎？」

「可是，那是祖上留下來的，給別人我不甘心啊。」

「現在，那些田地都不是你的，你有什麼好心疼的？等到是你的，給不給還不是你決定？」郤芮笑了。原來，他要玩的是空手套白狼，空頭支票，現在承諾你，到時候一翻臉，誰還認識誰啊？

一連串的「可是」之後，現在夷吾終於理解了師父的意圖。

「師父，我真的好崇拜好崇拜你啊。」夷吾動情地說，他又一次服了。

師徒定好了調，郤芮又佈置了具體操作方案，兩人出來見呂省和郤稱。

大家都是親戚朋友，都是跟著或者準備跟著夷吾的人，所以也就沒什麼好遮遮掩掩的，寒暄之後，大家坐地，討論下一步的行動。

基本上，郤芮的看法得到了一致贊同。

「既然這樣，咱們也別表現得太急太沒有品位，該裝的還是要裝，該演的還是要演。各位，我有一個迂迴之計，如此這般，既能回國，還很有面子。」郤芮當下把自己的計策講出來，大家都說好，於是按著計畫，分頭行事。

第一計　故作清高

呂省和郤稱從梁國回去，立即召開卿大夫大會，當然第一個把里克給請去了。

大家到齊，呂省開始彙報前往梁國的經過，說夷吾跟重耳一樣，不願意藉著國家的災難回來，對父親的去世，夷吾傷心欲絕、終日以淚洗面，等等。

呂省一番話出來，大家都很吃驚，大家都覺得夷吾這個人比想像中要賢很多啊，這麼孝順，這麼仗義，這麼知情達理，比重耳也不差啊。

總之，人們對夷吾的印象一下子好了很多。

「都不回來，那怎麼辦？」里克有點傻眼，原先還不情願讓夷吾回

來，現在人家自己不回來了，倒弄得里克還挺懷念他。

一時間，大家都在想主意，出什麼主意的都有，但是都不太靠譜。最後，還是呂省出了個主意，大家都覺得不錯。什麼主意？

「君死自立則不敢，久則恐諸侯之謀，徑召君於外也，則民各有心，恐厚亂，盍請君于秦乎？」(《國語》)這就是呂省的主意，什麼意思呢？就是說國君已死，我們不敢擅自立一個新君。時間拖得太久又怕被諸侯算計，直接從國外迎來公子，又怕民眾意見不一，加重國家的動亂，何不請求秦國幫助我們立國君呢？

大夥一聽，這個主意好，秦穆公是獻公的女婿，夠資格。再說，秦穆公跟誰也不熟，不會偏袒誰。

里克也覺得這個主意還可行，反正也沒有其他更好的辦法了。

「誰去趟秦國？」里克問。

「我去。」梁由靡搶先發言。

「那就你了。」里克想都沒想，把這活派給了梁由靡。

第二計　借胎下蛋

梁由靡高高興興出了一趟公差，他知道幹革命要跟對人，他很高興，看來自己是跟對了人。

來到秦國，秦穆公親切接見。說了幾句不痛不癢的問候語之後，梁由靡開始說自己的來意。

「上天降災禍於晉國，到處是流言蜚語，波及先君的幾位公子。他們為此憂傷害怕，被迫流亡國外，無所依託。如今我們國君鞠躬盡瘁了，我們也不知道誰回去繼位比較好，請您幫助我們選定一個，並且幫助他繼承君位。啊，您對晉國的恩德，那真是如江水滔滔，綿延不絕。」梁由靡這一套說法早就準備好了，非常的外交語言。

秦穆公聽完，明白了，現在就是你們自己定不了國君，請我幫你們決定。想想，這事於公於私似乎都沒什麼壞處。你們的公子們現在是運動員，請我來當裁判，我把誰吹贏了誰都要感激我，我還能吹黑

哨，多好啊。

「那行，沒問題，你先回去，我這邊就開始操作。」秦穆公答應得挺爽快，招待了一頓飯，打發梁由靡先回去。

梁由靡臨走之前，秦穆公問他：「哎，你們自己覺得誰好一些？」

「夷吾啊，又善良又賢明，大家都喜歡他啊。」梁由靡說。秦穆公不問他還想說呢，現在正好說出來。

秦穆公點點頭，心裡有了個基本的印象。

秦穆公挺重視這件事情，一來這是中原諸侯第一次求自己幫忙，有面子啊；二來也想以此來討夫人的歡心。別說，秦穆公自從娶了晉獻公的女兒做夫人之後，對夫人那是言聽計從，愛得死去活來。

梁由靡走後，秦穆公立即召見大夫孟明視和公孫支，具體討論這個問題。

「晉國動亂，君主人選無法確定，因此請我來幫他們確定，我也答應了。現在，我準備派人去重耳和夷吾那裡，觀察哪一個適宜立為新君。你們看，派誰去比較合適？」

其實，之所以要找他們兩個人來，是因為這兩個人都在晉國生活過，所以希望他們中間的一個人或者乾脆一塊去。孟明視明白這個意思，剛要請纓，公孫支搶先開口了：「派公子縶去吧，公子縶聰敏知禮，待人恭敬，善於洞察。聰敏能夠熟諳謀略，知禮適合派做使者，恭敬不會有誤君命，洞察就能判斷立誰為君。我覺得，我們都不如他合適。」

秦穆公一聽，對啊，公孫支說得有道理，從前出使國外都是公子縶，每次都能出色完成任務，這次派他去挺合適啊。

就這樣，秦穆公決定派公子縶去做考察工作。

從秦穆公那裡出來，孟明視對公孫支說：「主公原本的意思是讓我們去啊，你怎麼推掉了？」

「孟明視啊，這種事情費力不討好，萬一我們去了，推薦的人當了晉君，今後晉君再跟秦國幹起來，我們豈不是成了罪人？所以，這樣的事情只能公子縶去幹啊。」公孫支說道。原來他想得更深。

202

「就是就是。」孟明視恍然大悟。

第三計　行賄受賄

公子縶安排的行程是先遠後近，先去考察重耳。

來到北翟，公子縶找到重耳，自我介紹了一遍，然後也不說廢話，直接進入主題。

「我的國君派我來慰問你的逃亡之憂，以及喪親之痛。我聽說：得到國家常常在國喪的時候，失掉國家也常常在國喪的關頭。機不可失，時不再來，請公子好生考慮。」這話說得夠直接了，公子縶幾乎就等於對他說「回國吧」。

重耳首先表示感謝，但是他不敢立即回答，於是找個撒尿的藉口，偷偷溜出來找狐偃，把公子縶的話轉達了一遍。

「不可以。你爹死了，你怎麼能因此而受益呢？不好，說出去，人家會笑話我們的。走我們的路，讓別人去爭吧。」狐偃說，又是一通大道理。這一次，重耳索性也不再深問了，他知道狐偃的話肯定有道理。

於是，重耳再來見公子縶，對他說：「實在感謝，感謝萬分。可是，我重耳是流亡在外的人，父親死了，我不能因此而得利啊，嗚嗚嗚嗚……」

說完對著晉國的方向跪拜，然後站起來哭泣。

公子縶一看，重耳這人不錯啊，因為只是考察，所以也沒勸他。

公子縶就在重耳這裡住了一個晚上。晚上，重耳除了派人來伺候之外，並沒有來回訪他。第二天，公子縶上路，去考察夷吾了。

到了梁國，公子縶感覺輕鬆很多，因為梁國國君跟秦國同宗，這裡的生活習慣、語言等都與秦國一樣。不過，更讓他感到輕鬆的是夷吾的熱情接待。

夷吾早已經探聽到是公子縶來，早早準備了各種好吃的好喝的候著，禮品也準備好了。

203

公子縶來到的時候，夷吾已經在門外等候，家裡的奴僕們則穿上盛裝，揮舞花環，站在道路兩邊，口中不斷地歡呼：「歡迎歡迎，熱烈歡迎；歡迎歡迎，熱烈歡迎。」

公子縶一看，忍不住笑了。

兩人寒暄過了，夷吾請公子縶進門，落坐，親自倒酒，熱情得一塌糊塗。

公子縶開門見山，把跟重耳說的話對夷吾也說了一遍。

夷吾聽了，也覺得不能貿然回答，也找個撒尿的藉口溜出來，找師父郤芮給出主意。郤芮聽了夷吾轉達給公子縶的話，對夷吾說：「機會，一定要抓住。流亡流亡，跟流氓差不多，再流亡下去，就真成流氓了。也別裝什麼清高了，該爭的就得爭。去吧，一直朝前走，不要向兩邊看，就按既定方針辦吧。」

按既定方針辦，夷吾心裡有底了。

夷吾再回來見公子縶，對公子縶跪拜磕頭。

「公子啊，我為什麼總是淚流滿面？因為我對祖國充滿感情。要是我有幸回去，我一定不辜負您的期望。給我一個機會，我會還您一個奇跡。」夷吾擠出幾滴眼淚來，把臺詞背了一遍。

公子縶聽得發愣，沒聽過這麼肉麻的話啊。

「這個，你的話，我一定轉告我家主公。」公子縶說，沒有表態。

到了晚上，夷吾偷偷去找公子縶。為什麼偷偷去？因為要行賄。自古以來，行賄都是私下的。

「白天有話不好說，晚上來拜會您。您看，您對我這麼好，我的想法也就不敢瞞您。這麼說吧，我承諾把汾陽一帶的百萬畝田地賜給里克，他已支持我做國君了。丕鄭也已支持我做國君了，因為我承諾把負蔡一帶的七十萬畝田地賜給他。秦侯如能幫助我，那就是順理成章水到渠成了。我如果能回國坐上寶座，一定奉上黃河以西的五座城邑給秦侯。另外，您看，我帶來了黃金八百兩、白玉製作的裝飾品六對，禮太輕，不敢用來報答公子，請賞給左右的隨從吧。」夷吾來的時候扛了個大箱子，說完話，打開箱子，禮物都在裡面。

公子縶一看，這不是行賄受賄嗎？我一國家公務員，特高級公務員，我能這樣嗎？當時想退掉，可是看看黃金白玉，色彩真好，純度高工藝好，怎麼看怎麼喜歡。

「那，我盡力吧。」公子縶說，收下了禮物。

在有文字記載的歷史中，夷吾向公子縶行賄，大概是中國歷史上最早的行賄受賄了。所以，行賄的祖師爺為公子夷吾，受賄的祖師爺則是公子縶。

第四計　假裝親民

公子縶回到秦國，第一件事是把那個箱子給放回家裡。之後，來向秦穆公覆命。

公子縶把這趟經過原原本本說了一遍，不過那一箱禮品的事情就略過去了。

「我支持公子重耳，重耳仁德。不貪圖繼承君位，愛自己的父親。還光明磊落，不當面一套，背後一套。」秦穆公的判斷很準確，基本上，他喜歡重耳更多一些。

公子縶撇了撇嘴，他要發表自己的意見了。

俗話說：拿人手短，吃人嘴軟。下面，看看公子縶的表現就明白這俗話是多麼有道理了。

「主公啊，我不同意你的話。如果輔立晉君是為了成全晉國，那麼立重耳未嘗不可。可是，依我看，晉國強大對我們沒什麼好處，不如咱就吹一回黑哨，立夷吾。這小子肯定治理不好晉國，到時候還不是要聽咱們擺布？而且，人家還送五座城池給我們。咱們名利雙收，為什麼不幹？」拿了人家的禮物，公子縶可不就要幫著人家說話？

秦穆公哪裡知道公子縶受賄了，還以為他是真心為了秦國考慮呢。想想，公子縶說得還真有道理。

不過，秦穆公還是比較謹慎，想了想，對公子縶說：「這樣，基本就內定公子夷吾了。不過，我還要親自瞭解一下夷吾的情況，你讓他

們派一個人過來，我要問些問題。」

基本上，秦穆公這人不壞，即便被公子縶躥唆著吹黑哨，也覺得不能黑得太過分，頂多吹個四六哨。所以，他決定還是要看看，夷吾要是太差了，那也不行。

第二天，公子縶派人去梁國向夷吾轉達了情況，同時要求夷吾派人來秦國接受面試。誰來？肯定是郤芮。

果然是郤芮，郤芮一到，公子縶立馬帶他去見穆公，一路上介紹穆公的性格愛好和可能的面試題目等等。

基本上，面試題目都被公子縶猜中了，郤芮在路上早就準備好了標準答案，因此每個問題的回答都讓穆公滿意。

最後一個問題，穆公問：「如果你們回去，有誰是可以依靠的？」

「我們流亡在外，說實話，國內沒什麼朋友。夷吾這孩子，從小不欺軟怕硬，也不喜歡報復人，豁達大方啊。據說，我們流亡在外這段時間，國人都很懷念他，老百姓都很願意他回去。唉，除了這些，夷吾也就沒有其他可以依靠的了。」郤芮的回答很巧妙，夷吾在上層確實沒什麼人緣，瞎編容易露餡，所以乾脆強調「我們依靠人民」。

穆公聽得直點頭，這下放心了。此前，他還擔心自己辛辛苦苦弄回去一個暴君，沒過幾天給推翻了，自己就太沒面子了。

第六十二章

忽悠秦國

事情就這麼定了。

秦穆公派公孫支率領三百乘戰車前往梁國，在那裡與夷吾會合，然後護送夷吾前往晉國繼位。

晉國方面，里克得到了夷吾的空頭賄賂，轉而支持夷吾繼位。狐偃沒看錯里克，這人確實很愛財。丕鄭也接到了空頭賄賂，他知道自己已經無法扭轉乾坤，因此默認了這個結果。

就這樣，晉國方面準備好了各種儀式，專門等待新國君駕到。

公孫支和夷吾抵達絳城，晉國卿大夫們接著準備登基典禮。就在這個時候，突然又來了一隊人馬。大家一聽，麻煩了，是不是翟國派兵把重耳也給送回來了？怎麼辦？這非打起來不可啊。如果打起來怎麼辦？站在哪一邊？

寧可殺錯人，不可站錯隊啊。

背信棄義

還好，來的這隊人馬不是翟國軍隊，是齊國軍隊。怎麼齊國軍隊來了？

原來，齊桓公早聽說晉國在新立國君的問題上遇到了難題，身為盟主，即便晉國沒有加入聯合國，也應該義無反顧地幫助他們啊，何況大家還是世世代代的親戚。所以，齊桓公親率大軍出發，要來晉國幫助確立新君。可是走在路上，聽說秦國已經幫助確定了夷吾。齊桓公一看，自己沒有過來的必要了，但是還是派個人過去吧。於是，齊桓公自己帶領大軍回國，派隰朋率一百乘戰車前來幫助協立新君。

知道了是怎麼回事，夷吾很高興，這下等於聯合國也承認自己的地位了。其他人也都放下心來。

剛剛迎接了隰朋進城，把齊國軍隊安置好。突然，城外又是一陣塵煙，又是一隊人馬殺到。誰？難道這次是重耳？大家又有些緊張，不過夷吾很放心，甚至很高興，他倒盼著這是重耳來，正好這邊可以出動晉國軍隊、秦國軍隊和齊國軍隊，趁機就把重耳給殺了，永絕後患。

不過，這一次夷吾有點失望，因為來的不是重耳。不過他也挺高興，因為來的是周王室派來的大夫王子黨，奉周王之命前來幫助晉國確立新君。

這下好了，有周王室、聯合國盟主齊國和舅子國家秦國三家支持，夷吾的位置算是穩若泰山了。即便重耳不服，有想法也沒辦法了。

登基儀式進行得十分隆重，因為有王室在，因此更加正規一些。

現在，夷吾正式改稱晉惠公。

登基典禮結束，周王室軍隊和齊國軍隊班師回國。可是，秦國軍隊沒有走。繼續保護晉惠公？不是，是等著要河西的五座城池呢。

坐在晉侯的寶座上，惠公的感覺是不一樣的。除了興奮之外，他還有點犯愁，那五座城池，給，捨不得；不給，又答應了人家。

怎麼辦？

晉惠公立即召開御前大會，探討這個問題。

首先，郤芮介紹了事情的緣起，他當然不會說這是自己當初主動賄賂秦穆公的，而是說這是秦國開出的要脅條件，不得已而答應。如今實在不想給，看大家什麼看法。

呂省第一個發言，過去他沒什麼資格發言，現在敢第一個發言了。

「那時候答應他們是被迫的，而且那時候河西五城根本就不是主公的，就算答應了，也是白扯。如今我們自己當家做主了，憑什麼給他們？不能給。」呂省旗幟鮮明，建議不給。

「說話要算數，我覺得還是給。」里克第二個發言。

「不行，給了五城，晉國損失太大，今後黃河以西就都成秦國的了。」郤芮第三個發言，他從一開始就沒有準備給。

「早知道這樣，答應人家幹什麼？」里克有些生氣，郤芮從前在自

己面前跟個孫子一樣，現在好像根本不把自己放在眼裡。

「里大夫，你這樣為秦國說話，你是秦國大夫還是晉國大夫？你不是為了秦國，是為了你得到汾陽的那塊地吧？」郤芮說話真是毫不留情面，一句話，把里克受賄的事情給揭了出來。

在場的人們都看著里克，心中都在說：這該死的，原來是受賄了。

里克沒話說了，他看看丕鄭，丕鄭低著頭，從一開始就沒有準備要說話。要說，還是人家丕鄭聰明。

惠公想了想，說：「這樣行不行？咱們不全給，給一兩座怎麼樣？」

「不好，」呂省又發言了，「給一兩座跟不給沒區別，反正都不守信用了，還不如一座不給。」

「可是，如果不給，怎麼跟人家說呢？」惠公有點發愁，畢竟還有個面子問題。

「這樣，咱們派人去秦國，也別說就不給了，就說剛剛上任就給，大夫們都不同意，緩一緩，過陣子再給。拖著他們，最後就拖黃了。」郤芮發話，算是最後定調。

回想一下當初鄭國跟宋國之間，也是這樣。看來，歷史有的時候真是驚人地相似。再看看世界和中國的近代史和現代史，有些事情似乎就在眼前。

現在，有個新的問題：派誰去秦國？

郤芮自己不敢去，怕秦穆公一怒之下，把自己給宰了；呂省也不敢去，梁由靡也不敢去。總之，夷吾的死黨們沒人敢去。

「我去。」終於有人挺身而出了。誰？丕鄭。

晉惠公並不喜歡丕鄭，也並不願意讓他去。但是，既然別人都不願意去，也只能讓他去了。

就這樣，丕鄭意外地成了晉惠公的首任特使。

丕鄭為什麼想去呢？他難道不知道這一趟很危險嗎？

丕鄭的計畫

丕鄭是個聰明人，他從一開始就不願意夷吾回來，可是里克這個二百五這段時間自信心過度膨脹，什麼事情不商量就自己做主，結果一步錯步步錯，現在成了這麼個結果。眼看著惠公和他的親信根本就不把里克這一夥人放在眼裡，那些空頭支票更是想也不要想了。

剛剛回來就這樣，今後里克和自己還有好日子過？依惠公的性格，說不定哪一天就賞給自己一包耗子藥，讓自己「被自殺」了。

所以，丕鄭已經下定了決心，必須把惠公幹掉，否則，被幹掉的就是自己。

而現在，丕鄭已經敏銳地看到了機會。

丕鄭隨同公孫支來到了秦國。公孫支也是沒有辦法，惠公說了要過一陣子再給河西五城，請他先回去。那時候沒有電話也沒有互聯網，也沒辦法請示組織，所以，只好領著人馬灰溜溜離開晉國，回到秦國。

公孫支帶著丕鄭就去向秦穆公彙報工作了，兩人先是彙報了整個的登基過程，又說王室和齊桓公也有派人參加。秦穆公聽了挺高興，覺得自己辦的第一件事情就挺成功。

之後，實質性的東西上了檯面。

「河西五城移交了嗎？」秦穆公問，臉上的笑容還沒有消退。

「正要報告主公，晉侯說本來想立即交出河西五城的，可是大臣們都不幹，沒辦法，要緩一緩，過一段時間再給。」公孫支說話了，看看丕鄭，接著說：「不過，依我看，晉侯想賴賬。」

「是嗎？」秦穆公的臉色立馬變得難看，他問丕鄭。

「是的，晉侯讓我來，就是這個意思。」丕鄭很嚴肅地說。他看著穆公，似乎在嘲笑他。

穆公受不了了，受騙的感覺非常糟糕。

「該死的夷吾，言而無信，讓老子吃蒼蠅。好啊，既然如此，我先殺了你，然後討伐晉國。」秦穆公憤怒了，他要先殺了晉國使者，出一口惡氣。

210

丕鄭笑了，他一點也不驚慌。

「主公，要殺我容易，我也料到會被殺。可是，主公難道不想知道，為什麼我明知要死還要來呢？」丕鄭問道。

「為什麼？」

「因為我也跟主公一樣討厭夷吾這個混賬，我自告奮勇前來，就是想跟主公商量，怎麼幹掉夷吾，扶立公子重耳。」反正沒有外人，丕鄭把自己的目的直截了當地說了出來。

「嗯？」穆公聽了，倒有些出乎意料，他看看公孫支，想聽聽他的意見。

「主公，丕大夫所說的都是實話，他一向就不贊成夷吾回去。」公孫支在旁邊作證，他對晉國的情況倒是很瞭解。

「好，你把你的想法說來聽聽。」秦穆公下令。

丕鄭的主意是這樣的。

惠公手下，最能幹的就是郤芮、呂省和郤缺，沒有他們，惠公就是個睜眼瞎。所以，請秦穆公給晉國發個請柬，就說想要在秦國搞個秦晉兩國高層聯誼會這麼一個活動，請上述幾位過來，一來增進雙方瞭解、加強感情，二來也是現場指導一下秦國的各方面建設。等這三個哥們過來了，把他們或者扣留或者乾脆一刀一個。

之後，秦國起兵進攻晉國，擁立公子重耳。而丕鄭和里克在晉國內部接應，這樣內外夾攻，一定能夠推翻惠公。

「這個主意不錯。」秦穆公表示贊同，公孫支也認為具有可行性。

於是，秦穆公派大夫冷至和丕鄭去晉國，一方面對晉惠公的「緩期交城」表示理解，另一方面遞交邀請函，請郤芮、呂省和郤缺前往秦國交流指導。

計畫不如變化快

想法挺好，主意看上去也挺可行。可是，變化總比計畫快，自古以來就是如此。

丕鄭高高興興和冷至回到了晉國，上朝之前，先回了一趟家。在家裡，聽到了一個壞消息，一個非常壞的消息，一個最壞的消息——里克被殺了。

「里克怎麼死的？」丕鄭驚訝得合不攏嘴，怎麼說里克也是晉國的國防部長，怎麼說也沒有可能惠公剛上任幾天就開殺戒吧？

丕鄭的兒子丕豹把事情說了一遍。

原來，丕鄭走之後，里克很生氣，也很鬱悶，難免有些怨言。

「該死的夷吾，要不是老子，哪裡有你的今天？」里克越想越氣不過，他知道，惠公給秦國的河西五城是空頭支票，給自己的汾陽的田地必然也是空頭支票。其實，里克不缺那點地，但是被騙的感覺很不爽。

里克是有軍權的，並且在軍隊中有號召力。依他的想法，反正已經殺了兩個國君，再殺一個也不算多。有這樣的想法，可是里克的決斷力不夠，這時他想起丕鄭來了，可是丕鄭去了秦國。怎麼辦？里克天天派人去丕鄭家裡看丕鄭回來沒有，另一方面，頻頻接觸七輿大夫，準備起義。

里克沒有想到的是，他的一舉一動，都看在郤芮的眼裡，郤芮派了武林高手盯梢，把里克的情況摸得清清楚楚。

「里克想造反了。」郤芮得出這樣的結論。

有了結論，郤芮立即來找惠公彙報。

「主公，可靠線報，里克勾結七輿大夫和丕鄭，準備造反。」郤芮報告，並且把自己這些天搜集到的情報介紹了一遍。

「這，沒確鑿證據啊，人家關係好，走動多，也正常啊。」惠公聽了半天，覺得沒那麼複雜。

「主公啊，大意不得啊。你想想，里克本來就跟重耳關係好，現在又埋怨我們忽悠他，能不恨我們？就算他沒有準備造反，一定也想造反。」反正郤芮是咬定了里克要造反。

惠公想想，師父好像歷來都沒看走眼過，說不定里克真想造反呢？

「那，那怎麼辦？」惠公問。

「殺！」

「這，剛上任幾天，就殺大臣，這傳出去，名聲不太好吧？」惠公還有顧慮。

「名聲算什麼？命才要緊啊。到時候命都沒了，還要名聲幹什麼？」郤芮有點急了。

「好，師父，聽你的。」

殺人，往往不取決於實力，而取決於殺心。

里克被緊急召見，據說是惠公準備討伐山戎。

「為什麼討伐山戎？」里克一路上在想，沒有想明白。他做夢也沒有想到，那只不過是在騙他。

來到朝廷，里克就覺得有點不對勁，朝廷裡的幾個大臣都是惠公的死黨，執戟衛士明顯比平常多，而自己的人一個也沒有。沒辦法，事到如今，也只能硬著頭皮進去了。

「老里，據說最近挺忙啊。」惠公沒說討伐山戎的事情，陰陽怪氣先來這麼一句。

里克一聽，更加覺得不對勁，勉強笑笑，沒有說話。

「串聯得怎麼樣了？」惠公接著問。

「主公，串聯什麼？」里克裝糊塗，心中說不妙。

惠公沒有說話，只是笑。周圍，郤芮等人也都在笑，陰森森的笑。

里克下意識地向四周看看，四周，執戟衛士都盯著自己。

「完蛋了。」到這個時候，里克已經明白自己今天會是個什麼下場了。

惠公已經沒有興趣再繞彎子了，也沒有興趣去跟里克爭論他是不是想要謀反。惠公覺得，一切都明白說出來或許比較好，反正，這裡也沒有外人，誰是什麼德性，大家都知道。於是，惠公說了一段歷史上很有名的話：「微子則不及此。雖然，子弒二君及一大夫，為子君者不亦難乎？」(《左傳》)

啥意思？沒有老兄你，我就坐不到這個位置上，可是，你畢竟殺了兩個國君和一個大夫，當你的國君，我不是很為難嗎？

里克說：「不有廢也，君何以興？欲加之罪，其無辭乎？臣聞命矣。」

啥意思？我不殺那兩個，你怎麼能上來？要找我的罪名，怎麼會沒有理由呢？我知道我該怎麼做了。

「欲加之罪，何患無辭？」這句成語，就來自里克這裡。

里克知道自己必死無疑，爭辯不過是自取其辱；反抗不僅沒用，還會連累家人。所以，最好的辦法，就是「被自殺」。

惠公沒有準備毒藥，也沒有準備繩子，他知道，里克是個戰將，他不需要這些，他有自己的方式。

果然，里克拔劍而出。

欲加之罪 何患無辭

里克就是這樣死的。

「別人呢？別人沒事？」丕鄭有些緊張，他問丕豹。

「沒事，晉侯說了，不關別人事，還專門派人來安撫我們。」丕豹說。

「你覺得沒事了嗎？」

「我覺得有問題，他們似乎是要穩住我們，爹，我看，咱們跑到秦國去吧。」

「這麼跑了，我不甘心。這樣，我先去問問共華，如果不是十萬火急，我還想冒一次險，完成我們的計畫。」丕鄭真的不甘心，混了一輩子，混到要逃離祖國，流亡海外，他確實不甘心。

丕豹很擔心，又勸了父親幾句，可是丕鄭已經下了決心。

「這樣，你準備好車馬，先出城找地方躲起來，一邊派人在朝廷周圍探聽消息，若是我有什麼不測，你立即逃往秦國。」丕鄭臨走之前，出於保險，做了最壞的打算。

丕鄭帶著冷至，來到了共華的家中。共華是誰？七輿大夫的第一名，左行大夫。

兩人見面，共華又把里克被害的事情說了一遍。

「丕大夫，你看，如果我現在去朝廷，會不會有危險？」丕鄭徵詢共華的意見。

「不會吧。我們幾個都沒有事啊，這段時間你又在秦國，找什麼理由害你呢？」共華認為沒問題，他沒有聽見里克臨死前的那句「欲加之罪，其無辭乎」，否則他就不會這麼想了。

丕鄭點點頭，他知道很危險，但是，他決心去冒這個險。

看見丕鄭回來，惠公很高興。看見丕鄭回來，郤芮、呂省幾個人也都很高興。看見他們那麼高興，丕鄭心裡咯噔一下，這不是好兆頭。

丕鄭首先彙報了這趟去秦國的經過，說是秦穆公熱情招待，雖然不太高興，但還是接受了晉惠公的解釋，答應緩期交城。對此，惠公表示滿意。

隨後，丕鄭把冷至領來見了惠公。冷至轉達了秦穆公的問候，之後遞交了邀請函，希望郤芮、呂省和郤缺能夠在近期前往秦國，展開友好交流和指導工作。

看了邀請函，郤芮笑了。

「冷大夫，你先去國賓館休息，我們商量之後答覆你。」惠公把冷至先打發走了，留下丕鄭繼續彙報工作。

丕鄭知道，大事不妙了。

郤芮先說話了：「奇怪，咱們拖延交城，秦國人不僅不生氣，反而很高興，而且還來客客氣氣請我們過去友好交流和指導工作。他們以為我們是傻子啊，這分明就是個陷阱，要騙我們過去，把我們都害了，然後他們再勾結重耳，攻打晉國。丕大夫，看來，你這一趟收穫不小啊，說說吧，你們是怎麼定的？誰出的主意？」

別說，郤芮都猜中了。其實，倒不是他特別聰明，即便丕鄭沒有這樣的計策，郤芮也會這麼說。丕鄭比里克聰明，他知道，人家就是要殺你，你說什麼都是廢話。與其爭辯，不如什麼也不說。

丕鄭直接抽出劍來。

有人說，怎麼那會兒里克抽劍，現在丕鄭又抽劍，難道見國君的

時候可以帶劍？不錯，那時候，見國君的時候可以帶劍。

惠公和郤芮嚇了一跳，丕鄭不爭辯就出劍，是不是要拚命？幾個人急忙都去摸劍，劍還沒摸到，那邊丕鄭的劍已經到了脖子，一道血光，丕鄭倒在地上。

大家都驚呆了，愣了半天，誰也沒見過自殺這麼爽快的人。

這麼說吧，丕鄭那一下子，把哥幾個都給雷倒了。

「老丕，痛快。」惠公忍不住讚歎起來。

惠公一讚歎，那哥幾個還真有點吃醋。一吃醋，就要起壞心眼。

「主公，丕鄭雖然死了，他兒子丕豹的才幹不比他差，斬草除根啊，否則後患無窮。」這是呂省的壞主意。

可惜的是，呂省的壞主意早已經被丕鄭料到。

丕豹跑了，跑去了秦國。

殺了里克,殺了丕鄭。現在,輪到了七輿大夫。

其實,惠公在殺掉里克之後就想把七輿大夫一網打盡,可是郤芮勸住了他。郤芮良心發現?不是。

「主公,暫時留下七輿大夫,里克死了,他們沒什麼威脅了。但是,殺了他們,丕鄭一定不會回來了。」郤芮的心思在這裡,七輿大夫成了誘餌,引誘丕鄭這條大魚回來的餌。

大魚被殺了,餌還有存在的價值嗎?

共賜,共華的哥哥。共賜在第一時間知道了丕鄭被害的消息,他知道,下一步就該輪到自己的弟弟了。於是,共賜以最快的速度來到了弟弟家中。

「兄弟,丕鄭被害了,下一個一定是你,快逃吧。」共賜氣喘吁吁來到,讓弟弟逃命。

「我不走,丕大夫入朝,是我告訴他不會有事的,等於是我害了他。害了他,而我逃命了,這樣的事情我不做。你走吧,我在家裡等死。」共華竟然不走。

不一會兒,惠公派人來召共華。共華來到朝廷,看見七輿大夫已經湊齊。

後面的事情不必再說,七輿大夫全部被害。

想當年,賈華曾經放惠公一條生路,如今反而被惠公所害。

有的人,該殺的時候不能手軟。你不殺他,他總有一天會來殺你。

泛舟之役

秦國瞎忙活半天,沒有得到任何好處,反而跟晉國像仇人一樣,從那以後再也不往來。惠公也很高興秦國不來,給河西五城的事情基

本上就不了了之了。

可是世上的事情就這麼怪，你兩個不往來了，一定要找點什麼事情讓你們繼續往來。

惠公登基之後，晉國連續三年旱災，就是晉國歷史上有名的「三年自然災害」，號稱百年不遇。在晉惠公的英明領導下，晉國人民進行了艱苦的抗旱救災工作，可是沒有取得勝利，由此也證明晉惠公的領導其實並不英明。

到惠公三年（前 648 年），晉國陷入了全面的飢荒，怎麼辦？

「借吧。」郤芮說。

「跟誰借？」惠公問。周邊國家的關係都不太好，到這時候，跟誰借？

「秦國啊。」郤芮的臉皮真的夠厚，連惠公都覺得臉上有點發熱，忍不住說：「咱們忽悠了人家，人家會借給咱們嗎？」

「怎麼不會？按理說是不會，可是秦國就是一群土包子，實心眼，忽悠一次，還能忽悠他們第二次。反正忽悠過一次了，現在不忽悠白不忽悠。再說了，如果他們不借，我們不是就可以理直氣壯地不給他們河西五城了？」郤芮整個就是個大忽悠，認準了秦國人比較實在。

「那行吧，那麻煩師父走一趟吧。」惠公說。歷來的習慣都是誰提建議派誰去，所以這個活直接就派給郤芮了。

郤芮一聽，笑了。

「主公啊，你這是叫我送死去啊。你想想，秦侯最恨的人就是我了，我要去了，非把我剁了不可。這樣吧，派虢射去，秦侯不認識他，最多給趕回來，不會要命。」郤芮算得挺清楚，這類冒險的事情推給了虢射。

於是，晉惠公派虢射前往秦國借糧。虢射那是一萬個不願意去，硬著頭皮，領了差旅費和禮物，很不情願地上路了。

虢射來到秦國，見了秦穆公，送上了禮物，之後提交了「借糧申請書」。

秦穆公一看，該死的晉惠公從前欠的債還沒還，現在又來借糧？想不給，又覺得不夠人道主義；想給，又有點不甘心。於是，把百里奚、公子縶、公孫支和丕豹給叫來商量，丕豹這個時候也是秦國的大夫。

穆公把情況大致介紹了一遍，然後徵求幾位大夫的意見。

「我覺得應該借。以往的事情，是夷吾這混賬不對，以致晉國遭到這樣的報應，老百姓們都恨他。但是，如果我們不借糧，晉國的老百姓反而會恨我們見死不救。如果借了呢，晉國老百姓會感激我們，今後晉國國君若是與我們作對，連晉國老百姓也不會答應。」公孫支第一個發言，認為該借，赤子之心啊。

「我反對，夷吾這混賬就是個白眼狼，對他怎麼好，他都會咬你。借糧給他們，到時候反而增加怨恨。」公子縶不同意，他恨死了晉惠公。

「我認為該借。天災人禍，哪個國家都有可能發生，扶助友鄰，發揚人道主義，這是每個國家都應該無條件去做的。」百里奚認為該借，他從人道主義角度出發。

「借，借他媽個頭。主公，晉侯無道，我建議趁他們災荒，發兵討伐無道。」不用猜，這個發言的是丕豹，殺父之仇啊。

每個人發言完畢，穆公想了片刻，進行總結性發言。

「唉，要說晉侯這王八蛋呢，餓死他也不冤枉。可是，他是餓不著的，受苦的是晉國老百姓。百里大夫說得對啊，人道主義啊。」穆公真是個心地善良的人，他決定借糧。

秦國發船，滿載著糧食，順黃河運往晉國，這次借糧行動史稱「泛舟之役」。

虢射回到晉國，受到熱烈歡迎，被認為忽悠成功。其實虢射心裡明白，這全是因為人家秦國人心腸好。

第六十三章　繼續忽悠秦國

再次背信棄義

什麼叫做天道迴圈？

第二年，晉國大豐收。但是，秦國鬧旱災了。結果，秦國人民的抗旱救災鬥爭也沒有取得勝利，換句話說，秦國人的吃糧問題發生了困難。

按理說，就算秦國沒有發生旱災，晉國也應該還糧食了；或者說，如果秦國不是上一年支援了晉國，人家的糧食也能熬過去。

秦穆公派公孫支到晉國去借糧。

「好啊，按去年的數，給秦國運過去，也算是咱們的泛舟之役。」晉惠公看了秦國的借糧申請，沒猶豫。

郤芮沒有說話，顯然他有想法。他沒說話，虢射說話了。

「主公啊，不能給啊。你想，咱們欠了他們五座城，還欠了糧食，只還糧食，那不是還欠著城嗎？他們不是還要怨恨我們嗎？與其如此，何必還給他們糧食呢？」虢射基本上全盤照搬了郤芮的思維方式，一番話出來，聽得郤芮直笑。

旁邊公孫支聽見虢射這麼說話，氣得幾乎跳起來，當時強壓住火，指著虢射的鼻子大罵：「虢射，你難道忘了去年在秦國的那副可憐兮兮的樣子了嗎？你說這樣的話，不怕生小孩沒屁眼？」

晉國大夫慶鄭也看不下去，對晉惠公說：「主公，欠了人家地，又欠人家糧，說什麼也該還糧啊。否則，天理難容啊。」

晉惠公沒有理他，而是看看郤芮，郤芮笑笑，沒有說話。不過，晉惠公已經知道答案了。

「公孫支，你走吧，我們沒有糧食給你們。」晉惠公這樣決策。

公孫支氣得發暈，一路上大罵回國。

晉惠公和他的領導團隊，一個字：絕。

奶奶的！

為什麼要用這句罵人的話開始？

因為這是秦穆公的第一反應，向來以斯文自詡的秦穆公終於忍不住了。何止秦穆公，所有秦國人民都忍不住要罵人了。何止秦國人民，全世界人民恐怕都要罵出來了。

「該死的夷吾、該死的郤芮、該死的虢射、該死的晉國人！見過不要臉的，沒見過這麼不要臉的。全國緊急動員，我要討伐晉國。」秦穆公氣得吐血，他知道世界上有無恥的，可是萬萬沒有想到還有這麼無恥的。他有吃蒼蠅的感覺，而且是綠豆蒼蠅，而且蒼蠅的腳上還有蛆。

他要出這口氣，要出這口惡氣。

秦國的大夫們躍躍欲試，一個個都義憤填膺，他們要跟晉國人拼了。

「不可莽撞。」百里奚說話了。大家都很激動，但是百里奚明白，可以激動，但是千萬不能衝動。

「你不憤怒？」公子縶問。他氣得雙手發抖。

「我憤怒，但是，我們正在鬧飢荒，此時出兵，軍心不穩，後援不繼，必然不是晉國的對手。我想，晉國正希望我們出兵呢，不能上他們的當。君子報仇，不要急在一時，這筆賬我們記下，到時候一起討還。」百里奚說得有理有據。大家雖然氣憤，還是覺得他說得不錯。

秦穆公點點頭，現在他冷靜了很多，他覺得百里奚是對的。

「唉，晉國啊，我夫人那麼賢慧，公孫支這麼正直，怎麼夷吾這幫人就這麼無恥呢？唉，人和人的境界咋就這麼大差距呢？」秦穆公歎一口氣，剛才罵了晉國人，如今說幾句好話，好讓夫人和公孫支有面子些。

秦穆公真是一個好人。

討伐晉國

一年的時間，秦國東拆西借，節衣縮食，終於熬過去了。

老天爺開眼，第二年秦國豐收了。

過完冬，秦穆公請大家守歲，好吃好喝。夜半鐘聲敲響，春天

到了。

「春天來了，我有一個心願，一個埋藏了一年的心願，各位猜一猜是什麼？」秦穆公站起來，對卿大夫們說。

沉默，沒有人說話。不是沒有人知道，是大家都在運氣。

秦穆公感到奇怪，他掃視眾人，等待有人說出答案。

這個時候，公子縶也站了起來。

「大家說，主公的心願是什麼？」公子縶高聲問道。

「討伐晉國！討伐晉國！」所有人發出同樣的聲音，激昂高亢，直刺雲霄，在雍城的夜空久久迴盪。

所有人，憋了一年的氣，在這一刻迸發出來。

「是男人，就要討伐晉國！」秦穆公說道。他的眼裡，幾乎迸出血來。

討伐晉國。

誰說春秋無義戰？

晉惠公六年（前 645 年）秋天，秦軍起戰車四百乘，討伐晉國。所有卿大夫都要求上戰場，就連老邁的百里奚和蹇叔也奮勇請戰。

秦穆公親自領軍，以百里奚為中軍參謀，大將白乙丙、西乞術為先鋒，公孫支和公子縶分領左右兩軍，祭拜了祖廟，然後浩浩蕩蕩，殺奔晉國。國內只留下蹇叔主內，孟明視巡邊，輔佐太子罃（音英）守國。

秦軍上下，可以說是恨晉國入骨，不用動員，一個個就十分賣命。而晉國人都知道自己的國君對不住秦國，在內心都存有愧疚。因此，秦軍進入晉國，三戰全勝，頗有當年周武王伐商的意思。

秦軍摧枯拉朽，長驅直入，以閃電戰的態勢直達韓原（今陝西韓城）。

晉惠公萬萬沒有想到，老好人秦穆公竟然來真的了。

緊急會議，晉國召開緊急會議。

「秦國鬼子侵略我國，深入我國境內，怎麼辦？」晉惠公問。

慶鄭第一個站了出來，他要發言。丕鄭死了，現在又有一個慶鄭。晉國這個國家很有意思，他們似乎從來不缺乏能人，隨時隨地都有人才。

「吾深其怨，能淺其寇乎？非鄭之所知也，君其訊射也。」（《國語》）慶鄭這樣說。啥意思？我們得罪人家得罪得很深，怎麼能讓人家不深入我國境內呢？我是不知道該怎麼辦了，你問虢射吧。

慶鄭的話是明顯的氣話，你不知道該怎麼辦，還說這些幹什麼？

虢射在一旁聽到，不高興了。

「哎，老慶，你這怎麼說話？我當初不都是為了國家利益嗎？再說了，秦軍來了，這是意料中的事啊，還有什麼選擇？打呀，怕他們個頭啊。」虢射倒挺硬，主張迎戰。

這兩個吵架，晉惠公沒理他們，他問郤芮：「師父，您看呢？」

「俗話說：『蜂刺入懷，解衣去趕。』既然來了，當然是打回去。」郤芮也主張打。

惠公一看，大家主張打，那就打。

「師父，那好，您親自領軍吧。」惠公把任務拍給了郤芮，原以為師父挺樂意的，誰知道師父當時就叫了起來：「主公，我老胳膊老腿的，哪會打仗啊？別，還是你親自出馬，我在這裡守家吧。」

惠公有點不高興了，看在師父的面上，沒說什麼。沒辦法，師父不肯去，只能自己去了。

可是，這個時候，問題來了。

元帥，元帥在哪裡？大將，大將在哪裡？

晉國最能打仗的就是里克，可是，里克被殺了；晉國最著名的戰將就是賈華那一撥七輿大夫，可是七輿大夫也給殺完了。現在該用人了，才發現能用的人都給殺完了。

「芮也，使寡人過殺我社稷之鎮。」（《國語》）晉惠公後悔極了，這個時候他抱怨郤芮當年攛掇他殺里克和七輿大夫了。

郤芮沒有說話，在心裡，他突然有一種無名的恐懼：惠公的抱怨

會不會僅僅是一個開始？

　　晉國大軍終於還是組成了。

　　晉惠公親自領軍，中軍大將為大夫韓簡。韓簡的封邑就是韓原，眼下等於秦軍侵略到了他的地盤，所以他是紅了眼的。想想看，當年張學良有多麼想打回東北，韓簡就有多麼想打回韓原。整個晉國卿大夫中，或許只有韓簡是真的有必勝決心的。

　　出軍之前，晉惠公以占卜的方式來決定誰來出任御者，結果很不巧或者說很巧，最適合人選竟然是慶鄭。

　　「切，這個衰人。」惠公歎一口氣，他不喜歡慶鄭，因為慶鄭太直，說話不給面子。惠公決定不讓他當司機，選擇了郤步揚當司機。

　　郤步揚，步姓的得姓始祖。

　　司機確定了，又占卜決定戎右，最佳答案一出來。晉惠公又歎了口氣：「切，怎麼又是這個衰人？」

　　就這麼巧，最佳人選還是慶鄭。

　　「老子偏偏不用他。」晉惠公也是賭口氣，偏偏要用家僕徒作戎右。

　　慶鄭聽說了，笑得噴飯。

慶鄭的忠告

　　晉國大軍浩浩蕩蕩，離開絳城，前往韓原迎擊秦軍。

　　晉惠公這是第一次領軍出征，心中忐忑不安，也不知道是禍是福。大軍剛出城門，慶鄭的車就跟上來了。

　　「主公，等等，等等，有問題。」慶鄭叫住晉惠公，好像有什麼緊急事情。

　　「什麼事？」晉惠公有點不耐煩。

　　「主公，你要換馬。」

　　「為什麼？」晉惠公更不高興了，心說不讓你給最高領導人當司機，你不高興了？要出什麼鬼點子？

「你這馬是鄭國的馬，不是晉國的馬。歷來打仗都要用本國的馬，一來熟悉地形，二來適合本地的地勢條件。現在你用鄭國這種破馬，一旦打起仗來，牠們就會憤怒暴跳，呼吸急促，血管膨脹，表面強大，內心虛弱。到那個時候，你就後悔都來不及了。」慶鄭說。雖然用詞有些誇張，但是確實有理。

晉惠公的馬確實不是晉國的馬，而是鄭國送來的鄭國馬，這種馬非常著名，稱為小駟。小駟的特點是身材矮小，步伐平穩，跑不快，但是坐在車上很舒服。這麼說吧，典型的後宮馬，平時走馬看花，這樣的馬最合適。基本上，這種馬跟驢比較接近。

這要是別人提出來的，晉惠公說不定也就聽了。可是偏偏是慶鄭說的，惠公偏偏就不聽。

「老慶，看好自己的馬就行了，這馬你看不慣，我用慣了，舒服，你知道什麼是舒服嗎？」晉惠公話裡帶著諷刺，一點面子也不給慶鄭。

費老大勁趕上來提合理化建議，誰知道熱臉貼上了冷屁股，慶鄭灰溜溜地走了。

該死的，讓你舒服，等打起仗來你就知道什麼叫舒服了。慶鄭心裡罵道。

韓原，龍門山下。

秦國大軍，戰車四百乘；晉國大軍，戰車六百乘。

按照兵家的常識，敵軍遠來，利於速戰。晉國軍隊最好的戰略是防守，等到敵軍無糧撤退，再尾隨追擊。可是，惠公哪裡懂這些？

晉軍多，秦軍少，晉軍的戰略依然應當是嚴守陣腳，等待對方的士氣下降，然後利用人數的優勢發動進攻。而秦軍人少士氣高，利於混戰速戰。可是，晉惠公不懂，手下幾個親信也不懂。

「韓簡，你去偵察一下敵情。」惠公給韓簡派了活，因為這裡的地形他比較熟悉。

韓簡去溜達了一圈，回來的時候臉色非常難看。

「老韓，有什麼收穫？」惠公問他。

「收穫？秦軍的士氣比我們高十倍都不止啊，我看這仗沒法打。」韓簡垂頭喪氣，得，最有信心的人也垮了。

晉惠公半天沒說話，他這時候很後悔，後悔當初聽了郤芮的話而親自領軍。可是事到如今，想不打也不行了。

「唉，說起來，這事情怪我爹。」想了半天，惠公想起他爹來了，好事想不起來，壞事想起來了。「想當初秦侯來晉國求親，算命的就算過，說是我姊姊嫁給他不吉利，這個大舅子將來會對晉國不利。可是老頭子不信，非把我姊姊給嫁到秦國。你看，應驗了吧？」

韓簡差一點哭出來。

見過不要臉的，沒見過這麼不要臉的。

「主公啊，我聽說算命也不是憑空來的，而是有跡可循的。自己幹壞事幹多了，自然就會是受報應的命。《詩經》說得好啊：百姓的災禍，並不是天降的，都是那些當面阿諛奉承、背後互相攻擊的小人造成的。」韓簡說話也沒客氣，說完，拍拍屁股，走了。

晉惠公歎了一口氣，他認為韓簡說的是郤芮和虢射等人。

「奶奶的，不知道還能不能活到明天晚上了。」韓簡一路走，一路自言自語。

晉惠公六年（前 645 年）九月十四日，正好是中秋之後的一個月。這一天，陽光明媚。

可以想像，到了晚上，月光也會明媚。

陽光明媚，月光明媚，再加上秋風送爽，打仗的心情會不會好一些？總之，這是一個很適合打仗的日子。

秦晉大戰開始了。

晉惠公掉坑裡了

兩軍對圓，秦軍一個個都紅了眼，想起去年一年吃糠咽菜，就恨得牙根發癢。按程序，原本應當雙方國君在陣前鬥鬥嘴，然後開始動手。這次好，連罵戰都省了，秦軍直接就開始衝鋒了。

晉軍本來就士氣低落，看見秦軍衝鋒，一個個都有些害怕。這個時候，強弓硬弩守住陣腳的話，還有得打，偏偏晉惠公也下令衝鋒。

這個仗沒法打，真是沒法打。兩軍稍一接觸，晉軍就開始潰敗。於是，一場混戰。龍門山下幾十里的戰場，到處都是秦晉兩國的軍隊。

屠岸夷仗著自己力大無窮，倒撞過去，迎面遇上秦國大將白乙丙，兩人交手，竟然棋逢對手。於是，從車上打到車下，最後扭打在一起。拼到筋疲力盡，雙雙摔進一個大坑中，在那裡倒氣。

惠公親自衝鋒，還射了兩箭，射完之後發現事情有點不妙，怎麼辦？逃命吧。

「快跑快跑。」惠公急了，前面駕車的司機郤步揚聽到惠公要逃，急忙調轉車頭。車頭剛轉過來，迎面殺來秦國大將公孫支，郤步揚當時就慌了手腳，把那四匹鄭國小駟直接給趕坑裡去了。也不知道怎麼就那麼巧，這坑裡竟然還有水，是一泥坑。兩個多月沒下雨，方圓幾

十里就這麼一個泥坑，被惠公趕上了。

郤步揚一看，直接給鄭國小駟上鞭子了。可是沒用啊，鄭國小駟就那麼點力氣，折騰幾下，越陷越深，索性打死都不動了。郤步揚沒轍了，他知道，這要是晉國的馬，一躍就上去了。

公孫支一看，差一點笑出來。當下也不客氣，跳下車來，直接趕過來捉人。晉惠公也沒辦法，也只能下車，郤步揚和家僕徒兩人下車，雙戰公孫支，竟然還是招架不住。

四周，秦軍看見晉惠公掉坑裡了，紛紛殺過來。

正在危險關頭，救星來了。誰？慶鄭。

慶鄭聽說晉惠公被困，急忙來救，奮勇殺了進來。可是殺到近前，慶鄭哭笑不得。為什麼？因為他看見鄭國小駟在坑裡，磨磨蹭蹭上不來。再看郤步揚和家僕徒哥倆，兩個人不是公孫支一個人的對手。

該死的晉侯，要是聽我的，怎麼會這樣？郤步揚和家僕徒這兩個白菜，什麼時候會打仗了？慶鄭暗想，看到這個場面，倒覺得很解氣很過癮，反而不想救晉惠公了。

「老慶，載我載我，載我！」晉惠公在坑裡大聲喊叫，看那樣子很可憐。

救，還是不救？那一刻，慶鄭的腦子裡閃過許多畫面。

如果救他，自己的車就要給他，自己就完蛋；如果不救他，他肯定被秦國人活捉了。

如果救他，他今後會怎樣對自己？這個時候，慶鄭想起了里克，想起了賈華，也想起了惠公抱怨郤芮的場景。

「去他媽的，去死吧。」慶鄭最終這樣決定。

「忘善而背德，又廢吉卜，何我之載？鄭之車不足以辱君避也。」（《國語》）慶鄭大聲拒絕了，啥意思？你忘恩負義，又廢了吉卜，不用我做車右，為什麼又想搭我的車？我慶鄭的戰車不值得委屈你來避難！

慶鄭說完話，又殺出重圍。身後，聽到晉惠公淒慘的「救命啊」的聲音。

晉惠公被捉

秦穆公也是身先士卒，一路追殺。可是，他的運氣不好。

晉軍雖然潰敗，但是，韓簡和他的近衛部隊並沒有潰散，相反，他們始終保持隊形。可巧，遇上了秦穆公。

秦穆公的車右是大將西乞術，算得上是秦國排名前三的勇士，可是，跟晉國大將韓簡相比，他還差一個檔次。幾十個回合，西乞術被韓簡一戟捅下車來。

晉軍一擁而上，要活捉秦穆公。秦穆公身邊衛士拚命抵擋，眼看抵擋不住。

「老天啊，你真是瞎了眼啊，怎麼我反而要成俘虜了？」秦穆公欲哭無淚。

正在這個時候，突然聽見附近山坡上喊聲大起，只見一群野人手持大棍、鐵杈等殺奔而來。什麼是野人？不是今天所說的那種什麼都不穿、人話也不會說的野人。那時候的野人，就是沒有正當職業、沒有正當土地、也沒有人管的人，今天叫做自由職業者。

幾百號野人殺來，大家都愣了，他們究竟是誰的朋友？誰的敵人？在這一刻，雙方都希望這些人是自己的隊伍，儘管放在平時，誰也不願意有這樣的朋友。

野人們的大棍究竟砸向了誰？晉軍。

現在，秦軍再加上野人，晉軍在人數上已經處於劣勢。但是，野人的戰鬥力是有限的，而且，秦穆公依然在晉軍的包圍之中。換句話說，野人的到來，僅僅是緩解了秦穆公的壓力，危險依然存在。

韓簡咬咬牙，揮舞長戟向秦穆公殺去，沒有人能抵擋他。

就在這個時候，秦穆公的救星來了。誰？慶鄭。

「韓簡，快去救主公，主公要被活捉了。」慶鄭大聲喊道。

「啊，快，快去救主公。」韓簡一聽，趕緊率領手下去救晉惠公。

秦穆公終於鬆了一口氣。

　　韓簡跟著慶鄭趕到的時候，只看見晉惠公已經被五花大綁，押上了秦國的車，郤步揚、家僕徒也都被活捉。

　　「老慶，你看，都是你，剛才不是你喊，我們就捉了秦侯了，到時候還能把主公換回來，這下可好，兩頭落空。」韓簡埋怨慶鄭。

　　慶鄭沒說話，心說：這是老天開眼，活該啊。

　　仗打到這裡，已經沒什麼打頭了。兩邊各自收兵，不同的是，秦軍高唱得勝歌，晉軍灰頭土臉，垂頭喪氣。

　　自從晉國建國以來，這是輸得最慘的一仗。

　　秦軍收拾戰場，西乞術雖然被刺落，好在受傷不重。白乙丙被找到的時候，已經奄奄一息，被救回秦國，幾個月後方才痊癒。而同樣奄奄一息的屠岸夷被當場砸死，成了烈士。

　　大勝之後，秦國軍隊沒有乘勝追擊，而是班師回朝。

　　那麼，那些野人是怎麼回事？從哪來的？為什麼要幫秦穆公？說起來，還有一段故事。

　　原來，年前秦穆公在岐山一帶打獵。到晚上發現丟了幾匹馬，令手下出去找，結果發現幾百野人正在那裡吃燒烤馬肉。手下急忙回來彙報，建議立即派兵剿滅盜馬的野人。

　　說起來，秦穆公真是心地仁慈，想了想，說：「算了，人家一定也是餓得不行了，誰沒有餓的時候？況且，就算殺了他們，馬也救不活了。這樣吧，我聽說馬肉是涼性的，光吃馬肉不喝酒，那要傷身體的，派人給他們送些酒過去。」

　　就這樣，野人們不僅有肉吃，而且有酒喝，這個感動啊！

　　「我們偷吃了最高領導人的馬，他不僅不收拾我們，還給我們送酒，這是什麼精神啊？這是人道主義、大公無私、大義凜然、大方慷慨啊！不行，我們一定要找機會報答他。」野人們一邊吃肉，一邊喝酒，一邊發誓要報恩。

　　這一次，聽說秦軍討伐晉國，野人們一商量，扛著鋤頭就跟過來了，正好碰上秦穆公被圍，算是報了一回恩。

「唉，看看人家野人，再看看晉侯。看來，有文化不等於就有良心啊。」秦穆公感慨，把晉惠公的四匹小馬燒烤好了賞賜給野人們，當然，還有酒。

秦軍撤軍，晉國大夫們一看，跟著國君出來，現在國君被帶到西面去了，兄弟們自己還有臉回國嗎？算了，大家學習百里奚吧。

就這樣，秦國大軍在前，晉國大夫們一個個披頭散髮，手拄拐杖，背著帳篷，跟在後面。韓簡、慶鄭、虢射等，全都跟著。

秦穆公聽說晉國大夫們都跟上來了，挺感動，心說：晉國大夫們還真行，很夠意思，可是怎麼就出了晉惠公這麼個王八蛋呢？

「公孫支，你去一趟吧，告訴他們別跟著了，就說我之所以把晉侯帶到西面，不過是為了敘敘舊罷了，不會過分的。」秦穆公不忍心看著晉國那幫兄弟這麼受罪，讓公孫支把他們勸回去。

公孫支於是去看望那幫兄弟，把秦穆公的意思轉達一遍，勸大家回去。大家一聽，既然秦穆公發了話，大家何必還受這個罪呢？於是大家跪在地上對天發誓：「上有蒼天，下有大地，天地人都聽到了秦侯的話，說話要算數啊。」

這樣，大家回家了，等待秦國的消息。

晉惠公的命運

晉國，國君被捉，現在是郤芮當權，暫時立太子圉為臨時國君。

「我們要想盡一切辦法把主公救回來，有條件要救，沒有條件，創造條件也要救。」郤芮表面上這樣說，內心裡，恨不得惠公就死在秦國。

在這一點上，郤芮跟慶鄭的想法倒是一樣的。

基本上，是個晉國人就在祈禱秦國人宰了晉惠公。

秦國人會怎樣處置晉惠公呢？

晉國人在思考的問題，也是秦國人在商量的事情。

「各位，我正義之師所向披靡，活捉了夷吾這個王八蛋。我們來商量一下怎樣處置他。四個選擇：第一，宰了他；第二，放逐到西邊去放羊；第三，放他回國；第四，好好對待他，送他回去恢復他的君位。現在，開始搶答。」秦穆公召開慶功宴，慶功宴上，討論這個問題。

第一個搶答的是公子縶，所有人當中，最恨晉惠公的就是他，他始終在後悔自己當初接受了晉惠公的賄賂。所以，公子縶的答案可想而知：「我選擇答案一，宰了他。讓他去養羊太便宜他。」

第二個搶答的是公孫支，作為晉國人，他畢竟還是不希望晉國國君太沒面子，所以他選擇了答案四。「主公，有道是，冤冤相報何時了？晉國對不起我們，我們已經在韓原大勝他們，連他們的國君也捉來了。我覺得，這樣就行了，已經給了他們教訓。現在，該是我們表現大度的時候了，否則諸侯會對我們有看法的。」

「不行，一定要宰了他，讓重耳作晉國國君。」公子縶一定要出口惡氣。

一時之間，大家你一言我一語，選什麼答案的都有，不過多數人都選擇答案一。

爭論一番之後，最後還要最高領導來定調。

「我的看法，夷吾這混賬簡直就不是個人，殺了他都算便宜他。我打算，把他洗乾淨了，殺了祭祖。然後，扶立重耳為晉國國君，大家看怎麼樣？」秦穆公更狠，他選擇的是答案五。

絕大多數人贊成，少數人棄權。

「好。」秦穆公就要宣布最後答案，晉惠公眼看就要成粉蒸肉了。

就在這個時候，晉惠公的救星來了。

秦穆公這個人，屬於從小就特嚮往中原文化的那麼一個文學青年。長大之後，就夢想著能娶一個根正苗紅的中原老婆。可是，秦穆公在選擇對象的時候出了一點偏差，他跟晉國結為了親戚，卻不知道晉國這個國家其實跟秦國一樣屬於二胰子中原文化，那也是一個雜交文化。

不管怎麼樣，秦穆公還是很自豪能夠娶到穆姬這樣的老婆。

基本上，老丈人是個糊塗蟲，舅子是個無賴。但是，在秦穆公的眼裡，老婆永遠是正確的。

　　而事實上，穆姬也確實是個很賢慧的人，她繼承了母親的性格，還有母親的學識。

　　從秦國和晉國交兵的那一天起，穆姬就在為雙方加油。她就像住在陝西的山西球迷一樣，當陝西隊與山西隊交手的時候，她的心情是複雜的。

　　到晉惠公被活捉之後，穆姬的心情就很不好，那畢竟是自己的兄弟，而晉國畢竟是自己的祖國。

　　「我要救我的兄弟，否則，我也不活了。」穆姬這樣決定，她斷定秦穆公會殺了晉惠公。

　　於是，穆姬令人在宮裡堆上了一堆柴火，然後讓人去告訴秦穆公：「你要是殺我兄弟，我就自焚。不僅我自焚，還要帶著我的孩子自焚。」

　　穆姬的孩子是誰？一共是四個孩子，其中有太子罃。

秦穆公怕老婆

　　「玩自焚？」秦穆公的第一反應是開玩笑，可是看看使者的樣子，他知道這不是開玩笑。

　　秦穆公有點傻眼，放過晉惠公吧，不甘心；宰了他吧，自己的老婆要自焚。為了一個不要臉的晉惠公，破壞了自己的家庭幸福，值嗎？晉惠公不過是一顆老鼠屎，老婆那才是一鍋雞蛋湯啊，為了一粒老鼠屎，打壞了一鍋湯，合算嗎？

　　所有的道理，秦穆公在一瞬間都想明白了。其實，所有的道理都無所謂，最重要的，秦穆公愛自己的老婆，而且，還有點怕自己的老婆。因為，怕老婆往往是因為愛老婆。

　　可是，在這麼多人面前，總要給自己找個臺階啊。

　　「得晉侯將以為樂，今乃如此。且吾聞其子見唐叔之初封，曰『其後必當大矣』，晉庸可滅乎？」（《史記》）秦穆公給自己找了個臺階，

他說什麼？他是說：本來抓晉惠公回來，是為了出口氣，可是如今鬧到我要家庭破裂，妻離子散，值嗎？再說了，我聽說當年唐叔虞剛剛封在晉國的時候，箕子說「他的後代一定很強大」，箕子都這樣說，我們能把晉國怎麼樣呢？

秦穆公的話說出來，大家沒話說了。其實人人都知道秦穆公怕老婆，老婆都給結論了，秦穆公要做的無非就是尋找論據。剛才那番話，就是論據了。

基本上，不殺晉惠公已經是定了。也就是說，現在的標準答案只有兩個：放回去或者送回去。

別人不說話了，公孫支就要說話了，因為他是唯一答對的人。

「主公，既然不殺晉侯，那就乾脆好人做到底，友誼地久天長吧。放他也是放，送他回去也是放，不如送他回去。不過，這次不能這麼輕鬆就饒了他。首先，把欠我們的地盤給我們，其次，讓他把兒子送過來當人質。」公孫支出了這麼個主意。

「好主意。」所有人都說好，確實是好。人情也送了，實惠也有了，最高領導的老婆也可以滿意了。

對這個方案，秦穆公很滿意，他把晉惠公安置在靈台，等待處置。

郤乞的擔憂

晉惠公被帶到了靈台，怕得要死，幾次求見秦穆公，都被拒絕。這個時候晉惠公才知道後悔，天天發誓：如果老秦放了我，我一定把該給人家的給人家，絕不賴賬。

也許是發誓有用，沒幾天，就聽說秦穆公準備把自己送回去，繼續發展秦國和晉國之間業已存在的友好關係。

「兄弟們，我們就快回家了。哼，等我回去，先殺了慶鄭。」晉惠公就是這樣一個人，有恩不報，有仇必報。這不，想到回國，第一件事就是報仇。

幾個一塊被俘的兄弟都很高興，至少可以回家了，不用去西面放羊了。可是高興完之後，郤乞有點擔心，擔心什麼？

　　「主公啊，我看還是別高興得太早了。」郤乞說。晉惠公瞪他一眼，有些不高興了，心說：你這人怎麼這麼晦氣？

　　「為什麼？」晉惠公壓著火問。

　　「你想啊，過去這麼多年你得罪了多少人？別說慶鄭不歡迎你回去，我看郤芮也未必歡迎你，更別說別人了。基本上，就算秦侯送你回去，我擔心晉國的大夫們也未必肯接受你。」郤乞說話夠直，雖然不好聽，但句句是實話。

　　晉惠公本來不高興，聽了郤乞的話，禁不住倒吸一口涼氣。不高興是不高興，但是事實就是這樣啊。別說沒什麼人歡迎自己，就是自己的兒子太子圉，跟自己一模一樣的，看上去就是個白眼狼，說不準他就會跟郤芮這幫人合起來把老爹害了呢。

　　「那、那怎麼辦？」晉惠公顧不上生氣了，連忙請教。

　　「我也不知道。」郤乞只有問題，沒有答案，他轉頭問郤步揚和家僕徒：「你倆有什麼想法？」

　　那兩個也都搖頭。現在，晉惠公急了。

　　「你們快想辦法啊，誰想出辦法來，我賞給良田十萬。」晉惠公開始利誘。

　　「我們是真沒有辦法啊。」那三個人一起說，原本還想想辦法，現在聽說有獎賞，誰也不想辦法了。為什麼？因為有里克和丕鄭的先例了。

　　見大家都不想辦法，晉惠公哭了。

　　「嗚嗚嗚嗚，想不到，我竟然有家難回啊。算了算了，也別讓秦侯放我了，就讓他殺了我吧，或者讓我去西面放羊吧，嗚嗚嗚嗚……」晉惠公一邊哭，一邊說，倒真讓人聽著有點傷心。

　　這哥幾個一聽，心說：你要真死在秦國了，我們不也回不了家？算了算了，大家都在一條破船上，沒辦法也要想辦法了。

　　想了半天，還是郤乞想出一個沒有辦法的辦法。

「這樣吧，我找個藉口先回去，找呂省想辦法。」郤乞的辦法就是找人想辦法。為什麼找呂省？因為現在只有呂省是靠得住的了。

基本上，也就只有這麼個辦法了。

第六十五章
忽悠晉國人民

第二天，晉惠公向靈台看守所提出請求，說是郤乞的老婆預產期到了，這幾天臨盆，希望能夠本著人道主義立場，放郤乞回晉國。

「等他老婆生產之後，一定自覺回來。」晉惠公強調。

看守所很快將晉惠公的請求報到了秦穆公那裡，秦穆公當時就同意了。

「老婆生孩子，男人當然應該在身邊。快回去，派輛車送他。」秦穆公下令，多好的人哪。他沒有想到的是，郤乞的老婆早就死了。

郤乞就這樣回晉國了，臨出發之前晉惠公囑咐他：「告訴呂省，如果他想出好辦法了，我回國之後，賞他十萬畝良田。」

呂省的策略

郤乞悄悄地回到了晉國，他沒有回家，直接來到了呂省的家。

「你怎麼回來了？」呂省吃了一驚，郤乞回來了，惠公是不是也回來了？

「找個清靜地方，我有重要事情要說。」郤乞加了小心，不想讓太多的人知道自己回來了，弄不好自己被人殺了也未可知。

呂省急忙找了個隱蔽的地方，兩個人這才開始說話。

郤乞把秦穆公準備放人的事情說了一遍，之後又把自己的顧慮說了一遍，最後說：「算來算去，主公覺得老呂您才是最值得信任的人，辦法又多，因此派我回來請教你。」

郤乞留了個心眼，沒把晉惠公懸賞的事情說出來。他擔心說出來之後，呂省會打退堂鼓。

呂省聽了，挺高興，沒想到自己在惠公心目中的地位比郤芮還高。士為知己者死啊，既然這樣，可要好好想辦法。

第
六
十
五
章

忽
悠
晉
國
人
民

想了半天，呂省一拍大腿：「有了。」

別說，呂省真是個人才。

呂省派人去召集國人，都到朝廷前面的廣場，聽一聽從秦國回來的郤乞介紹惠公的情況。全國人民都想知道啊，於是從大夫到士農工商，呼啦啦去了幾萬人。大夥心想：看看這王八蛋過得怎麼樣，如果他要回來的話，直接把朝廷給燒了。

看看人到得差不多了，郤乞站在一個高地，大聲說話了：「女士們、先生們、各位領導、各位來賓，大家早上好。今天，陽光明媚，萬里無雲。」

說到這裡，下面開始起鬨，這不都是廢話嗎？

「別說套話了，直接進正題吧，大家都忙著呢。」呂省急忙在一旁提醒，郤乞點點頭。

「君使乞告二三子曰：『秦將歸寡人，寡人不足以辱社稷，二三子其改置以代圉也。』」郤乞高聲說道。什麼意思呢？這個意思：惠公讓我回來告訴大家，說是秦穆公決定把惠公送回來，可是惠公覺得自己給晉國丟人了，沒臉回來了，希望大家另外找個合適的人，取代公子圉擔任晉國國君。

大夥一聽，哇噻，傳說中的高風亮節啊。想不到，一向不要臉的晉惠公現在這麼有骨氣，這麼有傲氣，這麼知恥了。原本大夥準備開罵並且扔臭雞蛋的，現在都不忍心了。

緊接著，郤乞又胡編亂造一些晉惠公在秦國如何威武不能屈、寧死不低頭的事蹟，說得有鼻子有眼，大家禁不住對惠公另眼相看了。

一通忽悠，全國人民被感動了。有史以來，全國人民都是很容易被忽悠的，都是很容易被感動的。

可是，僅僅有感動是不夠的，還需要衝動。而僅僅是感人事蹟，顯然不足以讓大家衝動。所以，忽悠之後，還需要實實在在的利好出臺。

「主公深深地感到對不起自己的人民，他為此感到內疚和慚愧，決定在自己去西面放羊之前為自己的人民做一點什麼。因此，在我回來

之前，主公特地授權我把土地分給大家，具體細則如下⋯⋯」郤乞大聲宣布著。其實，這不是惠公的決定，而是呂省的主意。

廣場沸騰了，整個晉國沸騰了。

土地啊，還有什麼比土地更為重要的？

土改了，這大概是中華民族歷史上的第一次土改運動。為什麼這樣說？我們順便介紹一下周朝的土地制度。

周朝土地制度

根據考證，周朝的土地制度為井田制。但是，此說長期有爭議。

之所以叫做井田制，是因為將農田按南北向和東西向劃分成井字形，因此稱為井田。井田又分為公田和私田，公田直接屬於天子或者諸侯，實際上相當部分公田是分給公卿大夫做采邑，而私田分給平民耕種。一般來說，公田是好田，私田則差一些。公田由奴隸和農民共同耕種，農民需要首先集體耕種好公田，然後才能耕種自己的私田。公田的收成中一部分上交國家，其餘歸采邑擁有者。而私田只需要上繳象徵性的稅，其餘歸自己。

不論公田還是私田，都是國家所有，個人不得買賣。國家不僅可以隨時收回，也會採取輪換制度，以體現公平原則。說起來，這似乎很像人民公社。公田就是人民公社的田，私田就是自留地。

而所謂的野人，就是沒有公田也沒有私田，是自己在野外開荒的人。開荒在那時屬於違法，但是多半沒有人去管。

到春秋時期，隨著人口的增加和鐵器在農業中的應用，實際上土地的開發和交易的需求增加了，因此私有化和開荒合法化的要求日益高漲。

現在，我們來看看郤乞給大家的好處。《左傳》：「晉於是乎作轅田。」對於這句話的解釋，自古以來眾說紛紜，直到今天也說不清楚。但是有一點，這肯定是給大家實惠了，而且是在土地上的實惠。

一種說法是將地塊重新切割，以便於「轅」的使用，也就是說便於牛耕。但是，這樣的說法很受質疑，理由很簡單，這對於大家來說並非實質性利好。何況，晉國是否採取井田制至今也未有定論。

實際上，對於人們來說，真正的利好應當是私有化或者開荒合法化。但是，至今人們的公論是，土地私有化始於一百年之後的魯國「初稅畝」。

那麼，究竟「作轅田」是個什麼樣的天大利好，能夠讓人們把對晉惠公的怨恨化為感恩呢？根據筆者的推測，轅田與井田應當是並列的兩個概念，「作轅田」解作將開荒合法化更合理些。也就是說，新開荒地可以不用按照井田的劃分方式，而是誰開發誰劃分，土地使用權歸誰。

這樣的好處對於所有人來說都是一個大利好，所以大家才會都感激。

趁著大家都激動的時候，呂省召集卿大夫們開會了。

「我們國君因敗亡在外而愧疚，他並不為自己憂愁，而是為群臣擔憂，這不是偉大的品德嗎？這麼好的國君，我們難道不應該愛戴嗎？可是，這麼好的國君還被關在國外，我們難道就這麼等待嗎？」呂省的話很有煽動性，大家都還沉浸在激動之中。

「我們做些什麼才可以讓國君回來呢？」大家激動地說。沒人想到這些都是呂省在忽悠大家。

「韓原會戰失敗，晉國的武器裝備都完了。如果我們增收賦稅，修治武器，用來輔佐太子，並作為國君的後援，讓四方鄰國聽到後，知道我們失去國君又有了新的國君，群臣和睦，武器更多，友好的國家就會支持我們，敵對的國家就會害怕。」呂省接著忽悠。

「好，好。」大家回應。

「晉於是乎作州兵。」(《左傳》)晉國開始改革兵制，建置州兵來擴充軍力。什麼是州兵？歷來也是說法不一。不過有一點可以確認，這一定是擴充晉國軍力，大致是除了原先的上下兩軍之外，地方武裝正

式納入正規軍建制，相當於武警部隊配備了解放軍的裝備，隨時準備上戰場。

郤芮為什麼這段時間沒有出場？據說病了。當然，誰都知道是裝病。

晉惠公回國

從九月初晉惠公被捉，到十月底晉國作轅田作州兵，將近兩個月時間，呂省為惠公做好了鋪墊，晉國老百姓很歡迎惠公回去，而且，晉國的軍力已大大恢復。

這個時候，呂省有底氣了，他決定去秦國把惠公給迎請回來。

「老郤，你老婆生完孩子了，也該回秦國銷假了。」呂省跟郤乞開個玩笑，於是哥倆高高興興，前往秦國迎惠公回來。

到了秦國，郤乞主動去銷假，說是老婆生了，還生的是雙胞胎，多謝秦侯關照。秦穆公知道了，還挺高興，覺得郤乞說話算數。

呂省直接去找秦穆公，就迎請惠公回國一事進行磋商。還好，秦穆公討厭的是郤芮和虢射，對呂省倒沒有什麼壞印象。

兩人見過禮之後，秦穆公就問：「晉國現在的人心怎麼樣？晉國人民團結嗎？」

秦穆公這人實在，他覺得晉國沒有國君，一定處於動亂之中。

對於這個問題，如果回答「真是很亂」，那就不及格。秦穆公有可能想：既然這麼亂，乾脆滅了你們算了；如果回答「一點不亂，大家團結在太子圉的周圍」，那也不過僅僅及格，秦穆公可能會說：既然你們沒有惠公更好，乾脆別放他回去了。

那麼，怎樣回答是最好的答案呢？

且來看看春秋的智慧。

「不團結。」呂省回答得很乾脆。

「為什麼？」秦穆公問。他覺得很好奇，弄不懂呂省究竟是太直爽還是太缺心眼。

「一般群眾覺悟低，只知道怨恨秦國侵略晉國，不去想晉國有多麼對不起秦國，他們一門心思想擁立公子圉做國君，說要聯合齊國和楚國，找秦國來報仇。可是我們公務員階層不一樣，我們素質高啊，我們善於批評和自我批評，我們反省啊，一反省就發現這事情全賴我們國君，秦國那是正義之師啊，所以大家說今後一定要聽秦國的，要報答秦國的大恩。就因為意見分歧大，我們用了很長時間來對一般群眾進行教育和引導，一直到一般群眾也提高了覺悟之後，這才敢過來迎請我們的國君啊。」呂省的話裡透露出一個資訊：如果放了惠公，晉國人民感激您；如果不放，晉國人民就聯合楚國齊國來對付你。但是，表面上的話說得委婉動聽，還帶著拍馬屁的意思。可以說，這一段話就是軟硬兼施，胡蘿蔔的背後還帶著大棒。

「你不來，我本來就要送晉君回去。晉國的人怎樣看待晉君的前途？」

「一般群眾認為君上一定會被宰了，公務員們則不這麼認為。」

「為什麼？」

「嗨，一般群眾只是怨恨秦國，不考慮自己國君的罪過，所以這麼認為。公務員瞭解您的慈善，知道您不會做出破壞兩國友好關係的事情啊。」

「嗯，有道理。」

秦穆公被呂省給忽悠了，於是改變對晉惠公的待遇，從軟禁改為貴賓待遇，安排他搬進國賓館，按照諸侯的禮遇對待，並且立即安排送晉惠公回國事宜。

從士蔿、荀息、丕鄭，到郤芮、呂省、慶鄭，晉國的人才真是層出不窮，不過，與後面將要出來的人物們相比，他們又遜色了許多。

十一月，秦穆公派公孫支帶兵送晉惠公回國，路過河西五城，當場交割，就算今後想賴也賴不掉。

惠公要回來了，郤芮很不高興，但是還要裝得很高興，也不敢再裝病了。

可是，有一個人就麻煩了。這個人不僅得罪了晉惠公，而且他非常瞭解晉惠公是個什麼人。這個人是誰？慶鄭。

「兄弟，快逃命吧。」慶鄭的朋友蛾折勸他。

「我不走，我聽說：『軍隊戰敗了，應該為之而死。主將被俘了，也應該為之而死。』這兩樣我都沒有做到，又加上誤了別人救國君的機會，致使國君被俘，有這樣三條大罪，還能逃到哪？我準備等待處罰。」出乎意料，慶鄭竟然不肯逃走。

慶鄭為什麼不跑？他真的想死？沒有人真的想死。如果要死，他早就可以死，不用等到現在。

想想看，在他的心裡，晉惠公就是一個無恥之徒，對於這個無恥之徒，慶鄭連救他都不肯，難道還心甘情願被他殺死？顯然說不通。

那麼，我們只好說，慶鄭是要賭一把，他要賭晉惠公不殺他。

按照慶鄭的想法，如果自己在這裡等死，而惠公又赦免了他，那麼兩個人都會得到一個好名聲。既然這是一個雙贏的結局，惠公為什麼不呢？

還有一個很重要的原因，那就是慶鄭被呂省忽悠了，他以為惠公真的悔過自新了，真的寬宏大量了，真的批評和自我批評了。

跟惠公這樣的人，永遠不要去賭運氣。

慶鄭之死

晉惠公回到了晉國，來到絳城郊外的時候，他不走了。

「主公，怎麼不走了？」

「不行，我要不殺了慶鄭這個王八蛋，我就不進城。」晉惠公說。一路上，他什麼也沒有想，就想著回來之後要殺了慶鄭。

大夥一聽，合著惠公沒有一點反省的意思，滿腦子都是報復人啊。沒辦法，到了這個地步，也只能順著他了。

「主公啊，咱們還是進去吧，慶鄭聽說你回來，八成跑了。」有人勸惠公。

「不行，他肯定沒跑。家僕徒，你先進城看看，慶鄭沒跑的話，把他給我叫來。」惠公死活不肯進城。別說，他看人挺準，料定了慶鄭不會跑。

公孫支也沒辦法，只好在城外紮營。另一邊，家僕徒進城去找慶鄭，順便告訴大家惠公回來了，快去城外迎接。不一會，卿大夫來了一大堆，一個個噓寒問暖，好像挺懷念惠公。惠公心想：你們這幫兔崽子，你們就裝吧。

大家正在那裡虛情假意，家僕徒帶著慶鄭來了。大夥一看，都有點吃驚，吃驚慶鄭為什麼不跑。

「主公，你，吃了嗎？」基本上，慶鄭就這麼問候了一下。大家都有點尷尬。

惠公的臉色很難看，他根本不理會慶鄭的問候。

「你知道你有罪嗎？啊？你還敢留在都城，你膽兒肥了？」惠公上來就這兩句，殺氣騰騰。

「我知道我有罪，三大罪狀。第一，當初我勸主公報答秦國的恩德，可是沒有說服主公。第二，勸主公不要用鄭國小駟，也沒有能夠讓主公相信。第三，招呼韓簡來救主公，卻沒有能夠成功。三大罪狀在身，所以我在這裡等待就刑，以便讓天下知道主公執法嚴明。」慶鄭列出了自己的罪狀，聽得惠公啞口無言。這哪裡是三大罪狀，這分明是三大功勞啊。

換了別人，就該說：「你說得對，我錯了。」可是惠公是這樣的人嗎？

惠公沒話說，不等於沒有辦法。轉頭一看，梁由靡在旁邊呢，惠公說：「梁大夫，你替我說說，慶鄭究竟有什麼罪。」

惠公知道，梁由靡跟慶鄭不對眼。果然，梁由靡早就憋著要發言呢。

「慶鄭，你忽悠誰呢？啊？我說你有三大罪狀，你看看對不對。第一，主公在坑裡讓你去救，你竟然拒絕。第二，我們哥幾個正要捉住秦君，捉住之後就可以把主公給換回來了。好嘛，關鍵時刻你來一嗓

子，表面看是讓我們救主公去，實際上呢，放跑了秦君。第三，主公被捉了，大家不死也帶傷，你看看你，毫髮無損，好像旅遊一趟。這三條罪狀，夠你死嗎？」梁由靡基本上也就是強詞奪理，不過勉強也說得過去。

「嗯，你說說，你服嗎？」惠公高興了，對慶鄭說。

「我直言勸諫，盡到了臣子的責任。主公要殺我，是主公的決定。我沒有什麼好抱怨的，來吧。」慶鄭嘴上不抱怨，心裡挺後悔。

「砍了。」惠公才不管你抱不抱怨，就要下手。

看到惠公要殺慶鄭，大家都有點心寒，蛾析第一個站出來為慶鄭說好話：「慶鄭主動認罪接受刑罰，這樣的人為什麼不赦免他呢？叫他領軍去報秦國的仇不是很好？」

惠公沒說話，梁由靡搶先說了：「不行，我們用一個罪人去報仇，不是讓人家笑話？再說了，我們與秦國已經講和了，怎麼能背信棄義呢？」

梁由靡說到這裡，惠公插了一句：「是啊，誠信啊，我們要講誠信啊。」

幾乎所有人都想笑，「誠信」兩個字從惠公的口中說出來，真的很有搞笑的效果。

忍住笑，家僕徒也為慶鄭求情，他以為憑著這三個月來與惠公的榮辱與共，說不定可以給個面子。「主公，當臣子的甘願受刑，當國君的不計較前嫌，這樣的名聲不是比殺了慶鄭更好？不是雙贏？」

「嘿，名聲？名聲是什麼東西？雙贏？不殺慶鄭，我就輸了，贏什麼贏？啊？」惠公這個人，你跟他講名聲，那不是對牛彈琴嗎？惠公訓斥完了家僕徒，叫司馬說，「喂，司馬說，愣著幹什麼，砍了砍了，我不想再看到這個人。」

就這樣，慶鄭被殺害了。

慶鄭臨死，大義凜然，視死如歸。

願賭服輸，大概說的就是慶鄭這樣的人。可是，再怎麼視死如歸，還是賭輸了。

第六十六章

刺客又來了

殺了慶鄭，惠公爽了，下令進城。

可是，你爽了，有人不爽了。你想進城了，有人不想讓你進城了。誰？公孫支。

「哎，別介。咱們還是先在城外把事情辦了吧，辦完事我走了，你愛怎麼進城怎麼進城。」公孫支說。什麼事？人質的事。

按照原來的計畫，公孫支應該把惠公送回晉國都城，然後舉行個什麼儀式，最後把公子圉帶回秦國做人質。可是剛才看惠公殺慶鄭，公孫支就知道這孫子還是那副德行，根本沒有任何悔改。如果讓他進城去了，到時候晉國軍隊一集結，他肯定就不認賬了。那時候別說把公子圉給帶回去，自己能不能活著回去還不好說呢。

所以，公孫支臨時決定就在這裡把事情辦了，在晉國不作停留。

惠公一聽，知道公孫支起疑心了，心說：我的算盤怎麼被你看出來了？沒辦法，現在自己還在人家手裡，不想裝孫子也得裝。好在，兒子一大把，送一個就送一個，反正都是白眼狼。

「喂，去個人把公子圉給我叫來。」惠公急著進城呢。

「不用叫了，外面候著呢。」有人回答。原來，公子圉早就來了，只因為這裡人多，不好相見，因此在外面等著。

「進來進來，快點進來。」惠公下令。

不多時，公子圉進來了，同時進來的還有公子圉的妹妹妾。有人一定要問，怎麼好好一個公主，取個名字叫妾？

原來，當初惠公做了梁國的女婿，一胎生下一對雙胞胎來。找算命的一算，說是男孩子今後當不了國君，女孩子只能給人當妾。惠公一聽，既然算命的都這樣說了，這兩個賤種就取兩個賤名吧，男孩子就取名圉，意思就是放馬的，也算是個正當職業；女孩子就取名妾，就是小老婆，直接給定性了。惠公這個人，連自己的兒女都這樣對待，

可想而知是個什麼貨色了。

公子圉知道老爹回來了，只得去迎接，偏偏妾吵著鬧著也要去，所以就這麼一塊來了。

「圉，這些日子當代理國君，爽大了吧？既然你來了，也就別回去了，跟著你公孫叔叔去秦國當人質去吧。妾，妳既然也來了，乾脆跟妳哥哥一塊去吧，啊，伺候妳姑姑去算了。」惠公看見公子圉就不高興，心說：老子在秦國受罪的時候，這白眼狼不知道把我的後宮美女們睡了多少呢，活該讓你也去秦國體驗生活。看見女兒也煩，索性把女兒也送了，還對公孫支說：「看見沒有，我買一送一，放心了吧？」

攤上這麼個爹，也夠倒楣的。

你自己願意多送，公孫支自然照單全收。從此以後，公子圉在秦國做人質，妾在後宮當個侍女，跟著姑姑混。

師父也害怕

慶鄭殺了，兒子女兒也送走了，現在，惠公大大方方、高高興興回到了絳城，坐在朝廷的寶座上，心情還真是不錯。

卿大夫們都來了，這時候誰敢不來？郤芮也不裝病了，或者說也要裝著帶病上朝了。

基本上，惠公說了些無關痛癢的話，大致是說大家這段時間也辛苦了，過幾天擺擺功勞，給大家發點什麼過年的禮物之類。大家把這話都當放屁，反正是不指望有什麼獎賞。至於給呂省的懸賞，惠公根本沒提，好在呂省根本就不知道。

大會開完，大家回家，這邊繼續開小會。小會就是惠公那幾個心腹，郤芮、呂省、梁由靡、虢射那幾個，相當於政治局常委會。

常委會上，惠公重點表揚了呂省、虢射和梁由靡那幾個，沒表揚的就是郤芮一個人。郤芮看在眼裡，知道事情有點不妙。

「師父啊，這段時間您老人家辛苦了，不容易啊，輔佐公子圉就像輔佐我一樣賣力。」惠公的話裡帶著話，擺明是說你想幫著公子圉取

代我。

「啊，這個，啊，應該的，應該的。」郤芮有點發慌，他知道這個白眼狼什麼都幹得出來，別說自己只是個師父，就是他親爹，他也敢殺。

那幾個也不是傻瓜，一看事情好像有點不妥，連忙把話頭岔開。兔死狐悲啊，誰也不願意看著郤芮被殺掉。

「啊，主公，有件事情我要彙報。」呂省說。一邊說，一邊想該彙報什麼事情。

「你說。」惠公對呂省很客氣。

「啊，這個，」到這個時候，呂省想起來了，「主公蒙塵那段時間，公子重耳蠢蠢欲動啊，我看，要早點對付他。」

說到重耳，惠公倒真的認真起來。說起來，那是他哥哥，名聲比他好，手下還有一幫能人，這可是最危險的潛在敵人。

「嗯，怎麼對付他？」惠公問。

「我看，派人去殺了他。」郤芮答話了，這可是個表現的機會，「我們可以派勃鞮去，他是武林第一高手，再糾集幾個兄弟同去，神不知鬼不覺殺了重耳，咱們還可以不用背殺兄的惡名，主公你看怎麼樣？」

「好主意啊。」惠公高興了，心說師父總有好主意，看來還是不要輕易殺他。

當時，這個任務就交給了郤芮。

郤芮回到家中，派人把勃鞮找來。

「你找幾個高手，三天之內出發，前往北翟刺殺重耳。如果成功，金錢美女大大的有。」郤芮給勃鞮分派任務，卻忘了勃鞮要美女沒什麼用。

儘管要美女沒用，勃鞮還是很高興地接受了任務，自己找人去了。

勃鞮剛走，郤芮就叫來一個心腹手下。

「你趕緊出發，前往北翟找重耳，就說是狐突派你通風報信，勃鞮三天內要去行刺，趕緊逃命。」郤芮吩咐，手下收拾行囊，急急忙忙走了。

為什麼郤芮要給重耳通風報信？理由很簡單。如果重耳被殺死了，惠公沒有敵人了，他想殺誰就殺誰。如果重耳不死，惠公就還需要這些人來幫他。

所以，放走重耳就等於保全自己。在這一點上，郤芮看得非常清楚。

重耳的幸福生活

很久不說重耳了，重耳這段時間在幹什麼？

總的說來，重耳的生活是幸福的。

那一天重耳從蒲逃命到北翟，老婆孩子都沒顧上。為什麼沒顧上？

那時候重耳還沒有正式成親，所謂的老婆，不過是侍候他的婢女而已，名叫逼姞。既然只是婢女，怎麼說是老婆孩子？因為那個婢女已經上了重耳的床上並且懷上了重耳的孩子。可是，既然有了孩子，身分就應該提高為妾，就應該帶走了。問題是，懷是懷了，還沒生出來。在這樣的情況下，孩子雖然是重耳的孩子，孩子他媽還是婢女身分。一方面，身分不夠；另一方面，大著肚子不太方便。所以，只好老婆孩子都不帶走了。

重耳隨行的就是狐偃那幾個人，第二天，狐射姑才押著行李過來。之後，陸陸續續，來了幾十個兄弟，胥臣、介子推、顛頡等都跟著來了。

還好，北翟國主翟君是重耳的表哥，一家人不說兩家話，熱情招待，給房給地給車。

待時間不長，翟君很喜歡跟這幫弟兄們一起吃喝玩樂。這天喝多了，翟君說：「我聽說咎如國君的兩個女兒很性感，抓來給公子做老婆怎麼樣？」

「好啊好啊。」大家都很高興，就這麼定了。

第二天，北翟出軍，為重耳搶老婆。

「老弟，搶老婆這樣的事情，我借兵給你們，但是還是要你們自己去搶啊。」翟君說了，這是規矩。

「那當然。」狐偃本來也沒指望他們什麼，當時把指揮權給了先軫，說起打仗，沒人比先軫屬害。

果然，先軫領著翟兵，三下五除二打敗了咎如，別的也不要，就把兩個女兒給搶回來了。

兩個女兒，大的叫叔隗，小的叫季隗，果然都很漂亮。

「哪，師父還沒老婆呢，我怎麼能獨享呢？」重耳這人就是這點好，好東西不會獨占，當時把姊姊給了趙衰，自己娶了妹妹。

其他的兄弟，也都陸陸續續娶了翟國的老婆，過上了小康生活。

這小康日子一過就是十二年，大家的意思好像就這麼過下去了，感覺做個旅翟晉僑也挺好。

其實，如果晉惠公不派人來刺殺重耳，說不定重耳就真的在北翟老婆孩子熱炕頭，老死在這片蠻荒的土地上了。

可是，命運就是這樣。什麼叫樹欲靜而風不止？

狐偃的深謀遠慮

郤芮的人很容易就找到了狐偃，把勃鞮要來刺殺的情況說清楚了。

「三天之內就到，快逃命。」來人說完，匆匆走了。

狐偃聽到這個消息，不敢大意，急忙去找重耳。

「公子，夷吾這個混賬又派勃鞮來刺殺你了，據說有五六個頂尖高手，三天內就到，沒辦法，逃命吧。」狐偃直接就建議逃命，除了害怕勃鞮行刺之外，狐偃其實早就想走，他看出來了，小康生活讓大家都沒什麼志向了。

「逃命？」重耳有些意外，這裡的生活其實很舒適，兄弟們吃吃喝喝、玩玩鬧鬧，小日子挺滋潤。可是突然就要逃命，想不通啊。

「不逃命怎麼辦？勃鞮的身手你是見過的，他又邀請了幾個武林絕頂高手，而且，他們在暗處，我們在明處，要逃過他們的毒手可以說

難上加難。」狐偃一半是真話，一半是嚇唬，總之，就是要重耳逃命。

重耳想了半天，似乎也只有逃命這一條路了。

「唉，想過安生日子也過不成。」重耳歎了一口氣，他是真不想走。

「公子啊，你別怪我說你，你看你，貪戀一時的舒服，遠大志向都拋到一邊了。就算勃鞮不來，咱們也該動一動了。」狐偃倚老賣老，批評重耳不思進取的小資思想。

「哎，舅舅，你這話我反對。你別說我了，上次我爹死的時候，你勸我別回去，可是你看人家夷吾，人家回去了，現在不也過得挺好？」重耳想起這件事來，總覺得當初如果不聽舅舅的就好了。

狐偃其實早就知道重耳在這件事情上有些想不通，不僅他想不通，多數人都想不通，平常在暗地裡也都埋怨狐偃當初太小心。現在既然重耳說出來了，正好說這件事情。

「公子，你不能跟夷吾比啊。」

「我怎麼不能跟他比？」

「你想想，如果當初你回去，里克、丕鄭這些人一定邀功請賞，你給不給？給，他們勢力就更大；不給，他們就會勾結夷吾害你。那麼我問你，夷吾可以不用罪名就殺里克、丕鄭和七輿大夫，你能做到嗎？」

「我，我做不到。」

「你不殺他，他就可能殺你。夷吾可以不死，不等於你就可以不死。你要有他那麼無恥，你回去也行。可是，在無恥方面，你能跟他比嗎？」

「我，我不能。」

一段對話，狐偃把重耳說得啞口無言。想想看，晉國這麼亂的局面，似乎還真就是夷吾這樣心黑手狠的人能夠掌控。

「那，夷吾被秦國人捉走，不是咱們回去的機會嗎？舅舅為什麼沒有想辦法？」重耳又提出第二個問題，不過，語氣已經很緩和，他懷疑狐偃也有什麼正確答案等著自己。

「我不是沒有想過，但是，那不是我們的機會。首先，當時的形勢還是太亂，而且，夷吾的實力仍然很強，我們又缺乏內應；其次，秦

侯確定了要送夷吾回去，就算我們回去了，我們的實力也無法與秦國軍隊對抗，最後還是要逃。既然如此，何必回去呢？」狐偃的分析還是那麼透徹，重耳不得不服。

所以，現在重耳決定還是聽舅舅的。

「舅舅，我們逃到哪裡？」重耳問。

「齊國。」

「齊國？原先你不是說不能去齊國？」

「情況不一樣了。」

「怎麼不一樣？當初你說齊國是大國，不能以逃難的身分去，如今有什麼變化？我們不還是逃難？」

「當初那麼說，是我騙大家的。現在這裡沒有外人，我跟你說真正的原因。當初之所以不去齊國，是因為管仲還在。以管仲的眼力，他必然能夠發現我們這些人中藏龍臥虎，趙衰那是最佳上卿的材料，管仲一定會把他培養成接班人；先軫是天生的元帥，王子成父的帥印肯定會交給他；魏犫這樣的勇士必然也不會放過，胥臣接隰朋的班那也是順理成章，就連我這種沒用的人，給個中大夫當當也在意料之中。公子啊，咱一幫人去了，最後都成了齊國的臣子了，別人挺好啊，你呢？」狐偃說到這裡，反問重耳。

「噢。」重耳恍然大悟，原來舅舅的一番苦心，都是為了自己。其實以舅舅的才幹，到哪個國家擔任上卿不行呢？

「舅舅，你的意思是，現在管仲死了，我們可以放心去齊國了？」

「對。齊國是當今天下第一強國，管仲治國天下第一，我們此去，不僅僅是避難，還是學習。有朝一日我們回到晉國，就能夠像齊國一樣富民強國，稱霸天下。」

「舅舅，咱們什麼時候動身？」重耳有些激動，這樣的舅舅哪裡去找第二個？自己怎麼說也不能辜負了舅舅的一片苦心。

「收拾收拾，明天就出發。你先收拾，我去通知其他人。」

狐偃從重耳那裡出來，一路走，一路就覺得心裡不是很踏實，好

像什麼事情沒有落實。

走出去不多遠，迎面就遇上了趙衰。兩人打過招呼，狐偃把事情說了一遍，趙衰也贊成逃去齊國，他惦著去看看齊國是怎樣治理的。

沒說幾句，一個晉國裝束的人匆匆走來。狐偃一看，難道勃鞮的人提前到了？想到這裡，狐偃心裡一咯噔，伸手握住劍柄。

來人看見狐偃，忍不住多看幾眼，然後走上前來，一抱拳：「敢問，這位大爺就是狐偃嗎？」

「你什麼人？」狐偃反問，保持警覺。

「是就好了，老主人派我過來，說是勃鞮沒有耽擱時間，在受命當天就出發了，說不準現在已經到了，因此請公子重耳立即逃命，一刻不要停留。我的話說完了，告辭。」說完，那人轉身就走，狐偃再要問，那人已經走出去很遠。顯然，這也是武林高手。

狐偃有些奇怪，為什麼父親派來送信的都是生面孔？可是，他沒有時間去細究，因為他知道什麼叫做寧可信其有，不可信其無。當然，他絕對沒有想到，這兩個來報信的人，竟然是郤芮派來的。

「不妙，我趕緊去找公子，立即走人。你通知其他人，不要停留，即刻上路，我們在東門外會合。」狐偃對趙衰說完，兩人匆忙分手，各自行動。

殺人是有計畫的，可是，逃命是沒有計畫的。

十二年過去了，狐偃又想起了當初的這句話。

吻別

狐偃走了，重耳則去跟老婆告別。

重耳的老婆叫季隗，屬於赤翟。被搶來之後，死心塌地跟著重耳過日子，給重耳生了兩個兒子：伯倏和叔劉。她姊姊叔隗也給趙衰生了一個兒子叫趙盾。

「老婆，晉侯派了一個武林高手來刺殺我，這高手太高，沒辦法，我只能逃命了。這樣，妳等我二十五年，如果二十五年我沒回來，就

當我死了，妳隨便改嫁，好不好？」重耳跟老婆商量。

老婆一聽，笑了：「老公啊，扯呢吧。我今年二十五歲了，再等二十五年，都進棺材了，還改嫁誰啊？算了吧，你就放心走吧，我等你，等你回到我身邊。」

感人哪，浪漫哪。感人的浪漫，浪漫得感人。

「你什麼時候走？」老婆問。

「明天，明天好嗎？」重耳說，還真捨不得。

「好，你等著，我給你做碗你最愛吃的刀削麵。」老婆說。

「老婆，妳真好。」重耳好感動，一把抱住老婆。

（喂，攝像，給近鏡頭。）

兩個嘴唇一點點接近，注意，還要略微有些顫抖，以顯示兩人都很激動。

兩個嘴唇越來越近，越來越近，眼看就要碰上的時候，突然……

「哐」門被撞開的聲音。

「都什麼時候了，還有閒工夫在這裡親嘴？快逃命吧，勃鞮已經來了。」狐偃的高喝聲。

一個嘴唇迅速離開，剩下另一個嘴唇在那裡出氣。

第六十七章
介子推割肉

　　狐偃把重耳扯了出來，不敢稍作停留，一路狂奔。

　　跑到東門，遠遠看見幾個晉國人閃進城中，其中一個人看上去很像是勃鞮。狐偃和重耳倒吸一口涼氣，心中連說僥倖，幸虧當機立斷逃出來，否則被這幾個堵住，絕對九死一生。

　　待那幾個人走遠了，狐偃和重耳匆匆出了東門，不敢停留，一路走下去，看看出去七八里路，這才找了一個僻靜的地方歇腳，等弟兄們趕上來。

第二次流亡

　　等了約莫兩個時辰，弟兄們陸陸續續趕到，一查點人數，欒枝沒有來。這不怪欒枝，他正好去丈母娘家修房頂去了，不在城裡。還有就是豎頭須不見蹤影。為什麼叫豎頭須？春秋時，男人被閹了就叫豎，豎頭須就是個閹人。後來罵人罵「豎子」，就是這麼來的。

　　豎頭須沒來，重耳當時就急了。

　　「頭須呢？頭須怎麼沒來？」重耳喊道。

　　按理說，少一個太監不是什麼大事，為什麼重耳急了？很簡單，豎頭須是財神爺，重耳的財產都由豎頭須掌管。你想想，太監沒兒沒女沒老婆的，貪汙錢也沒用啊，所以用豎頭須做財務總監，大家都放心。可是這次，這個大家都放心的人不見了。難道他捲款潛逃？不會吧，大伙兒都認為不會。

　　可是，越是大家認為不會發生的，就越是會發生。

　　「主公啊，我看見頭須背著包裹一個人溜了，我喊他兩聲他都沒答應我。」壺叔報告。壺叔是重耳的老家人，管著養馬。

　　「這個死太監！」大伙一起罵起來，沒有盤纏，大家路上吃什麼？

有人建議回去取些盤纏來，或者找翟君要一些。狐偃連忙制止：「算了，本來我們跑了，這一回去，必然暴露行蹤，不值得。我看，活人豈能被尿憋死？我們就這樣東行吧，一路上想辦法就是。」

就這樣，一行二三十人向東而去。由於逃得匆忙，只有狐射姑和先軫趕了一輛車出來，就給重耳和狐毛乘坐，其餘的人步行跟隨。

還好，由於擔心勃鞮追上來，大家都走得快，並且不大覺得累。

那麼，勃鞮真的來了嗎？

勃鞮真是接受命令當天出發的，這一點沒錯。不過，勃鞮這種在宮裡混的人，到社會上就不靈了。連走冤枉路，在路上被晉國和翟國盤查，等到了翟國都城，才發現已經晚了三秋。而狐偃發現的那個像勃鞮的人，其實並不是勃鞮。

沒辦法，勃鞮只好灰溜溜回去了。

吝嗇的衛國人

出門在外，按施耐庵老師的話說，那就是：「免不得吃癟碗，睡死人床。」

可是對於這麼一幫人來說，連死人床也沒得睡了。想想看，二三十號人，不是兩三號人，討飯都不好討，別說找免費房子睡了。

那麼，為什麼沒把這幫人餓死呢？有兩個原因。

我們先看看地圖，就能發現，從北翟到齊國，中間要經過山戎。北翟和山戎都屬於半游牧半守牧國家，野地比較多，野獸比較多，重耳這幫人中多半都是練過的，錢沒帶，但是武器沒少帶，路上捉幾隻兔子殺幾頭野羊的概率還是比較高的。

再說，當初出來，只有一輛車，一輛車四匹馬。實在沒辦法的時候，就只好殺馬了。殺了兩匹馬，還有兩匹可以撐著。

總之就這麼走，一路上儘管辛苦，沒好吃沒好住，寒冬臘月，正經的風餐露宿，但還算人多好辦事，沒餓死的沒凍死的。

這一天，終於來到了衛國的楚丘，過了衛國，就是齊國。

衛國是什麼樣子？一片蒼涼，難見人煙。為什麼？這時候正好是衛國被山戎攻破之後，齊國幫他們重建都城不久，窮得一屁潦倒。

重耳一幫人狼狽兮兮來到了楚丘城外，心說總算到了個有人的地方，說起來大家都是同姓，看在老祖宗的分上，怎麼也該餵頓飽的，給個大通炕暖暖身子之類。

一幫人高高興興就要進城，這時候，問題來了。

重耳這一幫人一個個破衣爛衫，面帶菜色，一看就不是些好人，再看更不是好人。更糟糕的是，兄弟們住在北翟十二年，穿著打扮都是北翟的，連口音都帶著鬼子味道。再加上好些兄弟都是混血過的，看上去跟鬼子沒啥兩樣。守門的兄弟一看，當時嚇了一跳，心說：奶奶的，不是山戎鬼子又來了吧？

牛角號一吹，來了一個連的人馬，基本上就算是城裡的精英部隊了。

「你們，什麼的幹活？」守城軍士發問。弓箭手一旁伺候。

兄弟幾個一看，傻眼了。沒幹什麼壞事啊，怎麼這麼對待我們？雖說那時候還沒有孔子說「有朋自遠方來不亦樂乎」，但是遠方來人都是要歡迎的啊，全世界都這個規矩啊，怎麼衛國變了？

大家不理解，但是很快狐偃就想明白了，這不怪衛國人警惕性高，這是一朝被蛇咬，十年怕草繩啊。

「臣，你跟他們說。」狐偃自己不敢說話，為什麼？自己長得本來就三分不像中國人，說話還帶著羊騷味，別一開口就招來一頓箭，那就不合算了。為什麼讓胥臣說話？胥臣這人語言能力強，會說好幾國的周朝話，還帶雒邑口音。

胥臣，晉國公族，不過也是很遠的公族，胥姓得姓祖先。胥臣這人學識廣、見識多，曾經周遊列國，性格溫和禮讓，與趙衰有幾分相似。

胥臣往前走了兩步，清清嗓子，面帶笑容，親切地說：「兄弟們，別誤會，我們是一家人。我們公子重耳不遠萬里，從晉國去齊國投奔

齊侯，路過貴寶地，特地看望衛侯，敘敘同宗的情誼，發展兩國業已存在的血濃於水的傳統友誼。」

胥臣是天生的外交官，說出話來一套一套，聽得衛國守城官兵一愣一愣，心說：你們不就一幫乞丐嗎？還什麼傳統友誼，什麼血濃於水，不就想來混頓飯吃嗎？

「你們說自己是晉國公子，可是看你們都不像中原人啊，誰知道你們是不是鬼子，想混到我們這裡搞破壞？」守城官兵的頭目說話也沒客氣，他全家被鬼子殺害了，此時看見這幫假洋鬼子，心頭就有氣。

胥臣還沒說話，身後魏犫火了，直接躥到了前面。

「你奶奶的，怎麼說話？老子要是鬼子，還跟你們廢話？早就把你們都宰了。」魏犫說完，看見旁邊有一塊大石頭，重有一百多斤，魏犫一把抱起來，拋向空中，足有七八丈高，石頭落下來，正好砸在重耳的面前，砸了一個大坑，把重耳嚇得臉色發白。

所有人都嚇了一跳，狐偃的臉色沉了下來，心說：你這王八蛋，缺心眼啊。

「老魏，你幹什麼？有毛病啊。這要偏一點把公子給砸死了，大家也就不用去齊國了，也不用進城了，直接在這裡集體自殺算了。」先軫沒忍住，大聲罵魏犫。所有人中，魏犫最服的就是先軫，被罵一通，自己也覺得錯了。看見大家都瞪著他，連忙到重耳面前賠罪。

「公子，我，我真不是故意的。」

「行了，以後注意就行了。」重耳已經鎮定下來，他是個大度的人，並沒有責備魏犫。

守城官兵看在眼裡，倒有些震驚。首先震驚的是魏犫的力量，這樣的大力士真能一個人把大伙都辦了；其次是公子重耳的肚量，差點被砸死竟然沒有發火。

「你們先在城外等等，我們去給衛侯通報。」守城官兵的頭目不知是被震懾了還是被感動了，竟然作出讓步。至少有一點，現在大家相信城外這幫人確實是晉國公子重耳的人。

這時候衛國是誰當國君？衛文公姬毀，多糟糕的名字啊。

衛文公正在宮裡跟老婆織布呢，沒辦法，國家破敗，總共沒幾個人，許多事情都要自己做。也正因為許多事情親力親為，衛文公知道稼穡艱難，持家不易，因此十分節儉。

這個時候，有人來報，說是城外晉國公子重耳求見。

「重耳？我知道。他們多少人？」文公問。

「大概二三十個吧。」

「精神狀況好嗎？」

「好像惡狼一般，看上去餓得夠嗆。」

「那算了，不見，讓他們走。」衛文公決定。

上卿寧速在一旁劈柴，這個時候放下斧頭。

「主公，為什麼不見？重耳的名聲不錯啊，還是同宗，按規矩，咱們該接待啊。」寧速反對。

「不是我不想見，也不是我不懂規矩，這二三十號人，還都是餓著肚子的，一旦來了，少則一兩日，多則八九天，要吃掉我們多少糧食？老寧啊，我們自己過冬的糧食都不夠啊。」反對無效。

說來說去，人窮志短。吃飯都吃不飽的時候，誰還好客？

野人或者天使

晉國人欲哭無淚啊。

什麼叫希望越大，失望越大？原本滿懷希望要吃頓飽的吃頓好的，現在好的飽的沒有，閉門羹有一個。

楚丘城門關閉，弓箭手準備。

「奶奶的！」重耳恨恨地罵了一句。他是個斯文人，從來不罵人，就算逃到了北翟的時候也沒有罵過人。可是，現在他忍不住了。他一向是個很大方很好客的人，誰去他那裡，都是好吃好喝好招待，沒想到在這裡吃個閉門羹，想不通啊。

有些事情，想得通和想不通沒什麼區別，因為路還要走下去。

「走自己的路，讓他們去吃吧。」趙衰說。他看出大家的憤怒了，生怕大家會衝動到要殺進楚丘的地步。

「咱們走。」狐偃說。

大家咽著口水，跟著重耳的馬車，上路了。

沒有人再說話，因為大家都餓得沒有心情罵人了。

悶頭走路，來到五鹿。

五鹿是什麼地方？五鹿還是衛國的地盤，也就是今天的河北大名。大名府後來出了個大名鼎鼎的人物，便是《水滸傳》中天下第一條好漢盧俊義。可是那時候不一樣，那時候那地方荒涼得狼都不願意去。

來到五鹿，走不動路。

大家餓得夠餓，基本上要是再這麼餓下去，胃潰瘍就餓出來了。怎麼辦？

前面，一個野人正在地裡幹活，老野人。

從前，這幫公子哥兒誰正眼看過野人一眼？可是現在，終於看見一個人了，大家就像看見了窩窩頭。

「佗，你去。」人們停下，狐偃派狐射姑去討飯，餓得要命，話也沒力氣多說，三個字了事。為什麼狐射姑又叫佗？因為狐射姑字季佗。

老爹下令，狐射姑就要去。重耳攔住了他：「表哥，你歇著，我去。」

重耳有這點好，對兄弟們很愛惜，他看狐射姑都邁不動步了，而自己坐了一路車，走路還能走，所以要親自出馬去討飯。

公子重耳向野人走去，狐偃和幾個兄弟跟跟蹌蹌跟在後面。來到野人面前，野人停下手中的活，看著他們。

「大爺，有吃的沒？」公子重耳要飯了，一來沒經驗，二來也是餓壞了，也就不顧什麼面子了，不講什麼策略了，開口就要飯。

野人聽了一愣，心說：以為你是問路的，誰知你是要飯的，我以為只有我們野人才要飯，怎麼你這樣的公子哥兒也要飯？我還不夠吃呢，給了你我吃什麼？要飯沒有，要命有一條。

總之，那一刻，野人想了很多。

野人沒有說話，他彎下腰去，從地上撿起一塊土疙瘩，遞給了重耳。

重耳接過土塊，也愣了一下，心說：我跟你要飯，你給我個土疙瘩，什麼意思？你這不要我嗎？你可以說你沒有，我也不會強要。可是你又不說沒有，又給我土疙瘩，讓我想起疙瘩湯，這不誠心饞我嗎？

「奶奶的！」感覺受到戲弄的重耳發怒了，他舉起土疙瘩，向野人臉上砸去。

野人面不改色心不跳，他在想：你砸死我吧，省得活受罪。

重耳的手被抓住了，從後面抓住了。

難道野人的兒子來了？

「公子啊，別發怒，這塊土疙瘩是上天賜給你的啊。」抓住重耳手的不是野人的兒子，而是狐偃。狐偃接著說：「土是什麼？土地啊。民眾獻土表示什麼？擁戴啊。對此我們還別有什麼可求的呢？上天要成事必定先有某種徵兆，再過十二年，我們一定會獲得這片土地。你們諸位記住，當歲星運行到壽星和鶉尾時，這片土地將歸屬我國。天象已經這樣預示了，歲星再次行經壽星時，我們一定能獲得諸侯的擁戴，天道十二年一轉，徵兆就是由此開始的。獲得這塊土地，應當是在戊申這一天吧！因為戊屬土，申是推廣的意思。」

狐偃這人，上知天文，下知地理，前知兩百年，後知十二年。

「咕咚」一聲，重耳跪下去了。大伙一看，難道公子餓暈了？

重耳沒有餓暈，他是被狐偃給忽悠暈了。他雙手捧著那塊土疙瘩，給野人磕了一個頭。也不知是餓暈了眼花還是真的相信狐偃的話，總之，在他的眼裡，眼前這個野人就是天使，天使在人間啊。

磕完頭站起來，重耳又向野人深深地鞠了一躬，然後捧著那塊土疙瘩，二話不說，轉頭就走，大步流星氣宇軒昂，一直上了馬車。

「走！」重耳下令，內力十分充沛。

「駕！」今天輪到介子推當司機，一鞭下去，兩匹馬兒開走。

什麼是精神鴉片？狐偃那番話就是精神鴉片，說得重耳血脈賁

張，精神百倍。

一幫兄弟們遠遠看著，大為納悶。他們想不通啊，為什麼重耳突然來了勁，沒看見他吃什麼啊！難道，難道這個野人是個神人？

呼啦啦，晉國的兄弟們都給野人跪下來，然後按著重耳的程序，磕頭鞠躬走路。

別說，現在大家都感覺渾身有勁了，都感覺有奔頭了。

狐偃走在最後，一邊走一邊苦笑：這幫兔崽子，就要這樣忽悠他們才行。

野人看得發呆，這還沒過年呢，就算過年，也沒有這麼多人給磕頭啊。

此段故事見諸正史，《國語》中記載最為詳細：「乃行，過五鹿，乞食於野人。野人舉塊以與之，公子怒，將鞭之。子犯曰：『天賜也。民以土服，又何求焉！天事必象，十有二年，必獲此土。二三子志之。歲在壽星及鶉尾，其有此土乎！天以命矣，復於壽星，必獲諸侯。天之道也，由是始之。有此，其以戊申乎！所以申土也。』再拜稽首，受而載之。」

介子推割肉

靠著精神力量，晉國人又走了一程。可是精神這東西是不能持續太久的，餓得發昏的時候，大家再次走不動了。

好在，天無絕人之路。

前面，竟然有一片小樹林。冬天啊，大地整個變得慘黃一片，可是這裡竟然有綠色，還有一個小水塘。

「大家去採些野菜來，壺叔，你點火燒點熱水。」狐偃給大家分配任務，重耳沒有任務，負責看車。

小樹林不大，一眼能夠望穿的那種；小池塘也不大，一眼可以看見底的那種。

大家挖野菜砍樹皮去了，重耳來到水塘邊，看著水塘發呆。

「公子，看什麼呢？」介子推問。他在水塘邊上挖草根。

「看看有沒有魚啊，奶奶的，連個癩蛤蟆也沒有。唉，現在都不知道肉是什麼味道了。」重耳歎了一口氣，又回頭看看那兩匹馬。沒辦法，殺馬是不行的，還不知道前面的路有多遠呢。

介子推沒有說話，走開了。

重耳繼續觀察著，偶爾用刀在地上挖一挖，看看有沒有蚯蚓之類的蟲子。地很硬，挖了兩下，失望地停下了。

不多久，介子推又來了，手中捧著一個罐子，罐子裡熱氣騰騰，壺叔燒的水開了。

「終於有熱水喝了。」重耳說，挺高興。

接過罐子，重耳大吃了一驚，罐子裡不僅有熱水，還有一塊肉。肉不大，但確實是一塊肉。

「推，哪裡來的肉？」重耳驚喜，忙問介子推。

「公子先吃，看味道怎麼樣。」介子推沒有回答。

一幫兄弟們採野菜回來，聽說有肉，都湊過來，一邊咽口水，一邊看還有沒有多的。

重耳餓得發昏，看見肉都紅了眼，當時也不再問了，一口把肉送進嘴裡，儘管沒油沒鹽沒青菜，那一塊肉吃起來那個香啊，那比小時候吃娘奶還要印象深刻啊。

「真香啊，推，還有沒有？給大伙煮湯吃啊。」重耳這時候想起大伙來，忙問介子推。

「沒有了。」介子推說。

「沒有了？這塊哪裡來的？」重耳感到奇怪，這是塊鮮肉啊，不可能是樹上長的吧，是豬是羊是狗，總要有個載體吧？

「我看公子想吃肉，從我大腿上割了一塊下來。」介子推說。

重耳大吃一驚，這是真的？再去看介子推的大腿，果然血紅一片。

「哇——」重耳吐了，連湯帶肉吐了一地。

「哇哇哇哇——」兄弟們都吐了。

現在好了，都不餓了。

那個場景，誰還有食慾？

一行人繼續向東走，重耳把自己的座位讓給了介子推。雖然大家都嘔了，但是介子推的精神讓所有人感動。

這個故事就是「割股啖君」，正史沒有記載，屬民間傳說。此後的寒食節與此有關，這裡先記下。這個故事的真實性不必去深究，無論真假，權且當真。對於許許多多感人的故事，何必非要去證明它們的真偽呢？

有人說，介子推是割肉不是割股，其實，割肉也好割股也好，都是一樣。如今，股市裡被套股民割肉割股，祖師爺算起來就是介子推了。

第六十八章
齊桓公慘死

齊國，傳說中偉大的東方國家。

傍晚時分，重耳一行終於從衛國到了齊國。

這是兩個完全不同的世界。

齊國人在各處修建了館驛，專門接待各國來賓之用。所謂各國來賓，不僅僅是前來國事訪問的官員，也包括政治避難的各國公子。所以，當重耳報上姓名的時候，他們所有人就獲得了熱情的招待，有肉吃有酒喝有房住還有熱水澡。所有人，都有一種從地獄來到天堂的感覺，同時也都有一種土包子進城的感覺。

第二天，有專車將重耳一行送到臨淄。隨後，齊桓公親切接見，重耳和他的弟兄們謝絕了齊桓公提供的職位，因為他們的目的是有朝一日回到晉國，而不是在齊國打工。

而狐偃為每個人分配了任務，要全面學習齊國的治國方略，為今後治理晉國做準備。基本上，重耳的這套班子可以命名為「留齊派」。那麼，我們也就可以期待，管仲的治國方略將會有一天在晉國大放異彩。

現在，讓重耳的兄弟們休息一陣，我們把齊桓公的故事作個交代。

孝子和忠臣

晉國人到齊國的第二年，也就是齊桓公四十三年（前643年），齊桓公病倒了，病得很重。

最高領導人病了，而且病得要死了。這個時候，一定會有人有想法。自古以來都是如此。關鍵是，有想法的人不要太多。如果只有一個人，那就萬事大吉，如果超過了兩個，那就麻煩多多。

糟糕的是，這個時候齊國有五個人有想法。哪五個人？

原來，齊桓公六個如夫人生了六個兒子，分別是：大衛姬的兒子公子無虧、小衛姬的兒子公子元、鄭姬的兒子公子昭、葛嬴的兒子公子潘、密姬的兒子公子商人和宋華子的兒子公子雍。六個公子中，只有公子雍出身卑微些，安分守己。

雖說公子昭被宣布為太子，但是五大公子各有各的擁躉，實力不相上下，誰也不服誰。這種現象被稱為結黨。

公子昭的人馬被稱為太子黨，其餘四大公子都屬於公子黨。

易牙和豎貂都是公子無虧的死黨，公子開方竟然沒有跟大小衛姬合作，反而與公子潘混在一起，據說是在國家大妓院一起嫖娼結下的友誼。

說起來，造成這一現象的原因在齊桓公身上。從一開始，他就很猶豫，儘管接受管仲的建議立了公子昭，卻一直覺得老大無虧好像更合適。原本，自己到了暮年，就應該把兒子們都安排好，該趕走的趕走，該任命為大夫的任命為大夫，該殺的也不要客氣。可是桓公沒這樣，他還在猶豫，甚至還曾經在喝多了的時候，答應易牙和豎貂改立無虧。

齊國這叫一個亂，也難怪人人有想法。

聽說老爹病重，公子們紛紛表示孝心，每天不來看個兩三趟就覺得對不住自己。其實，他們不是來看爹的病怎麼樣，而是來看爹死了沒有。

氣氛很緊張，空氣裡似乎都彌漫著殺氣。

磨刀、餵馬，這是兄弟五個的主要家庭作業。

現在不是枕戈待旦，而是枕戈待死——誰死？爹死。

誰最先知道爹的死訊，誰就能夠最早召集卿大夫大會，誰就能夠第一時間占據朝廷，誰就可以第一個宣布自己是接班人。

第一個豎起大旗的人，往往能夠召集到更多的人。

所以，資訊很重要。

到了這個時候，誰能夠掌握第一手資訊，誰就占據主動。

誰能掌握第一手資訊呢？易牙和豎貂，這兩個齊桓公眼中的大忠臣。

　　在齊桓公的身邊，是易牙和豎貂。易牙是衛隊指揮，豎貂是後宮的總管，也就是大內總管。這種時候，就連會講黃段子的開方也無法接近齊桓公了。

　　「仲父，仲父。」齊桓公病得不輕，有的時候會不由自主地喊管仲的名字。

　　易牙和豎貂知道，齊桓公就要不行了。

　　「兄弟，有什麼想法？」易牙悄悄問豎貂。

　　這裡需要提醒的是，那時候太監是不叫公公的，因為國君才是公，你太監怎麼可以公上加公？

　　「正想問你呢，老頭子看這樣子沒救了，咱們怎麼辦？」豎貂反問。

　　「我在想，像咱們兩個，出身沒出身，本事沒本事，功勞沒功勞，靠山沒靠山，都是靠著伺候主公才混到今天的。這下老頭子沒了，如果公子昭登基，咱們的好日子就算到頭了，能有個放棺材的地方就算不錯了。所以，一定要把無虧扶上來。」

　　「不錯，我也是這個意思。」

　　「這樣的話，咱們就必須封鎖消息。」

　　兩人商量妥當，就在後門口掛上假冒的君旨，大意是：主公生病，聽見人說話就噁心，看見人走動就心慌，因此，任何人不得進宮。

　　掛上了告示，內侍和衛兵都是易牙和豎貂的人，把守住大門，誰也不讓進。公子們都急啊，都想探聽老爺子死了沒有，可是誰也進不去。只有無虧不急，反正他的資訊都是最新的，他可以安心地躺在床上，等著爹死的好消息。

齊桓公死了

　　易牙和豎貂以為齊桓公也就一兩天的命了，可是三天之後，齊桓

公雖然躺在床上不能動，卻還沒有過去。

「老頭子還挺能活啊。」易牙有些驚訝，跟豎貂一商量，索性一不做二不休，把宮內所有人都趕出去，只留下齊桓公一個人，成了名副其實的孤家寡人。同時把宮牆砌高到三丈，連大門都堵上，免得公子們爬牆進來打探消息。

病不死你，餓也餓死你。

公子們都不是傻瓜，他們知道關鍵的時刻就要到來。儘管不能進宮探聽消息，但是每個人都在準備著，都一顆紅心兩手準備，磨刀的磨刀，擦槍的擦槍。

齊桓公一陣冷一陣熱，清醒一陣糊塗一陣，他不知道過了多少天，也不知道自己在哪裡。他總是做夢，夢見管仲和鮑叔牙在向他招手。

他突然清醒過來，口渴難耐。

「要水，要水。」齊桓公喊。

人都沒有了，哪裡有水？

「來人，來人。」

人都被趕走了，哪裡有人？

齊桓公掙扎著要坐起來，可是他實在起不來。

「人呢？」齊桓公覺得奇怪，他用力扭轉頭，去看看周圍，周圍什麼也沒有，易牙呢？豎貂呢？他們怎麼也不在？

「牙，貂。」齊桓公用虛弱的聲音喊著，聲音小得連他自己也聽不清楚。

終於，來了一個人。

確切地說，從柱子上溜下來一個人。

齊桓公一看，是小妾晏娥。

「怎麼只有妳一個人了？」齊桓公問，勉強能夠聽見。

「都被易牙和豎貂趕出去了。」晏娥把幾天來的事情說了一遍，她之所以沒有被趕出去，是因為當時她怕被趕出去就是要殺掉，因此爬

上房梁躲起來了。

「太子呢?」齊桓公問。

「都被擋在外面,進不來。」

「要造反了?娥,扶我起來,我出去。」齊桓公掙扎著要起來,卻根本動彈不得。

「主公啊,四周都被三丈高的牆堵住了,根本沒有路出去啊,只有一個狗洞,嗚嗚嗚嗚⋯⋯」晏娥哭了。

齊桓公的眼淚也下來了,他搖搖頭,歎息一聲:「唉,仲父真是聖人啊,我不聽他的話,才落得今天淒慘的下場。我死之後,哪裡還有臉見仲父啊,嗚嗚嗚嗚⋯⋯」

齊桓公把被子扯起來,遮在自己的臉上,似乎管仲正在不遠處看著他。

哭聲漸漸消散。

齊桓公的雙臂開始鬆軟,低垂下來。而被子,還牢牢地遮在齊桓公的臉上。

春秋第一霸就這樣離開了人世。

齊國的霸業也從此灰飛煙滅了。

齊桓公就這樣死了?

是的,齊桓公就這樣死了。

我們來簡略評價一下齊桓公的人生。

齊桓公絕不是春秋最強大的霸主,但是,他是第一個霸主。

有人說:第一個永遠是最偉大的。事實上,很可能就是這樣。

齊桓公留給我們印象最深的美德是什麼?真誠和寬宏大量。作為國家最高領導,這難道不是偉大的品德嗎?

齊桓公並不完美,絕不完美。但是,正是他的不完美令我們倍感親切和可近。

世界不需要完美,需要真誠和寬容。

廚師的主意

第一手資訊被易牙和豎貂得到，這是必然的。

「發喪，擁立公子無虧。」豎貂說。

「別介，」易牙瞪他一眼，心說這個死太監真沒見識，「兄弟，這樣不行。這樣的話，我們的第一手資訊就沒多大價值了。」

「那你說怎麼辦？」豎貂問。他還真是心裡沒底，平時當慣了奴才，真到自己拿主意的時候，還真是沒主意。

「這事要先瞞著，我們悄悄出兵，把公子昭給辦了，然後再公布主公的死訊。那時候太子已死，公子無虧是老大，繼位不就是順理成章了？」易牙說。這個中國歷史上最著名的廚師在順序上是很有心得的，他覺得世界上的事情就像炒菜，先放什麼後放什麼是很重要的，順序一定不能搞錯。

兩個人商量好了，整頓軍馬，直撲太子府。

可是，來到太子府才發現晚了一步，公子昭已經逃走。

原來，儘管第一手資訊被切斷，公子昭的第二手資訊還是很及時的。在易牙和豎貂召集兵力的時候，就有人來向公子昭報告了。公子昭也不是笨蛋，隨便一合計，就知道這是要對付自己，怎麼辦？跑吧。公子昭帶著幾個心腹以最快的速度逃往宋國，因為他知道宋國一定會支持他。

第一步撲空，第二步怎麼辦？

易牙和豎貂都有點傻眼，易牙的感覺就好像鍋已經燒紅了，可是這個時候發現油瓶子是空的。沒油了，可是火還在燒，下一步該怎麼辦？直接放肉上去烤還是放水做水煮肉？易牙真沒有考慮好。

兩個人大眼瞪小眼，這不怪他們，畢竟一個廚師和一個太監沒幹過這樣的國家大事，一時想不明白也在情理之中。

最後，還是廚師要果斷一些，畢竟炒菜還是需要獨立判斷力的。

「咱們先去把朝廷占了，占地為王。」這就是廚師的主意。

這是個好主意嗎？當然不是。

正確做法是怎樣的？偉人說：「我們要建立廣泛的統一戰線。」

這個時候，無虧是老大，兄弟們雖然要跟他爭，但是也都知道不可能人人都能當上國君的。所以，無虧完全可以拉攏一批，打擊一批。以利誘的方式與一到兩個兄弟結盟，打擊另外的一到兩個兄弟。這樣，內有易牙和豎貂支持，外有兄弟結盟，同時再尋求國高兩家的認同，無虧就可以輕輕鬆鬆坐上寶座了。

可是，廚師哪裡能想到這麼多？

易牙和豎貂把朝廷給占了，宣布齊桓公已經鞠躬盡瘁，公子無虧接任齊侯寶座。

卿大夫們這時才知道齊桓公已經死了，自然，大家都要去朝廷。

漸漸，人湊齊了。易牙和豎貂宣布，公子無虧繼任。大家一聽，不對啊，太子不是公子昭嗎？一問，豎貂直接就說了：「本來準備砍死他，給他跑了。」

卿大夫們一聽，炸了營了。

「你們這不是篡黨奪權嗎？啊，不行。」管仲的兒子管平第一個站出來反對。

「反對無效。」豎貂宣布。

「你一個臭太監敢這樣說話？打他。」大夫們紛紛不同意，有的就要動手。

豎貂又傻眼了，往常齊桓公在的時候，還能狐假虎威。如今主子不在了，真感覺沒底氣。

這個時候，廚師還是很果斷的，他知道如果這時在氣勢上輸了，那就徹底輸了。所以，寧可下毒手，不能不出手。

「甲士們，將這些反賊砍了。」廚師果斷下令，要下殺手。

宮廷衛隊和大內內侍蜂擁而出，一頓亂砍，卿大夫們見勢頭不好，奪路而逃。

人殺散了，可是，也沒人捧場了。

「不礙事，明天早上，一家一家抓人來捧場。」廚師咬咬牙，一不做二不休了。

齊桓公變蟲子了

第二天一大早，易牙和豎貂起來佈置抓人事宜。還沒開始，有人來報告了。

「不好了，朝廷外面平白起來兩座軍營，不知怎麼回事。」

易牙和豎貂趕緊帶著衛士出朝廷來看，一看，嚇了一跳。兩座軍營一左一右，就在朝廷外面。一問，左邊的是公子潘的人馬，開方親自帶隊；右邊的是公子元和公子商人兩家合兵一處，倒有點兄弟一家的味道。

原來，這哥三人得不到第一手資訊，第二手資訊也沒得到，可是，第三手資訊還是能夠得到的。聽說老大把人都趕走了，自己把朝廷給占了，哥幾個哪裡還能坐得住？

「師父，咱們怎麼辦？」公子潘問開方。

「怎麼辦？做飯的和端尿盆的占了朝廷，咱們也出兵，把朝廷門口占了再說。」開方出主意，他在私下一直把豎貂叫成端尿盆的。

就這樣，公子潘和開方率領自己的隊伍來到朝廷前面。剛到，公子元和公子商人兩家聯軍也到了。一開始兩家還想爭奪地盤，弄得劍拔弩張，還是開方老到一些，給哥三個講了漁翁得利的故事，於是兩家各守一邊，相安無事。

現在的格局是這樣的：朝廷大殿由公子無虧占領，朝廷外面由公子潘、公子元和公子商人占領，形成掎角之勢。

這下好了，也不用挨家挨戶抓人了，抓來也沒用，朝廷也進不去了。

怎麼辦？誰也不敢輕舉妄動，誰也不能同時戰勝對方兩家的聯合兵力。

現在開始比耐心，看兄弟幾個誰更有耐力。那時候正好十月份，天氣一天比一天冷，無虧的隊伍在朝廷裡面，還算比較保暖。外面的兩路人馬就比較慘一些，住著帳篷，晚上要烤火，好在三天一換崗，還能熬。至於大小便，那是誰也不客氣，都拉在朝廷門口，基本上堆

272

積如山。

「熬吧，看誰能熬過誰。」兄弟幾個都下了決心，絕不退縮。

可是，他們忘了，老爹還在床上躺著呢。雖然死了，可是畢竟還在床上。

直到有一天，有人從後宮的大門門縫下面發現了蟲子。什麼蟲子？屍蟲。

看看《史記》的記載：「桓公病，五公子各樹黨爭立。及桓公卒，遂相攻，以故宮中空，莫敢棺。桓公屍在床上六十七日，屍蟲出於戶。」

兩個多月啊，想起來都噁心。

屍蟲爬出來的消息很快傳遍大街小巷，公子們就當沒聽見。可是，有人受不了了。誰？國懿仲和高虎。兩人決定要解決目前的難題，為齊桓公收屍。

第二天，國懿仲和高虎前往朝廷，門外的三個公子見是國高兩家的人，不好意思阻攔，放他們進去。兩人掩著鼻子，踮著腳尖，從糞堆裡穿行，總算是進了朝廷。朝廷裡面，公子無虧聽說兩人來了，也上殿相迎。到了這個時候，誰也不願意得罪這兩家。

「公子，你爹都成蟲子了，你們哥幾個還在這裡擺陣呢，算我們求求你們了，先給你爹下葬了再打吧。」國懿仲也沒客氣，上來就把來意說了。

「國叔啊，這不怪我，我也想給我爹收屍啊。可是你都看見了，那三人就在外面候著呢，我這回頭給我爹收屍去了，他們打進來了，我怎麼辦？」無虧振振有詞。

「這樣吧，反正公子昭也跑了，現在你是老大，啊，只要你給主公收屍，我們就認你當齊國國君了，你看行嗎？」高虎說了。想起齊桓公的慘狀，直想哭。

「那行，你去跟外面幾個說，他們同意，我立即收屍。」無虧一想，這倒是個機會。

於是，國懿仲和高虎又過了一遍臭屎堆，來到外面，把那哥三人

請到一塊。

「公子們，你們的親爹死了兩個多月了，再不收屍，就只能收蟲子了。啊，你們忍心嗎？你們還是人嗎？」國懿仲發火了，義憤哪。

那哥仨一聽，還真有點慚愧。

「國叔啊，這事不賴我們，後宮我們也進不去啊，這事都怪大哥。」公子元先說話了，公子潘和商人也都附和。

「你們聽我一言，先把別的事情放在一邊，把主公屍體先收了，兄弟幾個和和氣氣商量一下今後怎麼辦，也算對得起你們老爹了。」高虎說。也沒提同意無虧當國君的事情。

兄弟幾個聽了，似乎也只好這樣，於是紛紛同意。

就這樣，外面的三兄弟先撤，裡面公子無虧開了後宮大門，收殮齊桓公。

再看齊桓公的屍體，雖然是冬天，血肉狼藉，老鼠撕咬、屍蟲遍體，臭不可聞。

「哇——」無虧第一個吐了，然後放聲大哭。

畢竟是自己的父親，畢竟是生養自己的親爹。

不多久，另外三兄弟也都來了，看見父親這副模樣，也都是先嘔後哭。兄弟幾個抱頭痛哭，深感慚愧。

「我們不是人啊，我們不是人哪。」兄弟幾個捶胸頓足，良心發現。

當大家都良心發現的時候，事情就好辦得多了。

老大無虧帶領兄弟們收殮了父親的遺體，後面的工作基本上也就都是大哥帶頭了。所以，當大哥坐上了君主寶座的時候，大家也就無話可說。

除了這四兄弟之外，其餘的兄弟們呢？早就跑了。

除了公子昭跑到宋國之外，包括公子雍在內其餘的兄弟們都跑去了楚國。楚成王一看，很高興，你齊桓公雖然牛，可是你的兒子們都來投靠我了。楚成王很夠意思，直接把齊桓公的兒子們全部封為上大夫，從此他們成了楚王的臣子。

需要一提的是，後來管子的後人也逃到了楚國，被封在陰邑，成

了陰姓的祖先。

　　很有趣嗎？當年攻打楚國的君臣，他們的後代都成了楚國人。世事變幻，真的是不可預料。

第六十九章

仁義無敵

世事變幻，不可預料。

公子昭逃到了宋國，宋襄公熱情款待。還問：「老爺子好嗎？」

公子昭當時就哭了，把父親如何被關在後宮活活餓死到自己如何險些被殺，添油加醋說了一遍。

「沒天理了，沒天理了。」宋襄公立馬表示同情，之後安慰公子昭，「兄弟，你也別急，節哀順變吧。你在這裡安心住著，我們再打聽打聽消息，實在不行，我宋國出兵，送你回去繼位。」

宋襄公，賢人哪。賢到什麼程度？基本上，商朝的傳統美德都在他身上得到了體現。

夠意思的宋襄公

兩個月後，公子無虧繼位的消息傳來了。於是，宋襄公決定召開緊急會議，就齊國目前的局勢進行商討。

「各位愛卿，當年，齊桓公和管仲在世的時候，曾經把公子昭託付給我，這別人不知道。如今，公子昭被趕出來，公子無虧篡奪大位。我決定，宋國出兵討伐逆賊無虧。」宋襄公上來，先把決議給出了，然後讓大家討論。

決議都出了，別人還有什麼好講？所以，大家都沒話可說，只有上卿目夷發言。目夷是誰？襄公的哥哥。當初襄公要讓位給哥哥，目夷死活不幹。如今襄公做了國君，目夷就做了上卿。目夷，字子魚，所以又叫子魚。記住子魚這個名字，後面孔子會經常提起他。

「主公啊，我看，就算了吧。咱們宋國說大不大，說小不小，也就是個中等國家。大國的事情，咱們管不起啊。」子魚說了。

「噯，大哥，話不能這麼說。你想，當初答應了人家的託付，如今

不去完成，那是不誠信；人家大老遠的來，不送人家回去，那是不仁；公子無虧篡奪大位，不把他趕下臺而扶立公子昭，那是不義。不仁不義不講信用，那怎麼行？」宋襄公振振有詞。

「話是這麼說，可是做事要靠實力，我們宋國怎麼能夠打得過齊國呢？」

「仁者無敵，正義必勝。我們是仁義之師，難道幹不過邪惡勢力？切！」宋襄公還是振振有詞。

子魚沒話說了，這些大道理大得你都沒辦法反駁。

宋襄公於是廣發英雄帖，請周邊的國家共同討伐公子無虧。

鄭國不願意摻和，拒絕出兵；魯國從心底裡希望齊國亂下去，因此也拒絕出兵。弄了半天，只有衛國和曹國響應。曹國是挨著宋國，惹不起，只好回應。衛國是因為感激齊桓公當年的幫助，這個時候願意幫助齊國。

「唉，這年頭，人心不古，深明大義、見義勇為的不多啊。」宋襄公感慨了一遍，點兵出征，親自率領宋國大軍北上，沿途捎帶上曹國和衛國的軍隊，算是三國聯軍。

此時已經是第二年的二月。

公子無虧

費了九牛二虎之力，公子無虧當上了齊君。可是真的當上齊君之後，他傻眼了，他不知道該怎麼辦了。

想想看，當初公子無知當上了齊君，結果是國高兩家都不買賬，沒幹幾天就被宰了。後來齊桓公上任，國高兩家支持，再加上鮑叔牙和管仲能幹，才把國家安定下來。

如今無虧呢？國高兩家拒絕公開支持，而無虧手下兩個心腹一個是炒菜的，一個是端尿盆的，誰知道國家該怎麼治理？有人說了，治大國如烹小鮮，易牙是個做菜的，不是正合適？他哪懂這個道理啊！

基本上，易牙每天做的事情就是琢磨著怎麼做好吃的給無虧，豎

貂更刁，整天給無虧按摩，按了左肩按右肩，按得無虧都煩。

那麼，這時正確的做法是什麼？根據前面的案例，我們來幫他們分析一下。

首先，拉攏人心。國高兩家要上門拜訪，該給田給田，該給地給地，只要他們表態支持，事情就妥了一半。但是，僅僅國高兩家還不夠，還要建立自己的高層隊伍，因此，要論功行賞，拉攏一批有實力有影響力的大夫。

其次，清除異己。國內還有三個兄弟，兄弟是隨時可以變成凶手的，所以，該殺還是要殺，絕不能手軟。怎麼殺法？是聚殲還是各個擊破，這需要分析具體情況。總的來說，各個擊破會比較容易一些。

再次，爭取國際社會的廣泛承認。派出外交官員前往周王室以及各個諸侯國家，解釋齊國當前發生的事情，表達友好態度，獲得對方認可。

一旦做到這三條，無虧的地位就可以說固若金湯了。

可是，炒菜的、端尿盆的一樣也沒有做。

一轉眼三個月過去，公子無虧連過年費也沒給公務員們發，大家都很失望。

現在，宋國軍隊來了。

按照宋軍的戰鬥力，齊國軍隊只需要一個衝鋒就能全殲他們。可是，這個時候還有誰願意打仗？

緊急會議，公子無虧召開第一次緊急會議。

很沒面子的事情是，來的都是沒用的，有用的一個也沒有來。基本上，會還沒開，就散會了，因為沒用的看見有用的都沒有來，一個個自覺地走了。

「看來，我們只能靠自己了。」公子無虧說。他到現在也沒有弄明白，為什麼大家都不服自己這個國君。

炒菜的和端尿盆的你看我，我看你，看了半天，最後炒菜的說話了：「老貂，你不是跟先主公出征過嗎？打楚國的時候還當過先鋒，這樣，你親自率領人馬去迎敵吧，我在這裡保護主公。」

「別介，我什麼德行，牙哥你還不知道？你說幹我們這行的，有什麼真本事？還是你出馬吧。」豎貂哪裡敢去？齊國的太監可比不了晉國的太監。

兩人誰也不肯去，爭了半天，無虧聽著煩啊，一拍桌子：「別爭了，抽籤。」

抽籤結果，易牙出征，豎貂保護無虧。

易牙這個不願意，可是也沒辦法，咬著牙點兵出城了。豎貂高興啊，以為自己抽到了上籤。

無虧死了

易牙領兵前腳出城門，後腳城裡就開始行動了。什麼行動？殺人行動。

別以為大家都在看熱鬧或者睡大覺，大家都磨刀呢。磨刀，不是為了抗擊宋國來犯，而是要殺了無虧。滿城的人，除了無虧的老媽之外，沒有人不恨他。

看見易牙率軍出城，城裡那三家公子的人馬就殺向朝廷了，到了一看，都嚇了一跳。為什麼？只看見大街上到處是人，拿刀的拿棍的拿斧頭的，高家的國家的管家的鮑家的東郭家的，總之，基本上是個人就要去砍無虧。

暴動啊，人民起義了。

後面省略一萬八千字，用《左傳》上的一句話概括：「三月，齊人殺無虧。」

易牙的部隊還沒有開到前線，就聽說城裡把無虧給殺了。這下也別打仗了，大家歡呼一聲，各自回家了。

易牙一看，悲喜交加，悲的是自己辛苦經營這麼多年，這麼快就泡湯了；喜的是抽籤抽到了下籤，這才保住一條命，抽到上籤的豎貂想來已經被剁成肉醬了。

沒辦法，人家都跑回家了，易牙不能回家啊，索性一口氣跑到了

楚國,投靠公子雍去了。

公子雍非常歡迎易牙,因為他喜歡易牙炒的菜。

由此可見,自古以來,掌握一門手藝是多麼重要啊。

宋襄公的隊伍進入齊國不遠,就聽說齊國人已經殺了無虧。

「看見沒有,這就是正義的力量。我們仁義之師可以感化人民,不用我們動手,敵人就已經土崩瓦解了。」宋襄公很得意,對子魚說。

子魚沒話說了,瞎貓碰上死耗子,人家卻非要說這是仁義的勝利,有什麼辦法?

正在這時,齊國大夫高虎來了。高虎來幹什麼?迎接公子昭回國繼位。

高虎首先表達了對宋襄公的感謝,隨後表示,齊國政府有能力處理好自己的內部事務,因此,就不麻煩宋國軍隊繼續為公子昭送行了。

宋襄公是個實在人,見高虎親自來迎接公子昭,想來不會有什麼問題了。既然人家齊國不願意宋國軍隊深入,那自己就撤軍吧。

就這樣,宋襄公把公子昭交給了高虎,撤軍回國了。

宋襄公真的很夠意思

又沒有費多大力氣,又完成了齊桓公和管仲的囑託,又得到了好名聲,宋襄公覺得自己這件事情處理得十分完美。

「你看,好在當初沒聽你的。」回國一個多月了,宋襄公還時不時要在子魚面前自我表揚。子魚笑笑,每次他都無話可說。

這個時候,有人來報:「報告主公,公子昭來了。」

「公子昭?這麼快就來國事訪問了?怎麼不先通報一下?」宋襄公覺得奇怪。

「恐怕不是國事訪問,是逃回來的吧。」子魚說。

公子昭是逃回來的。

原來,儘管國高兩家支持公子昭,可是那兄弟三個不幹,他們把

無虧的人馬收編後，整天嚷嚷著要廢了公子昭。

公子昭雖然當上了國君，可是整天提心吊膽，隨時準備逃命。熬了一個月，熬出神經衰弱來了，閉上眼睛就是被殺。最後實在熬不住了，拉上高虎，偷偷跑到宋國來了。

「宋哥，救人救到底啊。」公子昭紅著眼睛就來了，看上去好像哭過似的，其實是熬夜熬的。

「兄弟，別急，大哥給你做主。」宋襄公連猶豫都沒猶豫，直接答應了。

子魚沒說話，他知道說也沒用。

這一次，宋襄公甚至沒有再邀請盟國，而是決定僅僅靠自己的軍隊來解決問題。

宋軍浩浩蕩蕩，挺進齊國。

宋襄公自信滿滿，公子昭感激不盡。可是，有兩個人在擔心。誰？子魚和高虎。

子魚知道宋軍的實力，宋軍打仗歷來不行，連魯國、鄭國這樣的軍隊都幹不過，怎麼和齊國軍隊抗衡呢？高虎原本不知道宋軍的實力，可是大軍一出，高虎就看出來了，這支軍隊的戰鬥力實在無法恭維。

「子魚，我擔心啊。」高虎找到子魚，直截了當把自己的憂慮說了出來。

「老高，我也擔心啊。」

兩人一聊，意見高度一致，可是眼前大軍已發，騎虎難下。這仗打也得打，不打也得打，可是只要打，宋軍就一定不是對手。

怎麼辦？兩個人撓破了頭皮，最後是子魚一拍腦袋：「有了。」

「有了？」

「只要打，宋軍必敗。所以，不能打。」子魚說。

「不能打？撤軍？」高虎一瞪眼，心說：你這算什麼主意？

「不撤軍。」

「不撤軍，怎麼能不打？」

「老高，你想想，齊國的三個公子現在是亦敵亦友，逼急了，他們

就聯合在一起；不逼他們，他們就互相猜疑，互相提防，最後互相殘殺。這樣，這邊宋軍緩慢推進，另一邊，你火速回去，挑撥離間，讓他們內訌。一旦他們自相殘殺，宋軍就可以坐收漁人之利。這樣，不用打，我們也能把公子昭送回去。」

「高啊。」高虎讚歎。

第二天，子魚和高虎來找宋襄公。

「主公，我們仁義之師，所向無敵。可是，仁義仁義，不能不教而誅。齊國三公子雖然作惡多端，我們還是應該懲前毖後，治病救人。我看，不如咱們慢慢進軍，請高大夫先回臨淄，對三公子曉以大義，讓他們自覺自願繳械投降，迎接公子昭回國。如果他們頑抗到底，自絕於人民，那我們也是仁至義盡了。」子魚提出建議，專講大道理，因為他知道，宋襄公只認大道理，你跟他講什麼實力啊挑撥離間之類的，他絕不會聽。

果然，宋襄公聽了，就覺得有道理。

「嗯，仁義之師，仁義為本，以暴制暴，那不是我們的本意。也好，高大夫，你辛苦一趟了。」宋襄公當時就同意了。

於是，宋軍減慢前進速度，高虎先行前往臨淄。

兄弟大戰

公子昭跑了，公子潘、公子商人和公子元高興壞了。

現在，三選一。

兄弟三個都不傻，白天四處拉關係，晚上磨刀磨槍，準備火拼。可是，誰也沒有先動手，為什麼？因為他們還要防著公子昭從宋國借兵打回來。

最新的線報是宋襄公出兵了，直撲臨淄而來。面對共同的敵人，三兄弟又坐在了一起。協商的結果是：全力擊退宋軍，殺死公子昭，然後三兄弟再接著幹。

事情是這麼定了，可是誰也不比誰傻多少，誰都是一顆紅心兩手準備，一邊要防著宋軍，另一邊還要防著兄弟。宋軍那是明槍，兄弟可是暗箭。明槍易躲，暗箭難防。

　　公子元在三兄弟當中實力最弱，因此也最小心。按著他的算盤，最希望那兩個兄弟先幹一場，然後自己漁翁得利。

　　到了晚上，公子元不敢睡覺，親自查了哨，這才放心一點。剛回房間要睡，有人來了。誰？高虎。

　　聽說高虎來了，公子元大喜過望，急忙迎進來。他知道，若是自己能夠得到高家的支持，那可就大有希望了。

　　「高大夫，請坐請坐請上坐。這麼晚來，一定有什麼指教。」公子元客氣一番。

　　「公子啊，唉，」高虎歎了一口氣，看看公子元，又歎了一口氣，「唉。」

　　「高老，怎麼歎氣？」

　　「唉，看一眼少一眼啊。」

　　高虎這話一出來，公子元一個激靈，傻瓜也明白這是什麼意思啊。

　　「高老，怎麼這麼說？」

　　「公子啊，你也知道，我跟公子昭去了宋國。現在宋國大軍殺過來了，你們怎麼辦？」高虎問。

　　公子元一聽，鬆了一口氣，不就是宋軍嗎？三兄弟合兵一處，宋軍算什麼？

　　「團結一心，殲滅宋軍。」公子元說，還挺自信。

　　「團結個屁。」高虎大聲說，又瞪了公子元一眼，「公子啊，要說你們幾個兄弟呢，你是最老實的，我看著你長大，不忍心你被別人出賣。實話告訴你吧，公子潘早就跟公子昭暗中達成協定了，等宋軍一到，裡應外合，把你和公子商人給滅了，到時候公子潘擔任上卿。唉，本來我不想說的，想想你這麼老實，逢年過節還去看望我，所以給你通風報信，趕緊跑吧。」

高虎話說完，公子元臉都白了，半天才說出一句話來，「該死的公子潘，我說怎麼看他不對勁，原來是出賣了我們。奶奶的，你不仁，別怪我不義。高老，公子潘不是個東西，我願意和公子昭合作，滅了他們兩家。你看看，能不能替我跟公子昭說說？」

得，公子元要叛變。

「這，都跟人家公子潘說好了，不太好吧？」高虎還假裝猶豫。

「別，公子潘那人靠不住，對他那種人，不用講什麼信用。」公子元急了。

高虎半天沒有說話，最後一拍大腿，「好吧，你是個好孩子，就跟你合作了。記住了，等宋軍到了，你就自己動手，宋軍自然會來接應。」

「多謝高叔啊，多謝多謝啊。」公子元終於鬆了口氣。

照方抓藥，高虎去了公子商人那裡，不過這次沒說公子潘，說的是公子元。公子商人一聽也急了，結果也主動叛變。

為什麼這兩個這麼容易騙？因為他們本來就在懷疑，所以只要有點風吹草動，就會忍不住上當。

高虎沒有去找公子潘，因為公子潘有公子開方輔佐，那是個老油條，不好騙。

後面的事情不用多說，宋軍挺進到臨淄的當天晚上，臨淄城裡火光大起，兄弟三個的隊伍一場混戰。天亮的時候，公子元的公子府被燒成了焦土，隊伍全部被殲。公子元出了城門找不到北，慌不擇路，一直逃到了衛國，回姥姥家去了。

公子潘和公子商人的實力強一些，雖然沒有被殲滅，但是死傷大半，元氣大傷，天亮的時候，誰也打不動了，乾脆各自回家救火。

宋襄公令旗一揮，宋軍進城，直接把公子昭送到了朝廷。

這下好了，齊國卿大夫們都來了。連公子商人和公子潘也來了，不來也不行啊。

「該死的公子元，都是他煽風點火，破壞我們兄弟感情。主公啊，

您回來就好了，齊國人民有救了。從今以後，在您的英明領導下，我們一定可以從勝利走向勝利。」公子商人和公子潘輪流拍馬屁。

拍馬屁有用嗎？有用。公子昭原本就是個心很軟的人，這時候看兩個兄弟一副可憐相，也就放過了他們。

公子昭，現在是齊孝公。為什麼叫齊孝公？因為他很孝順。當年八月，也就是齊桓公死後十個月，齊桓公終於入土為安了。為了表達孝心，齊孝公把公子無虧的老娘大衛姬和公子元的老娘小衛姬都給殉葬了。

第七十章
宋襄公爭霸

仁義是個什麼東西？

仁義是壞東西嗎？仁義是好東西嗎？仁義可以用來稱霸嗎？

宋襄公在思考一個問題，為什麼當初齊桓公和管仲把公子昭託付給了自己，而不是別人。是因為宋國強大？不是。是因為宋國親近？也不是。那麼他們為什麼那麼有眼力？想來想去，結論是：因為他們知道我仁義，仁義無敵啊。

宋襄公在思考另一個問題，為什麼面對強大的齊國，我的軍隊兵不血刃就解決了問題呢？這說明了什麼？想來想去，結論是：戰爭並不取決於實力，取決於仁義，仁義無敵啊。

宋襄公還在思考又一個問題，綜觀天下，誰最仁義？想來想去，好像沒有人比自己更仁義。他搞了一個仁義排行榜，發現如果自己排在第二位的話，還真找不到能排第一的。

既然我是天下最仁義的，為什麼我不能稱霸呢？我一定能。

仁義無敵啊。

地區盟會

「仁者無敵啊。」宋襄公說。他一直在說，從齊國一直說到了宋國。

子魚一直沒有說話，他知道「仁者無敵」都是胡說八道，要不是他和高虎的反間計，還不知道現在在哪裡吃飯呢。

「你看看，我們是正義之師，不用動手，敵人就崩潰了。邪不壓正，正義必勝，此之謂也。」宋襄公沒完沒了。

子魚還是沒有說話，宋襄公雖然想法荒謬，但是人還是個好人，譬如這一次，他就沒有向齊國要任何報酬。仁義嘛，不是利益。

「仁義，可以戰勝敵人，也可以團結人民。憑著仁義，我們可以治

286

理好國家，可以幫助友邦，還可以稱霸天下。」宋襄公說到這裡，突然好像感悟到了什麼。「對了，如今齊國不行了，可是，齊桓公的事業不能荒廢啊。我們為什麼不能號令天下，做天下的盟主呢？」

子魚一聽，這回不能不說話了。

「主公，咱們憑什麼稱霸天下啊？」子魚問。

「憑什麼？憑仁義，仁義無敵啊，哈哈哈哈。」宋襄公大笑起來，把稱霸的想法告訴了子魚，他以為子魚一定會很興奮，這下可以成為管仲第二和齊桓公第二了。

可是出乎他的意料，子魚非但沒有興奮，反而反對。

「主公啊，我看，還是省省吧。一來，咱們實力不行。二來，風水輪流轉，老天爺厭棄商朝已經很久了，咱們再怎麼折騰也沒用。」子魚的意思，其實第一條就夠了，可是他知道第一條根本沒有辦法說服襄公，所以臨時加了第二條。

「子魚啊，仁義無敵啊。齊國咱們都能搞定，還有哪個國家搞不定的？」宋襄公對子魚的回答有些失望，看來，自己必須把管仲和齊桓公的角色一肩挑了。「不行，我現在就要召開聯合國大會，重新選舉盟主。」

子魚原本就準備不說話了，聽宋襄公這麼一說，不說也不行了，他急忙阻止宋襄公道：「主公，就算你想當盟主，這樣也太快了。當初齊桓公也不敢一開始就召開聯合國大會啊，依我看，保險起見，先召開一個地區盟會，把周邊的幾個小國家招來開個會，熱熱身也好啊。」

「好主意，就這樣了。到時候殺雞給猴看，先把東夷搞定。」宋襄公高興了，子魚的主意不錯。

宋襄公掰指頭算了算，周邊國家中，西面是鄭國、南面是楚國、北面是魯國，沒一個好對付的。相對來說，東面的東夷算是一堆雜碎國家，先搞定這幫國家，也算是開門紅了。

按宋襄公的方案，首次地區聯盟邀請了曹國、邾國、滕國和鄫（音曾）國四個國家，其中，只有曹國勉強算個中等諸侯，其餘三個也

就相當於大地主。順便一提的是,這四個國家分別就是曹姓、朱姓、滕姓和曾姓的起源,其中,曹為伯爵,始祖為周武王弟弟振鐸,出於姬姓;滕為侯爵,始祖為周武王弟弟繡;邾國為子爵,出於上古曹姓,後代分別姓朱和姓曹;鄶國為子爵,大禹後裔,出於姒姓。

初次盟會,宋襄公把地點放在了邾國。

到了會期,宋襄公提前兩天趕到。邾國國君簡稱邾子,邾子知道惹不起宋國,沒辦法,準備了好吃好喝的,賠著笑臉。宋襄公挺高興,也很平易近人,跟邾子聊得也很開心。

可是很快,宋襄公就不開心了。為什麼?因為會期到了,可是該來的一個也沒有來。

「咦,膽兒肥了,不把公社社長當國家幹部了?」宋襄公非常惱火,很沒面子。

過了一天,滕國國君滕文公到了。

「你怎麼來晚了?」宋襄公問。

「我,我老婆臨產,晚了一天,嘿嘿。」滕文公小心解釋。其實他老婆沒臨產,壓根兒是他不願意來。

「臨產?還難產呢。找個房子,關起來再說。」宋襄公也沒客氣,找了一間小房間,直接把滕文公給拘留了。

邾子一看,嚇個半死,也不敢給滕文公求情。

又過一天,鄶國國君鄶子來了。

「你怎麼來晚了?」

「我,我……」鄶子話還沒說完,宋襄公打斷了他,「我什麼我?故意遲到,你這不是敗盟嗎?啊,關起來。」

就這樣,鄶子也給關起來了。

總共約了四個諸侯,現在關起來兩個。

曹共公磨蹭了幾天,原本準備來,聽說那哥倆都進去了,他還敢來?他不來了,把鄶子給坑了。

又過了兩天,曹共公還沒有來,宋襄公這火就大了。原本打算曹共公來了,給他們幾個開個會,然後各罰做幾個俯臥撐,大家把宋襄

公選成盟主，也就行了，也就算是圓滿成功，無與倫比之類。可是，現在曹共公都不來了，宋襄公感覺自己好像是一頭老虎領著三條狗在逛悠，丟人哪。

怎麼辦？宋襄公想了半夜，最後一拍大腿。

「殺人。不殺雞，怎麼能嚇住猴？要是這次就這麼草草收場了，今後還怎麼混？」宋襄公這個時候也不去想什麼仁義不仁義了，為了稱霸，什麼都能幹。

問題是，殺誰？

假仁假義

「老邾，我聽說睢水有河神，東夷人很信這個，這樣，你把鄫子給宰了，洗乾淨烹熟了拿去祭神。」第二天開會，原來的五國盟會成了二國會談，宋襄公連客套話也省了，上來就給邾子佈置任務。

邾子一聽，宋襄公竟然要用活人祭神，而且人家鄫子雖然爵位低，好歹也是個諸侯啊。邾子當時就傻眼了，看見宋襄公正在氣頭上，也不敢勸。

為什麼宋襄公要殺鄫子而不殺滕文公呢？這裡有個講究，鄫子是個子爵，爵位低而且滿天下沒什麼拿得出手的親戚。而滕文公是個侯爵，又是姬姓，萬一殺了他，很容易惹惱王室和姬姓國家，到時候吃不了兜著走。

說白了四個字：欺軟怕硬。

邾子不敢說話，可是子魚不能不說。

「主公，為什麼要殺鄫子？」子魚問。他知道襄公很沒面子，可是沒面子也不能亂殺人啊。

「他遲到。」

「遲到就殺？」

「不錯，當年大禹在會稽山召開群神大會，防風氏遲到，大禹就殺了他。可見，遲到是很重的罪，該殺。」宋襄公把當年大禹殺防風氏的

典故拿出來說。別說，在這裡用大禹的故事挺黑色幽默，當年別人遲到被大禹殺，如今大禹的後代因為遲到被別人殺。

「可是，那是大禹啊。當今天下，能夠殺戮諸侯的只有周王和齊侯啊。」子魚據理力爭。之所以這樣說，是因為當年召公曾經授權姜太公討伐諸侯。

「沒錯，當年是齊侯，可是現在齊國衰落了，輪到我們了。」宋襄公的話也不是沒有一點道理，不過總體上還是強詞奪理。

「那麼，同是遲到，為什麼殺鄫子不殺滕侯？」子魚也急了，他知道這個問題不應該問，可是沒辦法了，也只能問。

「這，」宋襄公沉吟了片刻，這確實是個比較難回答的問題，不過，隨著他的眼前一亮，他找到了最佳答案，「因為鄫子遲到兩天，滕侯只遲到一天。殺鄫子是為了體現我們的威嚴，放過滕侯是證明我們的仁義，啊，仁義，仁義無敵啊。」

繞來繞去，又回到了仁義這個主旋律。

子魚徹底沒電了，只要說到仁義，他知道自己就沒什麼話說了。

去你媽的仁義，假仁假義還差不多。子魚心裡罵了一句，可是不敢說出來。

就這樣，因為遲到兩天，鄫子被殺了祭神。

據《左傳》：「宋人執滕宣公。夏，宋公使邾文公用鄫子于次睢之社，欲以屬東夷。司馬子魚曰：『古者六畜不相為用，小事不用大牲，而況敢用人乎？祭祀以為人也。民，神之主也。用人，其誰饗之？齊桓公存三亡國以屬諸侯，義士猶曰薄德。今一會而虐二國之君，又用諸淫昏之鬼，將以求霸，不亦難乎？得死為幸！』」

子魚說的是什麼意思？翻譯成現代話是這樣的：古時候六種牲畜不能隨意用來祭祀，小的祭祀不殺大牲口，何況敢於用人作犧牲呢？祭祀是為了人。百姓，是神的主人。殺人祭祀，有什麼神來享用？齊桓公恢復了三個被滅亡的國家以使諸侯歸附，義士還說他薄德，現在一次會盟而冒犯兩個國家的國君，又用來祭祀邪惡昏亂的鬼神，用這

種手段來求取霸業，不是做夢嗎？宋襄公能得以善終就算幸運了。

有人會說，這段話為什麼上面的對話沒有？天，這樣的話子魚敢當著宋襄公說？那不是馬上就被「仁義」掉了？

仁義真的無敵

「仁義」掉鄫子之後，宋襄公還是覺得不解恨，他決定要討伐曹國。說來說去，最可恨的其實還是曹國。

子魚一看，這越來越不像話了，沒事打人家幹什麼？於是，子魚又來勸告了。

「當年崇國政治昏暗，文王出兵討伐，打了三十天，崇國不投降。於是文王退兵回國，修明教化，再去攻打，大軍一到，崇國就投降了。《詩》說：『在老婆面前作出示範，兄弟們就會注重修養，以此來治理一家一國。』現在主公的德行恐怕還有所欠缺，而以此攻打曹國，能把它怎麼樣？何不姑且退回去自己檢查一下德行，等到沒有欠缺了再採取行動。」子魚說得很委婉，意思是文王也要自我批評的，老大您也考慮考慮吧。

「嗳，我們可是仁義之師，打不下曹國？」宋襄公的大帽子立即就出來了。

「主公啊，當年齊桓公稱霸天下，人家也不是動不動就出兵啊。」子魚這次是決心要勸住宋襄公，面對大帽子，也迎難而上了。

「你說對了，當年咱們先君從盟會逃回來，齊桓公不也出兵打咱們了？你不說也就算了，你這麼說了，我還非打曹國不可。」宋襄公還逮住理了，又把子魚給噎回去了。

子魚歎口氣，沒辦法，人家仁義無敵啊。

戰車三百乘，宋國派大將公子蕩討伐曹國，罪名是什麼？沒有罪名。

曹共公急忙召集最高常委會討論局勢，與通常一樣，又是分成了

主降和主戰兩派，一番論戰之後，大夫僖負羈說話了。別看名字唸起來有點彆扭，可是這人是真正的人才。

「主公，酈子遲到兩天，就給做成紅燒肉了，您要是投降了，大概就七喜丸子了。其實，怕他們幹什麼？宋國打了這麼多年仗，誰聽說他們打過勝仗？咱們一面守城，一面派人去齊國和楚國求救，萬無一失。」僖負羈話不多，句句都在點子上。

其實，聽到「七喜丸子」的時候，曹共公就已經下定決心要抵抗了。後面的話，則是讓他寬心了許多。

當下，曹共公立即派遣特使前往齊國和楚國求救，派僖負羈負責城防，抵抗宋國。

事情的進展都在僖負羈的意料之中，宋軍人多車多，可是打仗的水準確實不敢恭維。公子蕩用了一個月的時間，愣是沒有攻進曹國都城半步。

宋襄公有點惱火，想要增兵，可是想想，打一個小小的曹國就要增兵，今後誰還服你？可是，不增兵吧，公子蕩又拿不下來。

正在猶豫，齊國使者來了。來幹什麼？

春秋時期，有兩個特點需要在這裡特別說明一下。

第一，但凡逃亡海外的，也就是政治避難的，通常都會得到庇護和歡迎。到現在為止，除了前面那個殺了國君之後逃命的南宮長萬之外，還真沒聽說過誰被遣返的。在這一點上，春秋人很仗義，很江湖。

第二，大凡被侵略的國家，只要求援，通常都能得到援助。在這一點上，春秋人也很仗義，很江湖。

曹國前往齊國求援，齊孝公有些為難，換了往日，直接起兵來援了。可是他不好意思打宋國，畢竟宋襄公於他有恩。怎麼辦？派人前來講情。

齊國使者就是來講情的。

宋襄公有點猶豫，齊國的面子多少還是要給一些的，可是，又不甘心就這樣放過曹國。

「你先歇歇，我考慮一下。」宋襄公把齊國使者打發去國賓館了。

齊國使者剛走，有人來報，說是楚國使者來了。來幹什麼？

楚國接到曹國求援之後，原本也想出兵，不過想想，宋國跟齊國關係好，輕易還是不要得罪。怎麼辦？楚國也派使者來為曹國求情。

這下，宋襄公不猶豫了。

「好，看在貴國的面子上，放曹國一馬。」宋襄公竟然爽快地答應了。

為什麼現在這麼爽快？怕楚國？

怕楚國只是原因之二，原因之一呢？後面再說。

「子魚啊，你看，我也學習文王，三十天打不下來，撤軍。」宋襄公很得意地對子魚說。

「知錯能改，善莫大焉。」子魚挺高興，忍不住也拍了一下馬屁。

就這樣，宋軍撤了。

「看你們牛逼，這下傻眼了吧？」曹共公高興了，覺得宋國也不過就是如此。

「主公，千萬不可如此大意。宋大曹小，咱們還是小心為上。既然他們已經撤了，咱們主動去修復關係，給他們個臺階，咱們才能過上安穩日子。」僖負羈趕緊提醒。

於是，宋軍前腳回到睢陽，曹國的使者後腳也就到了。

「宋公，我們錯了。您大人大量，主動撤軍，我們不能給臉不要臉，我們認錯行嗎？恢復業已存在的傳統友誼行不？下次再開盟會，我們再也不敢缺席了，我們第一個到行不？」曹國使者專揀好聽的說，反正說好話不用上稅。

宋襄公高興壞了，這不是很有面子嗎？

「子魚，你看看，什麼叫仁義無敵？啊？」宋襄公說。似乎這又是仁義的勝利。

「是、是，仁義無敵，仁義無敵。」

從此，宋國和曹國又恢復了友好關係。

第二年，宋襄公決定召集諸侯盟會。不是地區盟會，而是天下諸

侯盟會。

「主公，不行啊。小國爭盟，禍也。」(《史記》)子魚趕緊來勸，他認為小國想要爭奪盟主，那是沒病找病，就像瘋狗要爭奪百獸之王，那不是找死嗎？

「哎，怎麼這麼說？全天下除了周王，爵位最高的就是咱們了，咱們怎麼是小國？照你這麼說，王室的地盤更小，也是小國？切。」別說，宋襄公說得還是有些道理。無奈，這年頭爵位沒有實力好使。

「好，算主公說得有理。可是，咱們哪有那樣的號召力？」子魚提出一個技術問題，試圖讓宋襄公知難而退。

「這個簡單，現在天下基本上分成兩個陣營：齊國一邊，楚國一邊。齊國這邊的委託齊國幫著召集，楚國這邊的委託楚國幫著召集。我知道你要問他們為什麼肯幫我們，告訴你吧，齊國欠我們人情，楚國也欠我們人情。欠什麼人情？上次我們答應他們從曹國撤軍，就是給他們面子，這次，他們該還給咱們面子了。」宋襄公什麼都想好了，當初答應楚國的求情，把伏筆埋在這裡了。

基本上，這算是最早版本的狐假虎威了，儘管「狐假虎威」這個成語在此後才產生。

子魚歎了一口氣，他知道，宋襄公走火入魔了。

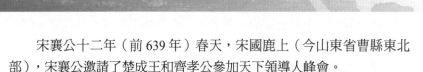

第七十一章
自投羅網

宋襄公十二年（前 639 年）春天，宋國鹿上（今山東省曹縣東北部），宋襄公邀請了楚成王和齊孝公參加天下領導人峰會。

春暖花開，春意盎然，春風拂面，春情萌動。總之，一切看上去都很美好。

宋襄公很得意，能夠同時請動楚國和齊國兩國君主，這本身就是一件很值得驕傲的事情。

齊孝公為什麼肯來？因為他欠了宋襄公的大人情，不好意思不來。

楚成王為什麼來？也是因為欠了人情？當然不是。他只是想來看看，看看中原大國究竟是個什麼樣子。

鹿上之會

在座次安排上，宋襄公耍了個小心眼。那時候還沒有「排名不分先後」的說法，也沒有圓桌給大家開圓桌會議，更沒有按字母或者按筆劃排名的說法。從齊桓公那時候開始，除了齊老大之外，其餘的國家還是按照爵位排名的。

所以，作為東道主，宋襄公決定按爵位排名。

宋國，公爵；齊國，侯爵；楚國，子爵。

現在的排序是：宋老大，齊老二，楚老三。

宋襄公厚著個臉皮坐上了第一把交椅，齊孝公坐第二把交椅倒也無所謂，反正自己也沒心情爭什麼盟主。楚成王坐在了第三把交椅上，心情可想而知。

「讓老子當小三？」楚成王一股無名之火壓在心頭，沒辦法，就算楚國強大，可是如今在人家的地盤上，吃蒼蠅也只能咽下去了。

宋襄公看齊孝公沒意見，楚成王似乎也無所謂，心中暗暗高興。

三國君主互致問候以後，就當前國際國內焦點話題進行了廣泛的交流，一致認為，三方應該發揮各自的影響力，為世界和平作出貢獻。

第二天，按照慣例，三國領導人要登壇歃血為盟。

歃血為盟，宋襄公又搶了個頭名。不僅執了牛耳，而且第一個歃血。那感覺，跟拿了奧運冠軍沒什麼區別。

這一次，宋襄公給了楚成王一個面子，給他排在了第二位，齊孝公第三位。這下好了，楚成王依然不高興，齊孝公也不高興了。

歃血為盟之後，宋襄公的信心更足了。於是，正事提上了桌面。

「楚王、齊侯，如今我們三強結盟，可以說是天下諸侯的福音。現在，我想繼承齊桓公的遺志，把天下諸侯團結在一起。你們看，秋季的時候咱們召集天下諸侯在盂（今河南省睢縣）召開聯合國大會怎麼樣？」宋襄公提議。那兩位一聽，知道老宋想當盟主了。

「好啊，我支持。」楚成王第一個支持，態度之積極出人意料。

「齊老弟，你怎麼看？」宋襄公問齊孝公。

齊孝公是個聰明人，他看出來宋襄公想當盟主了，他也知道楚成王這些天很不高興。那麼，為什麼楚成王現在這麼積極？這裡有鬼。

「我沒問題，宋哥怎麼說，我就怎麼做。」齊孝公滿口答應，答應了再說。

基本上，現在楚成王和齊孝公都準備看熱鬧，看看宋襄公怎麼整這個盟會。

「不過，這麼大的事情，老哥我一個人弄不了，要麻煩兩位，通知各自麾下的諸侯參加。」到了這個時候，宋襄公提出這個要求了。

齊孝公一聽，你不是牛嗎？你自己請啊。

「宋哥，你看，齊國這幾年挺亂，沒什麼號召力了，我那邊的國家，你發通知比我好使，您就自己來吧。」齊孝公推了，他估摸著，楚成王也要推掉。

可是，齊孝公錯了。

「好，陳、鄭、蔡、許、曹這五個國家包給我了。」出乎意料，楚成王爽快得驚人。

「太好了，一言為定。」宋襄公更高興了，只要楚國肯出面，其餘的國家自己也能搞定了。

於是，三國商量好了時間地點，分頭準備去了。

太容易得到的東西，往往都不是好東西。

宋襄公的兩個錯誤

「仁義無敵啊。」宋襄公興高采烈，天天念叨。一邊派人前往盂開建國賓館和祭壇，準備迎接天下諸侯。

「小國爭盟，禍也。宋其亡乎，幸而後敗。」（《左傳》）子魚很絕望，他斷定國家就要滅亡了。

魯國的臧文仲知道這件事情之後，說了一句名言：「以欲從人則可，以人從欲鮮濟。」（《左傳》）什麼意思？通常的解釋是：順從別人的意願容易，讓別人順從你的意願多半就不行了。不過，筆者認為這句話應該如此解釋：當人的能力大於欲望，可行；當人的欲望大於能力，不可行。

換言之，要量力而行。

與之相反的一句話是：人有多大膽，地有多大產。

可見，如果學了春秋，就不會鬧「大躍進」那樣的笑話了。

秋天，宋國的盂。

秋高氣爽，萬里無雲。該發生的終究要發生，與天上有沒有雲並沒有直接關係。

宋襄公提前十天來到，親自檢查各種接待工作，數十遍練習怎樣執牛耳歃血為盟，怎樣對諸侯講話，怎樣行使擔任盟主之後的第一次權力。

「仁義無敵。」宋襄公念叨著。這將是他榮任盟主後就職宣言的第一句。

「這是一屆盛況空前，無與倫比的盟會。」宋襄公又唸。這是他準

備給這次盟會的總結性發言的最後一句。據他的樂觀估計，因為有齊國和楚國的參加和鼎力支持，與會盟國數量應該在二十以上。這個數量，無論是南聯盟大會還是聯合國大會都沒有達到過。

可是，他沒有想到，從一開始，他就在犯錯誤。更糟糕的是，他的錯誤是愚蠢的、後果嚴重的。

下面，來看看宋襄公犯了什麼錯誤。

第一個錯誤，名不正言不順。

齊桓公稱霸，是尊王室以令諸侯。宋襄公不是不知道這一點，可是他很擔心得罪楚國，如果楚國和王室都來了，誰排在前面？權衡利弊，宋襄公覺得寧可得罪王室，不能得罪楚國。所以，他決定不邀請王室出席。

仁義仁義，首先把王室給仁義掉了，這不是假仁假義嗎？

假仁假義，是很容易被人瞧不起的。

王室沒有出席，楚國陣營因此藐視宋國，知道他們沒有底氣；齊國陣營因此不滿宋國，認為他們討好楚國。

盟會還沒有開始，已經沒有人喜歡宋襄公了。

第二個錯誤，可以感動別人，可以感動世界，但是不能感動自己。

宋襄公被楚成王的爽快所感動，更被自己的仁義所感動。於是，他建議召開一次衣裳之會。什麼叫衣裳之會？就是大家只穿衣裳，不穿褲子？零分。

所謂衣裳之會，就是大家都不帶兵車，坦誠相待，和平赴會。衣裳之會，又叫乘車之會，乘車是什麼意思？乘車跟戰車相對應，就好像旅行轎和裝甲車的區別。

「主公，楚國人是南蠻，沒什麼信用可言，我看，咱們還是在附近埋伏下兵力。楚國人如果講信用最好，如果他們出什麼鬼點子，咱們也能及時應對。」子魚見宋襄公全無警惕，提醒他要防備萬一。

「這怎麼行？信用啊，仁義啊。咱們不能言而無信啊。」宋襄公否決。

任何時候，感動自己都是危險的。

自投羅網

　　楚國的號召力被證明是強大的，盟會前兩天，陳穆公、蔡莊公、鄭文公、許僖公、曹共公陸續抵達，入住國賓館。

　　盟誓當天早上，楚成王來到。看上去，楚成王還是很講信用，儘管隨從人員多一點，但是兵車一乘也沒有帶。

　　齊孝公沒有來，齊孝公在盟誓的頭一天派人前來，說是痔瘡發作，無法前來，預祝大會圓滿成功。此外，宋國負責邀請的魯國、衛國、燕國、晉國等國家的領導人全部缺席，而且是無故缺席。說白了，這些國家根本不尿你宋襄公這一壺。

　　宋襄公覺得很沒有面子，可是，事已至此，厚著臉皮也要繼續下去啊。

　　宋襄公只是覺得沒面子，可是，子魚感覺到了巨大的危險。如果齊孝公以及齊國體系的諸侯們在，那麼齊楚形成抗衡，誰也不敢輕舉妄動。可是，現在的形勢是宋國面對楚國體系六個國家，人家都不用動用兵車，也能把宋襄公給就地辦了。

　　「主公，事情不太妙啊，我看還是溜了比較穩妥。」子魚悄悄找到宋襄公，建議趕緊逃跑。

　　「噯，這怎麼行？那不成宋跑跑了嗎？咱們是東道主啊。你放心好了，楚王是個講信用的人，啊，仁義無敵。」這個時候了，宋襄公還在講這個。

　　子魚一看，該死活不了啊。既然如此，自己留個心眼吧。

　　盟誓開始了。

　　祭祀，殺牛，牛耳朵端了上來。

　　牛耳朵是誰的？

　　陳國等五國領導人都面帶討好的笑容看著楚成王，楚成王則面帶

笑容看著宋襄公。

牛耳朵送到了宋襄公的面前，他要伸手去接。可是，突然他猶豫了，因為他看見諸侯們怪異的目光。

底氣不足，底氣還是不足。

「這，這，給楚王吧。」關鍵時刻，宋襄公畏縮了。

「哈哈，宋公客氣了，您是公爵，我是子爵，這裡面我是最後一個啊。」楚王笑著說，拒絕接過牛耳。

子魚遠遠地看著，他知道，一切已經無法避免了。於是，他趁著大家不注意，悄悄地溜走了。

「這，楚王，這，您客氣。」宋襄公語無倫次。

「哈哈哈哈。」楚成王大笑起來。

「這。」宋襄公手足無措。

「哈哈哈哈，哈哈哈哈。」諸侯們紛紛大笑起來。

「這，這……」宋襄公終於後悔了，他四處張望，要找子魚，可是子魚早已經成了漏網之魚。

「跟我鬥，也不撒泡尿照照自己。」楚成王笑夠了，揮揮手，喝令，「拿下。」

楚國的衛士們蜂擁而上，他們不需要戰車，手中的劍已經足夠。

戰車三百乘，楚國的戰車在半個時辰之內已經占領了盂。

這時宋襄公才恍然大悟，楚成王早已經佈置了兵力。所謂衣裳之會，那只是逗自己玩的。

「你，你不講信用。」宋襄公儘管被捉住了，還是鼓起勇氣，指責楚成王。

「信用？信用是個屁。老子戰車千乘，雄兵十萬，這就是老子的信用。」楚成王看著宋襄公的可憐相，十分解氣。「老子堂堂楚王，什麼時候當過老二？周天子見了我也不敢自稱老大，你真行，竟然讓老子當小三。」

宋襄公現在明白了，上次得罪了楚成王，人家是設好了局要來報

復自己，自己還傻乎乎地以為他是個好人。

「哎，我以仁義待天下，天下不以仁義待我啊。」宋襄公慨歎，想來想去，自己當雷鋒當慣了，可是好像一直也沒有得到應有的回報。

「吹吧，人家鄫子就遲到兩天，你把人家殺了祭神；人家曹國沒招你惹你，你派兵討伐人家。你什麼仁義？你是周朝的公爵，盟會竟然不請周王。你什麼仁義？狗屁。按理說，也該把你烹了祭神，算我仁義，放你一馬。各位，我們盟誓，讓老宋看著。」楚成王罵了一通，然後還要羞辱他。

宋襄公被罵得無言以對，只好歎氣。

現在，宋襄公被關進早已準備好的籠子，看著外面楚成王和五國諸侯盟誓。所有的設施都是現成的，原本是宋襄公準備給自己當盟主用的，如今成了楚成王的。

那五國諸侯有幸災樂禍的，也有覺得楚成王過分的，但是沒人敢為他求情，大家恭恭敬敬，歡歡喜喜，推舉楚成王為盟主，歃血為盟。之後，楚成王令人把牛耳朵扔進了宋襄公的籠子裡，意思是：你不是愛執牛耳嗎？給你執去吧。

「各位國君，我楚國大軍明天要進攻睢陽，滅了宋國，請大家現場觀看。」最後，楚成王宣布。

宋襄公昏過去了。

楚國人的詭計

攻城戰役開始。

宋襄公站在楚成王的身邊看楚軍進攻睢陽，不過，楚成王在戰車上，宋襄公在籠子裡。宋襄公很羞愧，楚成王則很得意。不過，沒有多久，宋襄公的心情平靜下來，楚成王也不再那麼得意。發生了什麼？

不得不承認子魚不簡單。

在從盂逃回來之後，子魚立即佈置城防，他料到，楚成王一定會來攻城。

按楚成王的設想，以三百乘戰車發動閃電戰，拿下驚慌失措中的宋國不成問題，他沒有料到的是，宋國人竟然能夠這麼快從恐慌中走出來，並且能夠這樣快地佈置起防守來。

第一天的攻城以失敗告終，第二天呢？

沒有第二天了，楚成王決定撤軍。撤軍的原因很簡單，因為兵力不足，閃電戰失敗，就只能撤軍。

就這樣，宋襄公被楚軍帶回了楚國。

回到楚國，楚成王召集群臣，討論怎樣處置宋襄公。

「殺了算了，殺了他，中原諸侯一定都害怕我們，我們就可以乘機稱霸。」大夫成得臣建議。成得臣，字子玉，楚國頭號大將。基本上，現在楚國打仗，除非楚王親征，都是成得臣指揮。

「子文，你看呢？」楚成王問。打仗可以問成得臣，這種考智慧的事情，還要問子文。

「大王，大老遠的把他弄過來，殺了多不合算。我看，我們用他跟宋國換點土地過來，不是廢物利用？」子文回答。

兩相對照，很明顯，子文的主意更好。

於是，楚成王派遣使者前往宋國，要求宋國用土地來贖回自己的國君。

幾天之後，楚國使者回來了。

「怎麼樣？宋國人準備給多大地盤？」楚成王問。

「報大王，一寸土地都不給。」

「不給？他們不想要自己的國君了？」楚成王吃了一驚。

「他們有新國君了，就是子魚。」

「啊，子魚？舊的還沒死，新的就上來了？」

「沒錯，子魚說了，說他現在是國君，被咱們抓的國君現在也就是宋國一農民，要殺隨便，屍體咱們可以自己留著。」

楚成王傻眼了，原本想撈一票，現在看來不僅沒撈著，還倒貼了伙食費。

怎麼辦？楚成王把子文給叫來了。把事情說了一遍，子文也很意外，想了想說：「大王，我知道這個子魚非常賢能，上次要不是他，咱們早就滅了宋國了。如今他當了國君，對咱們不是一件好事。依我看，不如把老宋給送回去，讓他們兄弟相爭，自相殘殺。」

　　「好主意。」

　　正是，一計不成，再生一計。

　　第二天，楚成王再派使者前往宋國，這次不是商量，而是告知。告知是什麼意思？就是不管你什麼意見，我就這麼做了。怎麼做？冬天的某個時間，我們把宋襄公給你們送到你們的薄（今河南商丘縣）去。愛要不要，反正到時候就送過去了。

　　然後，楚成王派人把宋襄公給請來了。為什麼說請？因為這次很客氣。

　　在籠子裡住了一個多月，宋襄公這個難受，突然說楚成王來請，把宋襄公嚇得差一點尿褲子。看來，自己離紅燒肉不遠了。

　　宋襄公真沒猜錯，楚成王備了國宴請他，頭一道菜就是紅燒肉，弄得宋襄公有點受寵若驚。

　　「大、大王，您這是？」宋襄公不知道楚成王想要幹什麼，惴惴不安地問。

　　「宋公啊，這些日子受苦了。我想我們之間有些誤會，不好意思，這段時間讓你沒吃好沒睡好的。說實話，我們被你的仁義感動了，所以，決定釋放你，把你送回家。」楚成王說得挺誠懇，好像真是那麼回事。

　　「真，真的？」

　　「君無戲言啊，我最講誠信的。這樣，安安穩穩在我這裡再住幾天，咱兄弟兩個好好敘敘，然後我派人送你回去。」

　　「真，真的？」

　　就這樣，宋襄公繼續留在楚國，不過不住籠子了，住在國賓館裡，好吃好喝好玩，跟楚成王一起泡妞一起講黃段子，還打了兩次獵。到臨走，宋襄公還真有點捨不得楚成王了。

宋襄公回來了

終於，冬天到了。

天上，鳥都不飛了。鳥不飛了，人還是要走的。

依依惜別之後，宋襄公被楚國軍隊一直送到了宋國的薄。為了表示誠意，楚軍僅僅派了五十乘戰車「護送」。

前面，宋國大軍早已經準備好，四百乘戰車伺候。

「宋公，你到家了，我們告辭了。」楚軍領軍大將向宋襄公道別之後，率領楚軍撤了。

宋軍一乘戰車奔馳而來，到了宋襄公面前，戰車停下，只見子魚跳了下來。

「主公，你總算回來了。」子魚大聲說道。看得出來，他很高興。他不僅為宋襄公回來而高興，也為自己的計策的成功而高興。他知道，如果用土地換宋襄公，不僅將失去土地，還會引狼入室，最後是人地兩空。因此，唯一的辦法就是自己先登基，讓宋襄公在楚國人那裡失去價值，說不定楚國人反而會把襄公放回來。

宋襄公看著子魚，半天才說出話來。

「主公，我不是主公，你才是主公。主公啊，我被楚國人羞辱，不配再當宋國國君了，主公，你讓我去衛國吧，我在衛國弄幾畝地，當個小地主了。」宋襄公說道。也不知是真這麼想，還是裝模作樣。

「主公，怎麼能這麼說？楚國人不講信用，怎麼能怪主公呢？再說，你不是已經回來了嗎？這說明上天把宋國交給你，楚國人也不能把你怎樣啊。」子魚真有點急了，他是真的對國君的位置沒什麼興趣。

「照你說，我能回來是天意？」宋襄公問。

「不錯，是天意。」

「不，不是天意。」宋襄公突然提高了嗓門，把子魚嚇了一跳，心說這兄弟不會在楚國變神經病了吧。再看宋襄公，正在那裡運氣，然後蹦出後面的半句話：「是仁義。仁義無敵啊。」

弄了半天，還沒忘記仁義無敵。

子魚傻眼了，照例，聽見仁義二字他就會傻眼。早知道仁義這麼管用，自己何必費這麼大功夫呢？

　　「禍猶未也，未足以懲君。」（《左傳》）子魚心說，看來，這次的教訓還不夠，更大的災難還在後面。

蠢豬式的仁義

不管怎樣，宋襄公回到了宋國，繼續當他的國君。而子魚規規矩矩當自己的臣子，沒有一點不服氣的意思。

冬去春來，春暖花開。還好，宋襄公打消了當盟主的荒唐念頭。

「還好還好，這個春天還不錯。」回想起去年春天在鹿上之會，子魚還有些哭笑不得，好在，今年春天還過得安生。

可是，世上的事就是這樣，你可以知道，但是不能念叨。你一念叨，事情就來了。

三月三十日，春天的最後一天。

「報主公，鄭侯前往楚國朝拜楚王。」宋國駐鄭國辦事處的官員前來報告鄭國的動態，類似的諸侯動態經常會有。

「什麼？這個不要臉的東西，竟然去朝拜楚國？」宋襄公大聲說。在所有諸侯當中，他最痛恨的不是楚成王，而是鄭文侯。當初自己被關在籠子裡，鄭文侯嘲弄自己是個猴子，還向自己吐口水。那時候，宋襄公就在暗中發誓，一旦出了籠子，一定要找鄭文侯算賬。

子魚就在旁邊，他有一種不祥的預感。

「奶奶的，讓他去舔楚王的屁股，不行，我要出兵討伐，滅了鄭國。」果不其然，宋襄公終究沒有能夠熬過這個春天。

子魚苦笑，該來的真是躲不掉。

楚國人又來了

《左傳》載：「夏，宋公伐鄭。子魚曰：『所謂禍在此矣。』」

夏天，宋國軍隊討伐鄭國。

表面上看，宋軍人多車多，似乎實力更強。但是，歷史已經證明並且還將證明的是，宋國確實打不過鄭國。

可是，俗話說：「有山靠山，有水吃水。認個乾媽，就要吃奶；認個乾爹，就要撒嬌。」

鄭國並不怕宋國，可是想想看，既然認了楚國做大哥，何不請大哥出來擺平？白叫你大哥了？

於是，鄭國一面防守，一面向楚國求救。

楚國會救嗎？

這樣的事情，楚國都不用商量，直接就決定出兵了。沒事還想打你呢，你自己找事，為什麼不打你？楚成王讓使者告訴鄭國：「別急，先頂著，秋收之後，楚國大軍討伐宋國。」

為什麼不當時就出兵？楚成王也知道宋國那點戰鬥力，鄭國頂到秋收一點問題也沒有。

事實證明楚成王是正確的，宋襄公親自率領的宋軍在鄭國從夏天到秋天，用趙本山（註）的話說：「沒咋地。」（註：中國家喻戶曉的小品表演藝術家。）

沒把鄭國怎麼樣也就罷了，還耽誤了秋收。

耽誤了秋收也就罷了，還把楚國鬼子給引過來了。

楚國人夠狠，不救鄭國，直接殺奔宋國。以楚國的實力，自然犯不著玩什麼圍宋救鄭的把戲，為什麼要這樣呢？楚國人很壞，遲遲不出兵的目的，就是想讓宋國人和鄭國人消耗一些兵力。如今，如果出兵鄭國，就算打敗了宋國，也沒什麼太大好處。相反，直接出兵宋國，就可以在宋國就地開搶，好處多多啊。

沒辦法，宋襄公緊急從鄭國撤軍。好在鄭國沒有追他們，鄭國人壞著呢，他們還想讓宋國人跟楚國人拚命呢。

總之，一人一個心眼，誰也不是善類。

說來說去，只有宋襄公是個缺心眼。

宋軍一路撤退，撤到了宋國的泓（今河南省柘城縣），然後等待楚軍的到來。

「主公，楚軍強大，我看，不如跟他們講和。」大司馬公孫固建

議。大司馬是什麼？國防部長。

「什麼？講和？兄弟，這是我們的主場，怕什麼？」宋襄公不肯，想起在楚國被關進籠子裡那段日子，他就咬牙切齒。

「可是，我們只有四百乘戰車，楚軍六百乘；我們的戰士長期不打仗，楚軍都是能征善戰的戰士，憑什麼與他們抗衡？」

「仁義，仁義無敵，知道不？」

公孫固也沒話說了，仁義這個東西，就像鬼神一樣，摸不著看不見，說它行它就行，不行也行。

既然勸說無效，公孫固只好準備後事——派人回睢陽通知子魚，一面準備守城，一面派軍隊在半路等待接應宋國的敗軍。

仁義之戰

宋襄公十三年（前 638 年）十一月一日。

泓。

中國歷史上著名的泓之戰開始了。

泓水之東，宋軍戰車四百乘，宋襄公親自指揮，列陣。

泓水之西，楚軍戰車六百乘，楚國國防部長成得臣指揮，準備渡河。

楚軍顯然沒有把宋軍放在眼裡，按常理，渡河作戰，必須趁早過河，先於對方列陣，以防對方半渡攻擊。可是，成得臣完全不在乎，似乎宋襄公還在楚國的籠子裡。

宋軍列陣結束的時候，楚軍還在渡河。

公孫固猛然之間看到了取勝的機會，就像下圍棋，劣勢之下看到了逆轉的勝負手。

「主公，敵眾我寡，趁他們還在渡河，人馬未齊，現在發起攻擊，一定可以戰勝他們。」公孫固迫不及待地提出建議，聲音竟然有些顫抖。

機會啊，敵人輕敵給了我們機會，這樣的機會真是求之不得。

「不可。」宋襄公輕輕地說，甚至沒有看公孫固一眼。

公孫固失望地搖搖頭。

過了一陣，楚軍全部過河，但是亂哄哄的，正在整理隊列，部署陣形。

「主公，趁敵人混亂，出擊吧。」公孫固再次提出建議，他知道，這是最後的機會。

「未可。」宋襄公擺擺手，意思是等半天了，這一下就不能等了嗎？見公孫固還要說，宋襄公不高興了，「兄弟，你這人怎麼這麼不厚道呢？沒看見人家還沒布好陣嗎？」

公孫固要哭了。

終於，楚軍準備好了。

楚國，天下第一強國。古人的話說：「天下莫強於楚。」

當時的天下，從北到南，沒有一個國家是楚國的對手。

兩軍擊鼓，同時衝鋒。

不是狼入羊群，是狼群吃羊。宋軍本來戰鬥力就不行，人還比楚國少，這個仗怎麼打？不用發揮想像力，就可以知道結果了。

宋軍慘敗，大將公子蕩戰死，宋襄公被重重包圍，若不是公孫固率領親兵拼死相救，宋襄公就又該去楚國的籠子裡站著了。即便這樣，公孫固保護宋襄公殺出重圍的時候，宋襄公大腿上已經挨了一箭，血流如注，趴在車上。好在宋襄公的馬不錯，一路奔逃。半路上遇上子魚率軍接應，才把宋襄公救了回去。再看宋軍，十死七八，襄公的親軍衛隊無一逃生。還好，公孫固沒有陣亡。

宋襄公狼狽逃回睢陽之後，子魚立即佈置守城，準備迎戰楚軍。

好在這次楚軍根本沒有準備攻城，押著俘虜，帶著戰利品，渡河回國了。

泓之戰，宋軍慘敗。這是宋國軍隊上次被鄭莊公全殲之後，又一次毀滅性的失敗。

「該死的宋公，白癡啊。」「怎麼攤上這麼個弱智國君啊！」「怎麼

第七十二章　蠢豬式的仁義

309

上次楚王沒把他給做成人肉包子啊！」

宋國上下，一片罵聲。

一場慘敗，多少人家失去了兒子、失去了老公、失去了兄弟、失去了父親，大家能不罵宋襄公嗎？

那麼，宋襄公是怎麼看的呢？他後悔嗎？他羞愧嗎？

「仁義的人打仗，只要敵人已經負傷，就不再去殺傷他，也不俘虜二毛。古時候指揮戰鬥，是不憑藉地勢險要的。我雖然是已經亡了國的商朝的後代，可是絕不會去進攻沒有擺好陣勢的敵人。」宋襄公說。仁義啊，仁義到底啊。

什麼是二毛？二毛就是頭髮斑白的人。那三毛呢？頭髮全白的人。十毛呢？就是一塊錢。

「主公啊，打仗是不能講仁義的。敵人因地形不利而沒有擺好陣勢，那是老天幫助我們。打仗就是殺人，怎麼能不忍心呢？」子魚講了一通道理，歸結起來，就是戰場上不能心懷慈悲。

「不，寧可打敗仗，我要仁義。」宋襄公說。

子魚哭了。

仁義的兩面性

對於宋襄公，歷史上向來有兩種截然不同的評價。

基本上，儒家一派是讚揚的，不僅讚揚，而且捧上了天，類似「生的偉大，死的光榮」。不過，先在這裡說明的是，儒家祖師爺孔子一直拒絕對此進行評價，顯然他的心情是矛盾的，或者說他也是不贊成宋襄公的。《左傳》中有大量篇幅來評價當時的事件，而對於宋襄公這件事，竟然沒有片言隻語的評論，這很說明問題。

下面，先聽聽唱讚歌的。

「君子大其不鼓不成列，臨大事而不忘大禮，有君而無臣。以為雖文王之戰，亦不過此也。」這是《春秋公羊傳》的評語，什麼意思？君子褒揚宋襄公不進攻沒有列好隊的敵人，遇上戰爭還不忘記大禮。宋

襄公是有仁德的君主啊，可惜沒有輔佐的賢臣。即便是文王來作戰，恐怕也就是這個樣子吧。

把宋襄公比成周文王，還有比這更高的讚揚嗎？

「襄公既敗於泓，而君子或以為多，傷中國闕禮義，褒之也，宋襄之有禮讓也。」這是《史記》裡的話，司馬遷借「君子」之口來表揚宋襄公：君子們讚揚宋襄公，認為中國缺少禮義，而宋襄公很懂得禮讓。

那個提出「罷黜百家獨尊儒術」的董仲舒更是把宋襄公當做楷模，他這樣說：「霸王之道，皆本於仁……故善宋襄公不厄人。不由其道而勝，不如由其道而敗。」意思是這樣的：要成為霸王，根本在於仁義，所以宋襄公的做法是值得提倡的。破壞了仁義而取勝，不如遵循仁義而戰敗。

「不由其道而勝，不如由其道而敗。」這就是大儒董仲舒的高見。

中國兩千多年來被外族欺辱，董大儒功不可沒。

再來看看反面意見。

除了子魚之外，孫子大概是第一個反對宋襄公的人，《孫子兵法》開卷就寫道：「兵者，詭道也。利而誘之，亂而取之。攻其無備，出其不意。」這些話，基本上就是寫給宋襄公看的。

之後的兵家，都與孫子一脈相承。

韓非也嘲弄宋襄公，稱之：「此乃慕自親仁義之禍。」

然而幾千年來說得最過癮也最直接的還是毛澤東，毛澤東說：「這是蠢豬式的仁義。」

仁義，對敵人仁義，就是對自己的人不仁義。

不就是這樣嗎？

對敵人仁義，敵人嘲笑你，自己人怨恨你，這樣的仁義有什麼意義呢？

宋襄公的大腿上那一箭不僅僅扎到了皮，也扎到了肉，還扎到了骨頭。那年頭沒有消炎藥也沒有消毒水，還沒有華佗給他刮骨療傷。

就算有華佗，宋襄公也不是關雲長。所以，宋襄公的腿一直好不了，發痛、發癢、化膿，走起路來一瘸一拐，睡覺也只能一個側面。儘管如此，宋襄公從來不後悔自己的仁義之舉。

轉眼過了冬天，又到了春天。

春天來了，該發芽的發芽，該發情的發情，該發炎的當然也要發炎。換句話說，宋襄公的傷情更加惡化了。

「我要死了嗎？」宋襄公經常會問自己。他覺得自己大概好不了了。

這一天，正當宋襄公又問這個問題的時候，有人來報：「主公，晉國公子重耳求見。」

平時，求見的人很多，宋襄公基本上都不見。這次，他見不見？

「安排國宴。」宋襄公下令，不僅見，而且要高規格地見。為什麼？

在回答宋襄公的問題之前，先回答另一個問題：重耳怎麼跑到宋國來了？

告密者的下場

重耳在齊國的小日子過得十分滋潤，有老婆沒孩子，有朋友沒敵人，多好的日子？

重耳的老婆叫姜氏，漂亮說不上，但是很賢慧很溫柔，又體貼人，而且學識出眾，重耳很喜歡她。

齊桓公剛死的那陣子，重耳還擔心是不是好日子到頭了，可是後來沒咋地，馬照跑舞照跳，國家大妓院的生意還是那麼紅火。重耳覺得人生不過如此，有吃有喝有老婆伺候，還求什麼？折騰什麼？

所以，重耳決定就這麼在齊國過下去了，當個小地主也沒什麼不好。

重耳是挺爽，可是兄弟們不爽啊。不說別的，就說先軫和魏犨，看著齊國四公子打仗，兩個人那個羨慕，真恨不得提著大戟去殺幾個人過過癮。

可是，哪裡也去不了，只能待在莊園裡喝酒吹牛，頂多賭幾把。

轉眼間，在齊國七年了。七年時間過去，重耳竟然沒有讓姜氏生個孩子出來，也是沒用。

　　七年的時間裡，齊國從霸主變成了一個平庸的國家。

　　「不行，我們不能再待下去，再待下去就廢了。齊國現在自顧不暇，即便晉國有了內亂，他們也不能幫助我們。」狐偃把趙衰幾個找來，要解決出路問題。

　　「可是，公子整天跟他老婆膩在一起，看那樣子，就打算老死在這裡了。」趙衰也早有考慮，可是有這個疑慮。

　　其餘哥幾個紛紛附和，都說早就該走了。

　　「這樣，咱們找個僻靜地方去商量。」狐偃怕大家商量的事情被重耳聽見，有了提防。

　　於是，幾個人悄悄溜了出去。去哪裡？

　　若是兩年前，就去國家大妓院開間房，一邊洗腳，一邊商量。可是如今不行了，齊桓公死後，齊國政府給的補貼越來越少，這幾年基本上是在吃老本，銀子都用得差不多了。

　　沒辦法，只能去地裡。

　　哥幾個找了一棵比較大比較偏僻的桑樹，就在桑樹下面開始討論了。討論什麼？討論怎樣說服重耳離開齊國，以及如果不能說服，那麼以什麼辦法把他強行帶走。

　　商量半天，暫時沒有結果。開飯時間到，哥幾個裝模作樣，溜溜達達回去吃飯了。

　　晉國人的習慣是低著頭走路，這個習慣很不好。固然這樣增加了撿到錢的概率，但是撞到樹的概率也大大增加了。

　　這次倒沒有撞到樹，不過比撞到樹更糟糕。按理說，桑樹並不高，上面有個人是應該看得見的，可是哥幾個竟然沒有看見。樹上有人嗎？不僅有人，還是一個美女，一個穿裙子的美女。

　　這個美女是誰？美女為什麼會爬到樹上？

　　美女的名字叫蓮蓉，現在的月餅常常用她的名字來命名。蓮蓉年

方一十八歲，長得端莊大方，楚楚動人，像誰？像倪萍（註）十八歲時的模樣。蓮蓉為什麼在樹上？（註：中國著名電視節目主持人。）

原來，蓮蓉是重耳家裡的養蠶女，爬到樹上是要摘桑葉。剛爬上去，看見幾個男人過來，暗中驚叫：「哇，要走光。」急忙摟緊了裙子，不敢說話。誰知道這幾個男人就在自己的裙子下面坐下，談論起隱私來。

自古以來，誰不愛聽別人的隱私？蓮蓉豎起了耳朵，聽得津津有味。

男人們走光了，蓮蓉從樹上溜了下來。一合計，這幾個人想把男主人弄走，那女主人不就守活寡了？不行，我要告密，告密定有好處。

告密真的有好處嗎？

世界上有一種人是很危險的，什麼人？知道秘密的人。看看好萊塢的電影，大凡被追殺的，十有八九是因為他知道什麼秘密。所以，有秘密最好守住，否則就向全世界公布，千萬不要告密。下面，我們來看看告密者蓮蓉的下場。

「主人，驚天陰謀，危在旦夕啊。」蓮蓉找到姜氏，先搞幾句危言聳聽，以此提高自己告密的價值。

「什麼？快說。」姜氏果然有點緊張。

蓮蓉把自己在桑樹上聽到的那幾個男人的隱私詳詳細細說了一遍，添油加醋，繪聲繪色，感動得自己都直掉眼淚。

「真的？」姜氏不敢相信自己的耳朵，愣了半天才問。

「真的，我怎麼敢造假新聞呢？」

「我不信。」姜氏不信。

「我，我發誓。」現在，告密的問題來了，人家不信，你就麻煩了。如果人家再質疑你的動機，你就更說不清楚了。

好在姜氏沒有質疑蓮蓉的動機，她想了想，問：「哪一棵桑樹？妳帶我去看。」

蓮蓉帶著姜氏，悄悄地來到了那棵桑樹下。

天色有點黑。

「就是這棵樹。」蓮蓉說，有點得意。

姜氏上下打量著那棵樹，似乎還有懷疑，蓮蓉剛要再說什麼，姜氏突然說道：「妳看，妳身後是誰？」

蓮蓉急忙轉過身去，定睛一看，發現身後根本就沒有人，看來是姜氏看走眼了。可是，當她轉過身去的時候，她的身後就確實有人了，誰？姜氏。

姜氏從懷裡掏出一把明晃晃的剪刀來。

蓮蓉再轉頭回來的時候，一把剪刀直接刺透了她的喉嚨。

「呃。」這是蓮蓉能發出的最響亮的聲音了。

告密者死了。

第七十三章
偷窺和走光

　　姜氏是一個深明大義的女人，七年沒有能夠為重耳生下一男半女，她很慚愧。為此，她覺得自己不應該耽誤重耳的前程，她決定要讓重耳離開這裡，去成就他的事業。

　　正因為如此，她殺了蓮蓉，以防她洩漏機密。

　　殺了人，晚上照例是不容易睡著的。

　　「公子，我要……」姜氏說。

　　「好。」重耳說，伸出胳膊摟住了姜氏。可是，他會錯意了，因為姜氏的話沒有說完。

　　「我要勸勸你。」姜氏接著說，她輕輕推開重耳的胳膊，「《詩》說得好：『上帝臨汝，無二爾心。』上帝保佑你，你可不能猶豫。《西方之書》說得好：『懷與安，實疚大事。』貪戀安逸，就什麼也做不成。《鄭詩》說得好……管子說得好……《周書》說得好……」

　　姜氏講了一通，引經據典，觸類旁通，聽得重耳雲裡霧裡，瞠目結舌。

　　「我這老婆好厲害啊。」重耳心中感慨，感慨歸感慨，不知道老婆究竟要說什麼。

　　說到最後，姜氏終於把最重要的事情說了出來：「老公啊，兒女情長要不得。你到齊國來幹什麼來了？你是要回到晉國啊。你走吧，晉國現在很亂，你的機會快到了。」

　　「什麼？」重耳這個時候知道了，老婆是要趕自己走，「不走，打死我也不走。」

　　「老公，你，你忘本了，你難道忘了你來時的豪情壯志嗎？」姜氏有些激動起來，沒想到重耳這麼沒志氣。

　　「什麼豪情壯志？都是假的。人生在世，不過求一安樂，如今這樣不是挺好？我哪裡也不去。」

「好，你可以不走，那你的兄弟們呢？他們怎麼辦？」

「他們，他們自謀出路。」

所以，幹革命要跟對人，幹到這個時候，兄弟們要自謀出路了。

幸虧兄弟們沒聽見，否則，重耳麻煩就大了。

姜氏歎了一口氣，不再說話。

讀詩的女人

第二天，狐偃幾個吃完早飯，鬼鬼祟祟又去了那棵桑樹下面。幾個人原地坐好，還沒來得及說話，樹上下來一個人，把哥幾個嚇了一大跳。一看，誰啊？姜氏。

別說，姜氏不僅會背詩，還會上樹。

「夫，夫人，樹上幹啥呢？早起鍛煉身體啊？」狐射姑結結巴巴問。心虛啊。

「呸，你才上樹上鍛煉呢。」姜氏罵了一句，看狐射姑尷尬，笑了笑，問狐偃：「舅舅，你們來這麼早，商量好了沒有？」

「商量什麼？」狐偃反問。心裡咯噔一下。

「別瞞著我了，你們準備把我老公弄走，不是嗎？」

「這，這怎麼會？我們來乘涼而已。」狐偃也是口不擇言，太陽還沒出來呢，乘什麼涼？況且，這天氣，出門不穿棉襖都冷。

「別裝了，昨天你們商量的事，都被蓮蓉聽見了，你們說話的時候，她就在樹上呢。」

哥幾個一聽，都傻眼了。原本還不太相信，可是想想，姜氏剛才就在樹上，大家不也沒看見？

沒人說話了，大家都看狐偃。

狐偃歎了一口氣，然後說：「唉，什麼也別商量了，大家自謀出路吧，走吧。」

狐偃說完，大家起身就走。姜氏急忙叫住：「都給我站住。」見那幫人站住了看自己，姜氏接著說：「要走可以，把公子也帶走。」

「把公子帶走？」魏犫沒聽明白什麼意思。

「對，你們說得對，公子是該走了。」

「夫人，你不是忽悠我們吧？」狐偃問。

「你們跟我來。」姜氏沒有回答他，而是帶著大家來到不遠處一個土坑，撩開上面的葉子，蓮蓉的屍體就展現在大家的眼前。

大家都愣住了，這是什麼意思？姜氏要自殺？

「為了防備蓮蓉走漏消息，我把她殺了。各位，我有一個辦法，一定能讓公子上路。」姜氏說。

一個女人，一個動不動來兩段詩的知性女人，竟然如此的狠毒如此的果斷。

我服了。狐偃在心中暗說。

記住，讀詩的女人是很危險的。

晚上，照例又是晚上。

「老公，你還記得今天是什麼日子嗎？」姜氏問。兩個人在炕上坐著，小桌上擺滿了酒菜。

「什麼日子？」重耳問。他有些奇怪，為什麼老婆今天晚上弄了這麼多菜。說實話，他很喜歡齊國的菜，比晉國的菜好吃很多。

「你真的不知道？」

「嘿嘿，真不知道。」

「告訴你吧，是咱們成親七周年。為了紀念這個好日子，今晚上要多喝幾杯慶祝。」姜氏說。真這麼巧，真是七周年。

「啊，就是，要多喝幾杯。」重耳挺高興，還想討老婆歡心。

「先喝三杯。」姜氏下令。

重耳連喝三杯。

「七年啊，一年一杯，再喝七杯。」姜氏又下令。

重耳再喝七杯。

「為了我娘身體健康，再喝三杯。」

重耳又喝三杯。

「為了早生貴子，三杯。」

……

「老婆，我，我沒醉。」

……

「我，我，再喝、喝、喝三杯。」

……

如今山東人喝酒為什麼一定要把人往醉裡整？就是從姜氏這裡來的。

重耳在哪裡？

「我要喝水，老婆，水。」重耳醒過來了，他不知道自己睡了多長時間，他只覺得口乾得要命，要喝水。

沒人理他。

「水。」重耳清醒了一些，他想起來自己好像是喝醉了，他覺得自己的身子好像在晃動，有時激烈，有時輕微，他疑惑：「地震了？」

重耳伸手去摸老婆，老婆沒有摸到，卻摸到涼乎乎硬邦邦的東西，老婆呢？

重耳睜開了眼睛。

在重耳的眼前，沒有炕、沒有老婆，甚至沒有房子，自己裹著一床被子，一個人躺在一處硬邦邦的狹窄的地方。

重耳騰地坐了起來，酒也在一瞬間醒了。

「我在哪裡？」重耳大聲喊了起來。

陽光明媚。怎麼老是陽光明媚？因為幾千年前的空氣還沒有被汙染。

晨風還有些涼，重耳從車上跳下來的時候，差一點沒有站穩，沒辦法，昨晚上喝得太多了。

重耳的眼前，是自己的兄弟們，來齊國的時候是多少人，現在還

是多少人，一個不多一個不少。

車在路上，路的四周都是土地，土地裡暫時什麼都沒有長出來，看不見人家。

「這，這是怎麼回事？」重耳很吃驚，狩獵嗎？

「公子，我們要離開齊國了，現在快到衛國了。」所有人都不敢說話，只有狐偃笑嘻嘻地說。

「什麼？」重耳把那個「麼」字拖得很長，他簡直不敢相信，更加不願意相信，可是看著眼前的情景，他也只能相信，他喊起來，「不行，我要回家，要走你們走，我不走。」

「回不去了，這是夫人和我們商量的主意，夫人灌醉你之後，我們昨晚上連夜出發。夫人在我們走之後已經把莊園燒了，把下人們都打發走了，她回娘家了，就是為了讓你走。」狐偃說。很嚴肅的樣子，後面的話是他編的。

重耳愣住了，過了好一陣才回過神來。

「舅舅，你，你，都是你出的壞主意。」重耳大吼起來。他知道這樣的壞主意只有舅舅才能想出來，可是這一次他真的錯了，他不知道動不動唸詩的女人也有很多壞主意。重耳氣得渾身發抖，一轉眼看見先軫手持大戟站在身邊，一把搶了過來，直奔狐偃而去。

狐偃一看，好嘛，兔崽子要跟我玩命，跑吧。

狐偃轉身就跑，重耳在後面就追。一來重耳的武功本來就不如狐偃，二來大醉剛醒，三來狐射姑等人上前攔阻，重耳自然追不上，只得恨恨地把大戟摔在地上。

「舅舅，要是這一次不能成功，我要吃你的肉。」重耳咬牙切齒地說。

「哈哈哈哈，」狐偃遠遠地大笑起來，在他的眼裡，重耳永遠是個小兔崽子，「這次要是不成功，我都不知道自己死在哪裡，屍體恐怕餵野狗了，怕你也搶不到。要是成功了，你當了國君，山珍海味隨便吃，我這乾巴老頭又腥又臊，怕你也不愛吃，哈哈哈哈。」

所有人都笑了。

「走吧。」重耳下令。他這人這點好，認清形勢之後，絕不拖泥帶水。

既然不能回頭，那就向前走。

又吃閉門羹

重耳的團隊比上一次倉皇出逃的境況要好一些，但是，也好不到哪裡去。

二十多號人，只有兩輛車。當初齊桓公給了二十輛車，但是七年過去了，馬也老死了不少，近年來經濟不景氣，坐吃山空，車壞了許多都沒有費用修理。所以，在這次出走之前，好車已經不多，勉強拼裝一下，算是搞出來兩輛車況不錯的。

銀子也不太多，好在還有一點。最令大家可以安心的是，走的前一天，姜氏已經安排人瘋狂烙餅，大餅和大蔥夠大家在路上吃一陣子了。

當然，比較有利的是，這一次大家的衣著打扮都是中原的，不會再被人認成鬼子了。

按著大家事先商量好的行程，這一趟的目的地是宋國。儘管宋襄公新近戰敗，但是此人是個熱心腸，又喜歡出風頭，特雷鋒的那種，所以，到時候應該肯幫忙。

要去宋國，就要經過衛國和曹國。

於是，大家又來到了衛國。

上一次在衛國吃了閉門羹，這一次呢？

楚丘，衛國都城。

七年過去了，重耳一行人又回來了。看上去，變化挺大，看來，衛文公是個不錯的國君，帶領人民穩步奔向小康呢。

晉國人並沒有進城，他們還記得上一次的遭遇，於是派胥臣前去通報。

胥臣找到了衛國上卿寧速,說是晉國公子重耳路過,求見貴國國君。寧速讓胥臣稍等,自己急忙去見衛文公。

「主公,晉國公子重耳求見。」

「什麼?又來了?不見。」衛文公一口回絕。這一次倒不是因為怕那幫人吃窮了自己,七年過去了,衛國的 GDP 每年以百分之十三的速度增長,目前已經是中等發達國家了。

「為什麼?」寧速覺得奇怪啊,他還記得七年前衛文公織布的場景,如今早就不用自己親自幹了,怎麼還是不接待人家?

「煩著呢,狄人和邢國亡我之心不死,總想著侵略我們,我們備戰備荒還忙不過來呢,誰有閒工夫搭理他們?不見。」

「主公啊,眼光放長遠點啊。目前晉國國君不得人心,重耳遲早要擁有晉國的。晉國是大國,況且跟咱們又是同宗,現在搞好關係,今後可以仰仗啊。」寧速勸說。他還挺有眼光。

「不見不見,說了不見,就是不見。」衛文公不耐煩起來,沒有通融的餘地。

沒辦法,寧速只好回絕了胥臣。

又是一個閉門羹。

「衛國,總有一天,我還會再來的。」重耳咬牙切齒,他發誓。

偷窺與走光

經過衛國,來到了曹國陶丘。

這一次,還是胥臣前往通報。

胥臣來到曹國朝廷,來見曹共公,把公子重耳路過此地,想要求見說了一遍。

「不見。」曹共公比衛文公回答得還堅決。

胥臣一看,不見,不見就算了,反正也沒想怎麼樣,這個小屁國家,今後也指望不上。於是,胥臣出了朝廷,就要出城。沒走幾步,身後曹國官員追出來了。

「那個晉國人等等，我家主公說了，歡迎公子重耳。」

前後幾分鐘時間，曹共公改主意了。

重耳一行進城，被安置在了國賓館。國賓館離後宮很近，條件還不錯，大炕燒得很暖和，還有燒得很燙的洗澡水。

大家分配好了房間，重耳也到了自己的房間，這時候，國賓館的領班來了。

「公子，水燒好了，先洗個澡吧。」領班說。

重耳一聽，挺感動，看人家曹國多熱情，再看看衛國，唉，人跟人的境界咋就差那麼遠呢？不過，現在餓得半死，還是先填飽肚子緊迫一些。

「先吃飯吧，快餓死了。」重耳要求吃完飯再洗澡。

「別介，洗完澡，換了衣服，有國宴啊。」

重耳一聽，也是啊，沐浴更衣吃國宴，應該啊。

拿好換洗衣服，正要跟領班去浴室洗澡，有人來了。誰？僖負羈，還有他老婆。

僖負羈來幹什麼？代表國君來看望大家？不是。僖負羈是聽說重耳來了，特地帶著老婆過來看看重耳這幫人是不是傳說中的那麼人才濟濟。

既然僖負羈登門拜訪，重耳自然要見一見。

「公子一路辛苦啊。」僖負羈自我介紹了，然後致以問候。

兩人聊了幾句，領班又過來催重耳洗澡，催了幾遍，催得重耳都不好意思了。

「僖大夫，不好意思，曹侯等會有國宴，我先洗個澡。」重耳沒辦法，只好這樣對僖負羈說。

「不礙，公子洗澡先，我去看看狐偃他們。」僖負羈起身走了，不過心裡嘀咕：沒聽說有國宴哪，有國宴為什麼不通知我？

重耳拿著衣服，跟著領班去了浴室。水已經燒好，搓澡女工也已經等候在那裡。

脫了衣服，脫了褲子，重耳跳進洗澡桶裡開始洗澡。

一開始感覺挺好，水溫合適，水桶不深不淺，搓澡女工的手法也不錯。可是，洗著洗著，重耳就覺得搓澡女工的眼神有點不對了，她總是盯著自己的胸口看。

噢，對了，自己的胸長得與眾不同。重耳突然想起來了。前文說過，重耳生得「重瞳駢脅」，駢脅就是俗稱的板肋，就是肋骨之間沒有肉，連成了一片。平胸，重耳才是真正的平胸。現在常說某某女明星是平胸，跟重耳比起來，那算是大胸了。

這麼說吧，別人的肋骨俗稱搓衣板，重耳的肋部算是塊磨刀石。

自己長得怪，就不能怪別人看自己。

想通了之後，重耳坦然下來，開始憧憬國宴。

可是，很快，重耳又發現了蹊蹺。

那個搓澡女工不僅總是盯著自己的胸部，還總是時不時看窗戶，好像窗戶也長得有問題。重耳不由得也開始注意起窗戶來。立即，他就發現了秘密。

大白天，外面亮裡面暗。窗戶外一個人頭的影像清晰地印在窗紙上，再看窗紙，兩個圓洞的後面正好是那個人的一雙眼睛。

「什麼人？」重耳大喝一聲，跳出水桶，把劍握在手中。他的第一反應是這個人是個刺客，晉惠公派來的刺客。

但是，這顯然不是個刺客，因為那個人在知道自己被發現後，立即走開了，一邊走還一邊「嘻嘻」地笑著。

這不是行刺，這是偷窺。自古以來，偷看女人洗澡司空見慣，是什麼人偷看男人洗澡？男人洗澡有什麼好看？

儘管很快確認自己沒有危險，重耳還是很氣憤，走南闖北走了這麼多地方，想不到在這裡晚節不保，在小小的曹國嚴重走光。是什麼人這麼變態，去看一個男人的裸體？

重耳一把抓住了搓澡女工，按在了洗澡桶的邊沿上。

搓澡女工閉上了眼睛，她開始憧憬，畢竟對於她來說，能夠被公子這樣級別的人臨幸，也算是一件很榮幸的事情了。況且，重耳還很雄壯。

「說，外面什麼人？」重耳大聲喝問。在國賓館發生這樣的事情，絕不會是一個偶然事件，這一定是預謀。

「我，我不知道。」搓澡女工睜開了眼睛，她有些害怕，但是更多的是失望。

「不說，我殺了妳。」重耳嚇唬那個女工，把劍壓在那個女工的脖子上。

搓澡女工害怕了，她確實不知道，但是，她確實知道一點。所以，她把她知道的那一點說了出來。

「我說，我說，你來之前，領班告訴我在你洗澡的時候讓我不要擋住窗戶的方向，好像說曹侯想看看你的胸。」

整件事情的過程是這樣的。

曹共公第一時間拒絕見重耳，但是有寵臣提醒他說重耳「重瞳駢脅」，這引起了曹共公的好奇心，於是改了主意，令人把重耳接到了國賓館。

之後，曹共公讓國賓館立即安排重耳洗澡，一旦開始洗澡，立即通報自己，自己好偷偷去看重耳的胸。

儘管被重耳發覺了，曹共公還是很高興，畢竟自己親眼看了貨真價實的平胸，算是開了眼界，沒有白活。

至於所謂的國宴，那都是領班為了讓重耳盡快洗澡編的瞎話。當天晚飯，重耳一班人就在國賓館食堂吃四菜一湯的標準伙食。

「我讓你看，總有一天，我要讓你看個夠。」重耳吃晚飯的時候還在惱火，他暗暗發誓。

不知是有意還是無意，晚飯有一道菜是烤羊排，每人只有一根羊肋。

第七十四章

晉國人在楚國

　　第二天，重耳一行吃過早飯，準備上路。這時候，僖負羈又來了。來幹什麼？送行。

　　對於曹共公來說，看了重耳的平胸之後，基本上也就算利用完了。如果重耳一夥人還不走的話，他就準備趕人了。如今重耳主動上路，算他們醒目。自然，曹共公是不會派人來送行的。

　　那麼，僖負羈為什麼來？因為老婆讓來的。

　　「老公啊，我看重耳的手下都不是俗人哪，隨便拿一個出來，都是將相的材料。依我看，將來重耳一定重回晉國，晉國一定強大。到那時候，就該跟大家秋後算賬了，咱們曹國估計是第一個目標。俗話說：『保不了國家，就保老婆孩子。』你呀，去給他們送行吧。」僖負羈的老婆這樣說。多好的老婆，多有眼力的老婆。

　　「是、是，我這就去。」僖負羈一向聽老婆的，他知道老婆比自己高明。也正因為如此，所有的外事活動都帶上老婆。

　　就這樣，僖負羈來給重耳送行，帶了一大盤熟食給重耳路上吃，還帶了五對玉璧。

　　重耳有些感動，說了些天涯處處有雷鋒之類的話，把那一盤肉收下來給兄弟們路上吃，五對玉璧退給了僖負羈。

　　僖負羈回到家裡，向老婆彙報工作。

　　「都收了嗎？」老婆問。

　　「都收了。」

　　「胡說，把璧還給我。」

　　「給重耳了。」

　　「再不給，我搜身了。」

　　僖負羈老老實實把璧拿出來還給老婆。

　　「哼，跟我玩心眼？告訴你，老婆我從來沒有看走眼過，重耳絕不

會收你的璧。」老婆笑了，僖負羈也笑了。

好客的宋襄公

帶著走光之後的鬱悶心情，重耳離開了曹國。

睢陽，宋國首都。

儘管宋國算不上一流大國，但是在楚齊秦晉之外，宋國就算大國了。

大國，通常有大國風範。

宋襄公拖著病體，親自設國宴為重耳一行接風洗塵。子魚、公孫固等人作陪。

國宴上，賓主雙方進行了親切友好的會談。（此處略去套話廢話兩百五十字）

基本上，宋襄公給了重耳諸侯的待遇，並且熱情歡迎重耳留下來。

「當初齊桓公給什麼條件，我們就給什麼條件。」宋襄公說。儘管學齊桓公當霸主的願望落空了，宋襄公還是處處以齊桓公為表率，以霸主的標準嚴格要求自己。

戰場上做不了霸主，我們就在外交上做霸主。

其實，宋襄公的做法還是有道理的。

一處莊園，比在齊國的莊園只大不小；三個老婆，比在齊國的老婆只小不大；二十輛馬車，跟在齊國的時候看齊。

打了敗仗之後，宋國的女人多男人少，多給個老婆也算解決人口負擔。宋襄公還想著給每個人都娶兩個老婆呢。可是，馬匹車輛損失嚴重，咬咬牙也只能給二十輛了。

這下好，又有了安樂窩。

子魚的身體不好，喝了兩杯酒，提前告退了。

公孫固的對面坐著的是狐偃和先軫，三人聊得非常投機。說起泓之戰，狐偃和先軫都贊同公孫固的看法。大家又聊一些作戰和治國的話題，越聊越高興，越聊公孫固越對兩人刮目相看，最後他堅信，如

果重耳可以回到晉國,那麼晉國一定能夠與楚國抗衡。

當天,大家喝得高興,大醉而歸,重耳一行就住在國賓館。

第二天一大早,公孫固去找狐偃了。幹什麼?送行。

為什麼要送行?重耳一行不是有田有地有老婆了嗎?難道宋襄公反悔了?

宋襄公並沒有反悔,實際上,他之所以熱情接待重耳,一來是體現大國風範,二來也是看好他們的前景,希望今後重耳回國之後,晉國能夠關照宋國。

可是,公孫固想了一個晚上,到天亮的時候,他決定要趕走重耳。

「狐哥,我有個想法,說出來你不要介意。」公孫固跟狐偃一見如故,說話也不遮掩。

「老弟說。」

「你們不能留在宋國。」

「給個理由先。」

「宋小國新困,不足以求入,更之大國。」(《史記》)公孫固的理由很簡單,宋國實力不行,有心無力,將來幫不上忙,你們不如去個大國。

「哪個大國?」

「楚國。」

「兄弟,好兄弟。」狐偃緊緊握住公孫固的手,真是個好兄弟。

其實,不用公孫固提醒,狐偃也不會讓重耳留在宋國,他知道必須去楚國。如今公孫固不僅說出來了,而且建議他們去宋國的敵國楚國,可見此人心胸多麼坦蕩。

血濃於水靠不住

一支車隊,從宋國進入鄭國。

重耳接受了狐偃的意見,對宋襄公的慷慨贈予,車收下,老婆和

莊園婉拒了。宋襄公又贈送了盤纏和食物,派公孫固送他們出宋國。

「好人哪,真是好人哪。」離開宋國的時候,大家都對宋襄公心存感激。

春秋時候這點好,即便兩國是敵國,邊境是開放的。

滎陽,鄭國首都。

還是老一套,重耳派胥臣前去通報。這一次,找到了上卿叔詹。於是,叔詹去見鄭文公。鄭文公,鄭屬公公子突的兒子,楚成王的妹夫,死心塌地投靠楚國,除了楚國,誰也不鳥。

「主公,晉國公子重耳求見。」

「重耳?不見。」鄭文公拒絕。

「主公,最好還是見見吧。一來,大家都是姬姓國家,五百年前是一家。二來,俗話說:「同姓不藩。」重耳老媽也姓姬,可是重耳活到現在好好的,不一般啊。三來,重耳手下都是能人,狐偃、趙衰、狐射姑放在哪裡都是做上卿的材料。這麼說吧,趁現在他們落魄,拉攏拉攏他們,今後有好處啊。」叔詹勸說。真是好眼力。

「不見,就是不見。」鄭文公就是不見,有楚國做後臺了,還怕誰?

「那,既然這樣,那就殺了他們,免得今後來報復我們。」

「切,怕他們?別逗了,還不知道他們死在哪裡呢。」鄭文公說完,自己先走了。

叔詹沒辦法了。

從衛國的甯速、曹國的僖負羈、宋國的公孫固,到鄭國的叔詹。其實,到哪裡都有人才,關鍵看你用不用而已。

衛國、曹國、鄭國,三個同姓國家,兩個閉門羹,一個偷窺。反而是異姓國家宋國熱情招待,重耳哭笑不得。

看來,老爹狂滅同姓國家是有道理的,這年頭血濃於水是靠不住的。

什麼是靠得住的?什麼都靠不住。

重耳一行離開鄭國，前往此行的目的地——楚國。

楚國人會歡迎他們嗎？每個人心裡都沒有把握，都在打鼓。從情理上說，楚國人沒有歡迎他們的理由。首先，他們是晉國人，晉國是北方大國，楚國遲早要面對的敵人。其次，他們從齊國和宋國來，而這兩個國家都是楚國的敵人。

「舅舅，楚王會歡迎我們嗎？」快進入楚國的時候，重耳問狐偃。

「當然。」

「為什麼？」重耳急切地想知道。

「因為他需要朋友。整個天下，他沒有朋友，要麼是敵人，要麼是馬仔。」

「可是，如果有朝一日我們回到晉國，一定會是他的對手。」重耳覺得狐偃說得有道理，可是這個道理很容易就變成沒有道理。

「對了，楚王還需要對手。齊桓公死後，天下已經沒有楚國的對手。就像武林高手，沒有對手是很痛苦的，因此他也需要對手。」

「可是，楚王很沒有誠信，他會不會像對付宋公一樣對付我們？」重耳覺得狐偃說得確實有道理，可是，他還是擔心。

「不會，楚王是個英雄，英雄愛英雄。宋公這個人假仁假義，楚王偏要戲弄他而已。以楚國的力量，難道還要用那樣的辦法對付宋國嗎？」

「舅舅，你這麼說，我放心了。」重耳說。其實，他還是不放心。

重耳不知道，狐偃其實也不放心。說是那麼說，心裡還是在打鼓。

來到楚國

陽光明媚，為什麼還是陽光明媚？

齊國和宋國都是陽光明媚，楚國為什麼不可以陽光明媚？

進入楚國，迎面一支楚國軍隊。

「前面來的可是晉國公子重耳？」為首的楚國軍官大聲問道。

「正是。」重耳親自回話。

「奉大王之命，在此專候。」

要說人家楚國那真是沒得說，重耳在各國的一舉一動都已經被掌握得一清二楚。重耳還沒有到楚國，楚國就已經派人來接了。

好事？壞事？

沒人知道，事到如今，龍潭虎穴也只能闖了。

楚成王，十歲登基，到成王三十五年，已經四十五歲。在令尹子文的輔佐下，領導楚國從強大走向更強大。

滅弦、滅英，伐鄭、許、隨、黃、徐、宋，成王這些年裡不僅在擴張，而且在與中原國家的戰爭中占盡上風。鄭國第一個投誠，自願稱臣，連魯國這樣的國家都老老實實前來進貢。

不過，成王的成就感並不是很強，因為說來說去，楚國還是個南蠻子，天下諸侯對他們是害怕而不是心悅誠服。

所以，成王決定體現一些大國風範出來，也搞搞主旋律的東西。他也熱情接待全世界的來賓，包括把齊桓公的七個兒子一口氣都任命為上大夫；他還放下架子參加一些中原諸侯的活動，包括宋國第一次的宋楚齊三國峰會。

可是，他還是很鬱悶，他還是覺得自己並沒有融入主流社會中。與此同時，他還有一種寂寞的感覺，放眼天下，沒有敵手的感覺是很不爽的。

正因為如此，當他知道公子重耳要來了，他很高興，因為他知道重耳和他的團隊具有很高的聲望。

「或許，重耳就是我在等待的朋友，或者對手。」成王想。正因為如此，他決定給重耳一個朋友的禮遇。

朋友聚會

郢，楚國首都。

楚國舉行建國以來最隆重的國宴。為什麼這樣說？因為國宴按照

周禮舉行。對於南蠻楚國來說，這等於是紆尊降貴。即便是前段時間鄭文公前來，也沒有享受到這樣的待遇。那麼，這次是誰來？誰有這麼大的面子？齊孝公？還是魯僖公？

當人們知道這個場面是為晉國的落魄公子重耳準備的時候，人們感到驚訝和不理解。

好在楚成王不用去管別人理不理解。

問題是，重耳感到有些恐懼。

「怎麼辦？太隆重了，我不敢去啊。」重耳真是有些害怕，他怕自己舉止不當，反而招致禍患。

「公子，想想看，我們流亡這麼長時間，小國都不鳥我們，何況大國？如今楚王這樣看得起，那沒有別的解釋，一定是天意了。所以，別怕，不要辭讓。」老師趙衰給重耳壯膽。趙衰通常很少發表意見，看重耳怕得太厲害，忍不住安慰。

「可是，可是，我、我、我怕我不知道怎麼說話啊。」重耳還是怕，大道理好說，具體技術可就不好掌握了。

「公子，我不是說過了嘛，楚王缺朋友，還缺對手；你呢，放開點，把楚王當大哥就行。哎，對了，想什麼就說什麼，就跟平時跟兄弟們在一起一樣。簡單說吧，就是做回你自己。」狐偃老到，到現在，他知道自己當初的分析都是正確的。

「好，做回我自己。」重耳咬牙，趕鴨子上架也要上了。

需要註明的是，以此次國宴為標誌，楚國等於宣布自己的文化重新歸屬於華夏文化。

「我們不再是南蠻。」楚成王以實際行動宣布楚國強勢進入國際主流社會，從此以後，南蠻不再指楚國，而是指楚國以南。

楚成王國宴宴請公子重耳一行，楚國自令尹子文以下，基本上政治局委員一級的全數參加。重耳這邊，除了跟班的小吏之外，十幾個心腹兄弟也都參加。

按周禮該怎樣宴請客人呢？史書沒有記載。那麼，重耳享受的是

什麼規格的待遇呢？《史記》的說法是「適諸侯禮待之」，《國語》則是「九獻，庭實旅百」。

有人要問，怎麼楚國會玩周禮呢？就像土包子突然搞了一頓法國大餐，可能嗎？

原來，討伐宋國之後，楚王率領楚軍經過鄭國回國，鄭文公就給搞了個「九獻，庭實旅百」。楚成王覺得挺好，就讓人學回來了，現在是現學現用，熱炒熱賣。

「九獻」是什麼意思？有史以來，關於「九獻」的解釋眾多，莫衷一是，但是有一點可以肯定，這是最高禮遇，因為按照《周禮》，九就是最大的數位。

一種說法是，商周時期鼎是用來盛食品的餐具，周朝時周公制禮，規定了嚴格的列鼎制度，即周朝「藏禮於器」的等級制度：天子即周王享受九鼎的待遇——第一鼎用以盛牛肉，叫太牢，以下為羊肉、豬肉、魚肉、肉脯、腸胃、膚、鮮魚、鮮臘。諸侯七鼎——即少了鮮魚和鮮臘這兩個菜就只有七個鼎。卿大夫第一鼎盛的是羊肉，叫少牢，以下有豬肉、魚肉、肉脯、腸胃，這樣就只享有五個鼎。士只有可憐的三個鼎的待遇，即豬肉、魚肉、鮮臘。

所以，重耳受到的是王的待遇，與楚成王平起平坐。

受寵若驚，對於流亡在外的公子重耳來說，只能用受寵若驚來形容了，如果這個時候感激涕零，表達忠心，那將是順理成章的事情。

可是，重耳沒有。他始終記得狐偃的那句話：做回你自己。

重耳坦然自若，舉止得當，言辭之間既表示感謝和敬重，又不卑躬屈膝。

晉國人看得發呆，他們沒有想到重耳發揮得這麼出色。狐偃暗暗在笑，心說：小兔崽子還真沉得住氣。

楚國人也看得發呆，想不到這個晉國公子如此沉穩大氣，面對楚王應對裕如，不卑不亢。子文暗暗讚歎，心說：沒見過這樣的人，太牛了。成得臣一臉陰沉，他知道，對面的這幫晉國人才是楚國真正的對手。

酒酣飯飽，大家都放開了腮幫子，喝得高興，聊得也高興。楚成王的心情只能用無限好來形容，他太喜歡重耳了，太喜歡對面這幫晉國人了。多少年了，也沒有過這種朋友在一起放開了聊天的感覺。

喝著喝著，楚成王突然想起一個好玩的問題來。

「公子，如果有一天你回到晉國，成了國君，你會怎樣報答我？」楚成王笑著問。問題一出，全場默然。

這是一個無比刁鑽的問題，就像女朋友問你她和你媽同時掉河裡你先救誰一樣。怎樣回答？沒有標準答案。每個人都盯著重耳，整個晚上他的表現堪稱完美，而這個問題回答不好，整個晚上的表現都要泡湯。

晉國人都很緊張，而楚國人都幸災樂禍，等著看笑話。

重耳不慌不忙，站起來作個揖，坦然說道：「大王的厚愛，俺銘記在心。金銀財寶、俊男美女、山珍海味、絲綢桑麻，所有這些好東西吧，大王這裡都數不勝數了，晉國那點東西，都是大王不要的甩貨，想來想去，實在沒什麼能報答大王的。」

得，說來說去，等於沒說。

楚國人都不高興了，這不是個吃白食的晉國大忽悠嗎？

楚成王也不滿意，他一定要重耳回答這個問題，所以接著問：「不行，你一定要有報答我的。」

現在，這是一個不得不回答的問題。

國宴上，氣氛已經非常緊張。

重耳笑了笑，側臉去看狐偃，狐偃對他笑笑，點點頭，意思是：想什麼就說什麼。

「大王，如果托大王的福能夠回到晉國，將來不幸有一天楚國和晉國在中原交兵，我會避王三舍。如果大王還不甘休，那麼只好手持弓箭，和大王決一死戰了。」重耳話音剛落，四座譁然。

什麼叫「避王三舍」？春秋時一舍為三十里，這句話就是我會後退九十里避讓你。

「退避三舍」這個成語，就來自這裡。

楚國人憤怒了，大王這樣對你，你竟然說今後要與楚國交戰，吃了豹子膽了。

晉國人畏懼了，這不是自己跟自己過不去嗎？先軫、魏犨等人已經手按劍柄，隨時準備保護重耳。

整個國宴大廳，只有三個人面色坦然。哪三個人？楚成王、重耳、狐偃。

小兔崽子，真敢說。狐偃暗中得意。

楚成王還沒有說話，旁邊一個人已經騰地站了起來。

「大王，我們掏心肝子對他們，重耳反而狗咬姜太公（那時還沒有呂洞賓，只好姜太公代勞），出言不遜，大王，殺了他們。」成得臣提劍而起，他早就想殺了晉國人，總算有藉口了。

「噯，怎麼說話？公子言談得體，恭敬有禮，坦誠直率，充滿自信，有什麼錯？這樣的人我們要是殺了，天下人都會恥笑我們的。你坐下。」楚成王對成得臣有些惱火，太小心眼了。

成得臣討個沒趣，坐了下來。

「公子，來，乾一杯！你要說話算數啊，哈哈哈哈。」楚成王大笑，他高興。

全場大笑，不同的是，晉國人是開懷大笑，楚國人是皮笑肉不笑。

第七十五章
晉國人在秦國

　　楚成王喜歡晉國人，從那之後，三天一小宴，五天一大宴，還去雲夢打獵。

　　重耳一幫兄弟們都很高興，漸漸地在楚王面前也放開了，於是什麼黃段子葷笑話都出來了，從北翟的搶婚到齊國的國家大妓院，天南地北，海闊天空，一通神聊。

　　楚成王雖然貴為大王，天下無敵，可是重耳那幫人說的事情他是沒聽說過的，把他聽得雲裡霧裡，羨慕非常。

　　「唉，雖然你們背井離鄉，但是因此而遊走天下，見多識廣。要是我沒有做大王的話，恨不得也跟著你們走了。」楚成王倒有些嚮往重耳他們的生活，人就是這樣，太安逸了就想出去闖闖，在外時間長了就想安定下來。

　　楚成王最關心的是齊國的國家大妓院，一開始想微服私訪去一趟，考慮到比較危險，就決定乾脆在楚國也搞一個。

　　總之，那一段時間，大家都很快活。可是，有一個人很不快活。誰？成得臣。

　　成得臣，字子玉，楚國王族，不過是非常疏遠的王族。成得臣作為楚國的頭號戰將，屢立大功，以至於令尹子文公開表示要讓位給他。成得臣對自己是高標準、嚴要求，處處以令尹的標準要求自己。因此，他覺得不僅要消滅戰場上的敵人，更要消滅潛在的敵人。而潛在的最危險的敵人，就是重耳一夥。

　　因此，成得臣派了手下隨時監視晉國人。一來要找岔子，以便去說動楚王殺了他們。二來，實在不行，就自己找機會把他們幹掉。

　　說起來，還是狐偃老奸巨猾，早就看出來成得臣不懷好意，因此，處處提防，十分小心。他很擔心，萬一哪一天楚成王一個腦子短路，聽了成得臣的挑撥，弟兄們可就都要掛了。看來，必須要想辦

法了。

　　楚國雖好，非久戀之家。

狐偃的詭計

　　這一天，又是大宴。

　　喝酒的時候，楚成王說起陳國來。原來，陳國早已經向楚國稱臣，可是最近又偷偷跟宋國眉來眼去，據說在私下結盟。

　　原本，楚成王也就是這麼一說，沒別的意思。想想看，陳國這樣的小國，夾在大國中間，可不就是要左右討好，在夾縫中生存嗎？

　　可是，狐偃聽了，事情就不一樣了。他眼睛一轉，計上心頭。

　　「大王，陳國這樣的做法太卑鄙，太小人，太什麼。如果任由他們這樣下去，其他國家都會跟他們學，今後誰還尊重大王您呢？我有個不成熟的建議，不知當講不當講。」狐偃先點了一把火，看楚成王的反應。

　　楚成王點點頭，覺得狐偃說得有道理。實際上，他很尊重狐偃，平時還跟著重耳叫狐偃舅舅呢。

　　「我聽說陳國人非常害怕子玉將軍，不如就派子玉將軍率戰車五百乘討伐，一定馬到成功。」這就是狐偃的建議，表面上吹捧成得臣，實際上要把他支開。

　　「子玉，你看如何？」楚成王看成得臣。

　　成得臣不是傻瓜，他知道狐偃沒安什麼好心。

　　「大王，眼看秋收了，還是算了吧。」成得臣心說：小小陳國，膏藥大點地方，什麼時候收拾他們不行？我還是在這裡看好你們再說。

　　楚成王沒有說話，他在盤算。

　　這個時候，狐偃又說話了：「大王，子玉將軍說得有理。要不這樣，我們蒙大王厚恩，無以為報，願意為大王解憂。我這裡兩個小兄弟願意從大王這裡借戰車一百乘，前去討伐陳國，不勝無歸。」

　　說到這裡，狐偃不等楚成王回答，招招手問：「哎，先軫、魏犨，

有沒有信心？」

那兩個騰地站了起來，大喝一聲：「有。」

楚成王還是沒有說話，他看看先軫和魏犫，再看看成得臣，意思好像是：人家晉國人都願意為我效勞，你怎麼樣？

「大王，我明日就領軍出發，只用戰車一百乘。」成得臣大聲說道。他很惱火狐偃的說法，怎麼自己要領軍五百乘，兩個晉國人只用一百乘就夠了？這不看不起人嗎？

狐偃笑了，他知道成得臣一向就對先軫的指揮能力和魏犫的戰力心存嫉妒，故意用這兩個人來激怒他。

跟我鬥？你還嫩點。狐偃心說。

成得臣率軍討伐陳國去了，最終還是率領了兩百乘戰車。楚成王也不可能讓晉國人來帶兵，那太沒面子。

支走了成得臣，狐偃知道，這不過是解一時之急，要徹底擺脫危險，就必須離開楚國。

「臣，你今晚悄悄離開，去秦國求見秦侯。楚國不能再待，我們要去秦國。」狐偃給胥臣佈置了任務，又吩咐了要點。

胥臣不敢耽擱，連夜啟程了。

晉國人在楚國的日子還是很滋潤，成得臣走之後，只能說更加的滋潤。

狐偃每天都在打聽成得臣在陳國前線的情況，同時等待著胥臣的消息。二臣現在成了狐偃的牽掛。

陳國前線捷報頻傳，對於狐偃來說都是壞消息。成得臣以兩百乘戰車打得陳國人狼狽不堪，接連拿下焦、夷兩座城池，還在頓修了一座城，合計入賬三座城池。

「不錯不錯，快過年了，回來吧。」楚成王對成得臣的戰績很滿意，體諒他們在外打仗不容易，派特使招他們收兵。

「大王，子玉那是被窩裡放屁，能文能武（能聞能捂）啊，等他回來，讓他做令尹吧。我也老了，咳咳。」子文主動讓賢。

這個臣要回來了，而且要做令尹了，權力更大了，麻煩也就更大了。可是，那個臣呢？我們自己的臣呢？

狐偃心焦啊，這要是胥臣沒有消息的話，能不能熬過年都難說啊。

重大利好

臣回來了，哪個臣？

兩個臣都回來了。

成得臣回來的前一天，胥臣從秦國回來了。

「臣，怎麼樣？」大家都來問。

「好消息只有一個，壞消息一大堆，先聽哪一個？」胥臣賣個關子，這都是跟狐偃學的。

狐偃沒說話，胥臣都敢賣關子的時候，說明事情辦妥了。

第一個壞消息是晉國國君死了，也就是說，晉惠公死了。為什麼說是壞消息？因為那畢竟是晉國國君，是重耳的弟弟。

不過，這顯然不是真的壞消息。

惠公是病死的。

惠公病死之後，太子圉繼位，就是晉懷公。

太子圉不是在秦國當人質嗎？他怎麼跑回去了？

原來，公子圉在秦國當人質，秦穆公還給他娶了個公族老婆，叫懷嬴。一年前，秦國出兵把梁國給滅了，那是公子圉的姥姥家。姥姥家沒了，公子圉就感覺有些不妙。於是，跟老婆商量。

「老婆啊，姥姥家沒了，我什麼依靠也沒有了。現在我在這裡，家裡有一幫弟弟，老爺子身體又不好，說不準哪一天老爺子一蹬腿，誰還會等我回去繼位啊？我看，我必須趁著老爺子沒死，從這裡逃回去。怎麼樣？跟我走吧。」公子圉動了逃跑的念頭，動員老婆一塊跑。

老婆想了想，說：「你是晉國太子，在這裡當人質確實不那麼合適。秦侯讓我嫁給你呢，是想拴住你的心。如今你要跑，我不攔你，

　　　　　　　第七十五章　晉國人在秦國

但是也不跟你跑。」

　　老婆挺有原則，公子圉不管這些了，第二天就跑回了晉國。

　　晉惠公一看，大兒子回來了，那就接著當太子吧。

　　就這樣，晉惠公死後，懷公繼任。

　　第二個壞消息呢？

　　胥臣沉默了半天不敢說，最後忍不住了，對狐毛狐偃說了：「兩個舅舅，節哀順變啊。」

　　一句話，大家知道，狐突沒了。

　　按理說，這一年重耳三十五歲，狐偃五十六歲，狐突怎麼也八十多歲了。俗話說：「人活七十古來稀。」狐突八十歲上去世，那就算喜喪了，死得其所了，沒什麼好悲傷的。

　　可是，狐突的死法有問題。

　　懷公繼位，發現沒幾個大臣尿自己這壺，他感到一種空前的危機。他知道，很多人在等待著重耳回來。怎麼辦？

　　懷公下令：「凡是家裡面有人跟重耳流亡的，限期內召回，否則，殺無赦。」

　　命令下來，根本沒人鳥他。

　　懷公很惱火，派人把狐突給找來了。

　　算一算輩分，懷公的爹是狐突的外孫，看見狐突，懷公該叫老姥爺。可是，如今關係到自己的寶座，什麼姥爺不姥爺的。

　　「老爺子，把你兩個兒子召回來，我就放了你。」懷公連客氣話都沒說一句，上來就威脅。

　　狐突心想：你個臭王八蛋，沒有我就沒有你，你這麼凶幹什麼？

　　老爺子也不客氣，直接給頂回去了：「當爹的要教給兒子忠誠，如今他們跟著你伯父這麼多年了，我不能叫他們回來。你濫用淫威，找人過錯。來吧，殺我吧。」

　　懷公還真下了手，把親爹的親姥爺給殺了。當初獻公也就殺到爺爺輩，如今懷公又提高了一輩。

聽到這裡，狐毛狐偃兄弟兩個捶胸頓足，抱頭痛哭，大家看了，忍不住都落下淚來。

「該死的公子圉，我不殺他，誓不為人。」重耳發了毒誓，姥爺橫死，他也傷心落淚。

後人為紀念狐突，在今山西武鄉縣馬鞍山為他修廟，因此，馬鞍山又名狐突山。

那麼，好消息呢？

好消息是秦穆公決定請重耳去秦國，幫助重耳回晉國。

原來，公子圉的逃走讓秦穆公十分惱火，大家一商量，認為應該扶立重耳。如今晉惠公死了，又聽說重耳在楚國，因此決定派公孫支前來迎請。恰好胥臣到了秦國，求見秦穆公，因此，秦穆公讓他先回來報信，公孫支隨後就到。

大利好啊。

所有人都歡呼起來，終於有希望了。

楚成王雖然對大家不錯，但是晉楚不交界，要幫也是有心無力。秦國就不一樣了，只要秦國肯幫忙，事情就成功了八成。

當天，重耳把這個消息報告給了楚成王。

「太好了，我為你們高興啊。」楚成王也高興，他很高興自己有重耳這個朋友，現在，他知道自己很快會有重耳這個敵手了。

楚成王下令：厚禮歡送。

臣回來了，成得臣。

成得臣獲得了楚成王的單獨接見，告訴他兩個好消息。當然，楚成王不可能讓他挑選先說哪一個。

「第一個好消息，即日起，你接任令尹。」楚成王宣布第一個好消息，成得臣謝恩。

「第二個好消息，秦國決定幫助重耳復國，過幾天我們就可以歡送他們了。」楚成王宣布第二個好消息，從內心裡，他覺得這是個好消息。

對於成得臣來說，如果說第一個是天大的好消息，那麼第二個就是天大的壞消息。

「大王，不能放重耳走，將來他們一定是我們的勁敵。」成得臣有些急了，他知道放重耳走就是放虎歸山。

「不，如果將來晉國擊敗我們，那只能說是我們自己不努力。重耳這樣的人，謙恭但是不諂媚，機敏但是不賣弄，大氣但是不魯莽，再加上狐偃、趙衰和狐射姑輔佐，真是一個完美的團隊，老天都會幫助他們，我怎麼能害他們？」說來說去，楚成王是英雄愛英雄。

「那，如果放他走，我請求把狐偃留下來，我情願讓出令尹給他，也不能讓他輔佐重耳。」成得臣再提要求。

「不。」楚成王搖搖頭，他知道，成得臣永遠也不能理解他的想法。

來到秦國

十月，重耳一行來到了秦國。

秦穆公給了重耳熱烈的歡迎，國宴招待。不過，給的禮節為「五獻」。也就是說，以公子的禮節招待重耳。

秦國人應該說是很熱情的，公孫支經常來看望大家，秦穆公的夫人穆姬也時常派人來問候弟弟。與此同時，狐偃、趙衰等人和蹇叔、百里奚也都打得火熱，相互之間十分敬重。

秦穆公和重耳數次親切交談，就當前的國際形勢交換意見。但是，對於重耳今後的地位問題，秦穆公避而不談。重耳根據狐偃的建議，也閉口不談。

為什麼兩個人都不談這個最實質的問題呢？

秦穆公在觀察，因為有了晉惠公和晉懷公的前車之鑒，他要認真考察重耳，看看這個是不是也那麼差勁。

重耳呢？因為晉惠公剛死，儘管那不是個好鳥，畢竟也是晉國國君，這個時候提回國奪位，就顯得很不道義。所以，秦穆公不提，他也不提。

秦穆公怎樣考察重耳呢？

秦穆公打聽了一下，在北翟，北翟國主給了重耳一個老婆；在齊國，齊桓公給了重耳一個老婆；在宋國，宋襄公準備給重耳三個老婆，結果重耳沒要；在楚國，楚成王給了四個女人伺候重耳，不算老婆，重耳走的時候把她們都留在了楚國。

「好，我給他五個老婆。」秦穆公決定要比所有人給的都多，那年頭也時興攀比。

秦穆公找了五個宗族女子，也就是公族女子，一塊給重耳送過去了。也不說是嫁給他，總之是送給他，說法是：「怕公子無人伺候飲食起居，挑了宗女五人給你鋪床疊被。」

重耳一看，哇噻，五個啊，別的沒什麼，只怕身體受不了。

這五個女子，享受妾的待遇。但是，絕對不是女僕。

本來重耳挺高興，可是一看花名冊，心頭咯噔一下。為什麼？懷嬴赫然其中。懷嬴就是晉懷公的老婆，因為沒有跟懷公跑回晉國，現在成了望門寡。

秦穆公的意思是，反正跟晉懷公已經一刀兩斷了，就沒必要給他留著老婆了，乾脆，給重耳算了。

可是重耳算了算，懷嬴是自己侄子的老婆，如今給了自己，這不是亂倫嗎？這不是伯父撿了侄子的破鞋嗎？

重耳心裡不太願意，嘴上不說，行動上體現出來了。

那天出門回來，吃飯之前洗手，懷嬴端著洗手盆給他洗手。洗法呢，就是懷嬴向下一邊倒水，重耳一邊洗。按規矩，重耳洗完手，懷嬴遞上毛巾，重耳擦手。

可是，重耳看見懷嬴就不高興，也沒等她遞毛巾，甩甩手，把水甩乾淨，屁股上一擦，就要走。

按理說，這也不算什麼大不了的事情。可是，懷嬴不幹了。

五個人來到重耳這裡，其餘四個都跟重耳有過肌膚之親了，只有懷嬴連重耳的手都沒碰過。懷嬴就知道重耳對自己有看法，原以為不用守活寡了，可是看來這跟守活寡沒什麼區別啊。懷嬴早就憋了一肚

子火，這個時候再也忍不住了。

「嘩。」懷嬴把一盆水都倒在了地上，大聲說道：「你晉國也不比秦國大，況且你還沒有當上晉君，你憑什麼看不起我？你牛什麼牛？」

重耳大吃一驚，沒料到還有這一齣，當時愣住了。想發火，可是這是人家的地盤，怎麼辦呢？

沒等他想明白，懷嬴已經一扭頭跑了出去，一邊跑，一邊哭：「這日子沒法過了，我要回娘家。」

重耳一看，這還了得，這不是讓自己出醜？沒辦法，重耳邁開步子，追上懷嬴，也不敢說她，只能低聲下氣求情：「親愛的，您別生氣，我不是那個意思。」

「別叫我親愛的，叫我討厭的，嗚嗚嗚嗚……」懷嬴哭得傷心。

懷嬴的哭聲驚動了所有人，那四個姊妹也都出來勸解，鬧了半天，才算了事。

過了兩天，秦穆公請重耳吃飯。

「公子，聽說懷嬴得罪你了。」酒足飯飽，秦穆公若無其事地問。

「這，這是我的錯。」重耳忙說。他不知道秦穆公此時問這個是什麼意思。至少有一樣，自己那裡發生的事情都瞞不過秦穆公。

「公子，實不相瞞，這幾個給你的公族女子中，懷嬴是最有才能的。要不是以前嫁給了公子圉，說實話，絕不會這樣把她送給公子，那一定是要做夫人才嫁出去的。沒辦法，現在也不敢說正式嫁給公子，也就是給公子做個妾算了。這次她羞辱了公子，是寡人的罪過。如何處置她，完全聽憑公子的意見。」秦穆公說得很誠懇。看得出來，他確實很喜歡懷嬴。

「這，這。」重耳沒想好怎樣回答，沒等他想好，秦穆公又說了：「也別急，回去慢慢想，想好了告訴我。」

不要白不要

重耳的想法，是藉著這件事情把懷嬴給休了。可是，他又怕得罪

344

秦穆公。怎麼辦？重耳決定召開核心會議。

誰是核心？狐偃、趙衰和胥臣。

按理說，胥臣的地位沒有這麼高，但是一來胥臣最近功勞比較多，地位上升。二來胥臣與秦國君臣打交道比較多，更熟悉他們的想法。

現在，重耳把自己的想法說了一遍，然後等待三個人發表意見。

按規矩，狐偃通常是作總結發言的，所以，這一次胥臣先發言。

「同姓為兄弟，異姓為夫妻。當年，黃帝二十五子……」

職業外交官都有這樣的職業病，胥臣一上來先來一通廢話，從三皇到五帝，從兄弟到夫妻講了一遍，半個時辰過去，還沒到正題。

「臣，快點。」重耳催他，看這樣子，再不催他，就該開講《周易》了。

「這麼說吧，總而言之，言而總之。現在你和圉那就是陌生人，陌生人丟的東西，不撿白不撿。」胥臣如此總結，前面洋洋灑灑大講春秋大義，最後的結尾這麼庸俗，連拾金不昧的覺悟都沒有。

大致外交官都是這樣，說得都很好，最終落到實處的，就是想要占你的便宜。

「老師，你怎麼看？」重耳對胥臣的說法不太滿意，問趙衰。

「禮書上說：『求人幫忙，要先幫別人。想別人愛自己，就要先愛別人。』兩國之間，最容易做到的就是裙帶關係啊，換了別人，這樣的事求之不得，你有什麼可遲疑的呢？」別看趙衰動不動弄個禮啊經的出來說，關鍵時刻，頭腦清醒，絕不會去說什麼亂倫之類的屁話。

所以，趙衰這樣的人是可以管理國家的，一方面懂得書上的道理，另一方面又絕不迂腐，懂得變通。

「舅舅，您看呢？」重耳這個時候基本上同意了前面兩位的看法，可是還沒有拿定主意。

「公子啊，你連那個小王八蛋的國家都要拿過來了，把他老婆拿過來又有什麼不好意思的？」狐偃就這麼兩句話，從小打狼長大的，沒那麼多廢話。

　　重耳徹底想通了，他聽出狐偃的話裡還有沒有說出來的話，那就是：你不拿他老婆，可能連他的國家也拿不到。

　　「不行，我要把她退給秦侯。」重耳說。他怎麼這麼說？

　　「你瘋了？」狐偃、趙衰和胥臣異口同聲。

　　「我沒有瘋，我只是覺得這樣太委屈她了，我要告訴秦侯，等我回到晉國，我要堂堂正正迎娶她回晉國做夫人。」

　　重耳就是這樣，永遠是這樣，一旦想通了，他比誰都走得遠。

這就是晉文公

秦穆公對第一個考察專案的結果非常滿意,十分滿意,而不是九分。

重耳如果從一開始就欣然接受懷嬴,那他就是一個晉惠公那樣的無恥之徒;如果始終不肯接受懷嬴,那就是一個沒有大腦的頑固之徒。如今這樣,說明他知道感恩,還懂得變通。

好,好青年。

現在,第二個考察專案開始了。

賽詩會

秦穆公決定宴請重耳,不過這一次的宴請非同尋常。

七獻,這一次秦穆公決定將重耳的規格升為諸侯。

宴請當天上午,出意外了。什麼意外?狐偃病了,據說是發高燒。

關鍵時刻軍師病倒了,重耳急壞了,立馬前來看望。

「舅舅,您,不礙事吧?」重耳來到床前,坐下問候。

「噓,小聲,我裝病的。」狐偃輕輕說,蓋著個大被子。

「裝病?為什麼裝病?」

「我不去參加國宴。」

「為什麼?」重耳急了,你這不關鍵時刻掉鏈子嗎?還指著你呢,你不去怎麼行?儘管這是舅舅,重耳的臉還是忍不住耷拉下來了。

「隨機應變,老謀深算,我比趙衰強;博學多識,通曉禮儀,沒人比趙衰強。陪楚成王玩,我跟隨你最合適。但是,今天的國宴十分重要,這樣的場合,要靠趙衰,因此我找這麼個理由閃了,讓趙衰跟你去。」

老奸巨猾,算無遺策,大概就是指狐偃這樣的人了。

事實證明狐偃的做法是很正確的。

秦穆公宴請重耳，使用周禮，七獻。

當初楚成王雖然是周禮中的九獻，那畢竟是照貓畫虎，很多地方是對付過去的。可是如今不一樣，秦國在百里奚、公孫支等人的教化下，這些年來在禮儀上可以說是突飛猛進，搞得像模像樣。如今這個七獻儘管比楚成王的九獻少了兩獻，但是感覺上更隆重、更正式。

這種場面如果換了狐偃來，基本上當場就撂了。可是換了趙衰，那就不一樣。想當年趙衰的祖上在周朝混，什麼不懂？趙衰本人年輕時也曾經到偉大首都留學，學習周禮。所以如今見了這樣的陣仗，那是如魚得水。

在趙衰的貼身指導下，重耳應對得當，什麼時候行什麼禮，什麼時候說什麼話，都交代得清清楚楚。感覺上，重耳的舉止比秦穆公還要正規得體。

「為禮而不終，恥也。中不勝貌，恥也。華而不實，恥也。不度而施，恥也。施而不濟，恥也。恥門不閉，不可以封。非此，用師則無所矣。二三子敬乎！」(《國語》)宴席結束的時候，秦穆公忍不住對大夫們大讚重耳，大意就是你們看看人家重耳，這就是楷模，我號召你們向他學習。

別覺得奇怪，「華而不實」這個成語竟然是秦穆公發明的。

第二天，秦穆公很高興，繼續宴請重耳。狐偃接著裝病，還是趙衰隨行。

今天的宴請改節目了，什麼節目？對詩。

酒過七巡，秦穆公率先開口了。

「公子，咱們文化人也別光喝酒講黃段子，對個詩怎麼樣？」秦穆公問。這些年來，百里奚公孫支這幫人沒少薰陶他，老婆穆姬也沒少教導他。

「好啊好啊。」重耳挺高興，原本他也屬於沒太多文化，整天跟著舅舅打狼的那種，後來拜了趙衰為師，才開始認真學習。再到後來娶

了齊國的老婆，動不動來幾段，有時候不背詩都不給上床，把重耳活活培養成了一個文學青年。

別以為只有林黛玉薛寶釵們才對詩，跟古人相比，她們還差點。

秦穆公開始了，大家豎起耳朵來聽。

「采菽采菽，筐之筥之，君子來朝，何錫予之……」秦穆公的聲音，高亢激昂，類似秦腔那種，聽得大家心驚膽戰。

趙衰一聽，好嘛，秦穆公上來這首叫做《采菽》，後來被孔子收在《詩經‧小雅》裡。這首詩什麼意思呢？簡單介紹，這首詩描寫的是諸侯朝見周王，周王給予很多賞賜，於是大家高興，萬眾和諧。

「好，好。」馬屁聲四起。

重耳看看趙衰，趙衰輕聲說：「下堂拜謝。」

重耳聽了，起身，下堂，拜謝秦穆公。秦穆公見了，也急忙下堂辭謝。

「國君用天子接待諸侯的待遇來接待重耳，重耳怎敢有苟安的想法，又怎敢不下堂拜謝呢？」趙衰在一旁解釋，好像解說員一般。

大家紛紛點頭，懂的人讚賞，不懂的人長學問。

雙方入座，該重耳了。

「《黍苗》。」趙衰輕聲提示。

「芃芃黍苗，陰雨膏之。悠悠南行，召伯勞之……」重耳朗聲唸道，聲音裡夾雜著東西南北的口音，畢竟，他是一個走過河南河北山東山西陝西湖北的人，聲音裡飽含著滄桑，催人淚下。

震撼，無語。

《黍苗》，見於《詩經‧小雅》，詩詞大意是召伯經營謝城，慰勞百姓，百姓感激，周王也很滿意。

「在──」靜默之中，趙衰說話了，第一個字重重出口，聲音拖得很長，就像趙忠祥解說《動物世界》一樣，顯得神秘而深沉，「久旱不雨的田地裡，黍苗，渴望著及時雨。啊，重耳仰仗國君，就像黍苗渴望下雨。國君若能幫助重耳成為晉國百姓的君主，晉國一定會追隨國君，四方的諸侯也會聽從您的命令。」

基本上，趙忠祥（註）的解說是遺傳了祖上的優秀基因來的。
（註：中國中央電視台資深播音員、主持人。）

沉默，繼續沉默。

掌聲，沉默得越久，掌聲就越熱烈。人們的掌聲，既是給重耳，也是給趙衰。

「一切都是上天賜給公子的，我怎麼敢居功呢？」秦穆公謙虛了一回，然後繼續對詩。

秦穆公的下一首詩是《小宛》，收於《詩經·小雅》，原文略，詩詞大意是：世界實在亂，古人看不見，兄弟要小心，到處是壞蛋。

重耳回了一首《沔水》，同樣收於《詩經·小雅》，原文略，詩詞大意是：我的家鄉在東方，那裡有我爹和娘，不要聽信壞人話，兄弟兄弟要幫忙。

秦穆公一聽，行啊，對答如流啊，又來了一首《六月》，同樣出於《詩經·小雅》。此處省略原文，詩詞大意是：正義大軍要出發，討伐敵人保國家。我軍將士很生猛，幫助周王平天下。

秦穆公唸完，趙衰捅捅重耳，輕聲說：「公子，下堂拜謝。」

重耳急忙起來，下堂拜謝。秦穆公看見，又下堂辭謝。

古人的禮節真是很多啊。

「國君把輔助周天子、匡正諸侯的使命交給了重耳，恭敬不如從命，重耳欣然接受。」趙衰在旁邊解說，潛臺詞就是：您說出兵了，說話要算數啊。

對詩會到此結束，酒會開始。

兩個考察專案下來，秦穆公對重耳非常滿意。

後來的一段時間，秦穆公動不動來個對詩會，都是趙衰陪同重耳。

這邊是玩斯文的，那一邊狐偃自然也沒有閒著。

狐家在晉國的聲望可以說僅次於晉侯，卿大夫們對老狐突是打心眼裡敬佩，就連晉惠公這麼個白眼狼當初在姥爺面前也老老實實，過年過節照常送臘肉，從來不敢提讓老爺子把兩個舅舅給弄回來的事情。

可是晉懷公這個二百五就真敢殺了狐突，應該說，殺狐突的那一刻，就註定了晉懷公幹不長。而狐突之所以慷慨就義甚至有主動求死的意思，他願意用自己一條老命換取外孫重耳奪取君位。

殺了狐突，激起了卿大夫們的公憤，大家都在盼望重耳回來。

就在這樣的背景下，狐偃在秦國派人悄悄回到晉國，進行地下串聯。

小兄弟欒枝不用說了，早就摩拳擦掌，等待裡應外合了。其餘的韓簡、郤步揚、舟之僑等人也紛紛響應，連當年力挺晉惠公的梁由靡等人也都暗中聯絡，要投靠重耳。算一算，真正還肯為晉懷公賣命的只有兩個人：呂省和郤芮。

外有秦穆公全力支持，內有數不清的臥底。

「該死的圉，爺爺看你能不能活到明年夏天。」狐偃咬牙切齒，萬事俱備，就等開春。

秦軍出動了

秦穆公二十四年（前 636 年）正月，秦穆公下令：討伐晉國，扶立公子重耳。

戰車四百乘，秦穆公親自領軍。

黃河以西是秦國，黃河以東是晉國。

秦國大軍渡河，一月份，上游水少，河道變窄，利於渡河。

重耳等人也跟隨大軍渡河，大家都意氣風發，指點江山的樣子，只有一個人在那裡埋頭苦幹。誰？壺叔。

用現在話說，壺叔是重耳的後勤部長，吃喝拉撒都歸他管，鍋碗瓢盆席被鞋襪等等都是他負責。所謂不當家不知道柴米貴，壺叔一路上什麼都不捨得扔，看什麼都有用。如今要回晉國了，壺叔把那些破衣爛衫歪鍋破盆都收拾在一塊，要打包回國。

「哎哎，壺叔，我們都要回國了，吃喝受用不盡，還要這些幹什麼？扔掉扔掉。」重耳覺得壺叔很可笑，一邊說，一邊親自動手扔

東西。

　　狐偃在旁邊，本來挺高興，看到這個場景，狐偃的心情有些沉重了，這不是喜新厭舊嗎？這不是卸磨殺驢嗎？這不是忘恩負義嗎？革命尚未成功就這樣，他回去當了國君，我們這些老東西還能看順眼？

　　狐偃摸了摸胸脯，摸到兩塊璧，那是秦穆公給大家的新年禮物。順勢，狐偃就把兩塊璧掏出來了，然後走到重耳面前。

　　「公子，你看，跟隨你這麼多年，錯誤肯定不少，我自己算算，大概三個大錯八個小錯二十四個不滿意。現在公子就要回去了，這些破衣爛衫都不要了，我也老了，跟這些也沒什麼區別。可是我不能老不要臉老年癡呆什麼的，還要有點自知之明。這兩塊璧是秦侯給的，現在給你，算是告別禮物，後會有期吧。」狐偃說著，竟然真的動了感情，人老了，容易激動，一時間，弄得眼淚鼻涕一起流，別著頭把兩塊璧塞給了重耳。

　　大伙兒一看，怎麼回事？這麼多年了，吃苦受累冒風險，老狐向來都是談笑自若，怎麼如今事業要成功了，反而哭了？

　　重耳一愣，怎麼舅舅說這些話？我對不起誰也不能對不起舅舅啊。當時重耳也挺激動，手裡拿著那兩塊璧，哽咽著說：「舅舅，我錯了，我認錯還不行嗎？這些破衣爛衫都帶回去，今後教育兒女。我發誓，我要是今後嫌棄您老人家，對不起兄弟們，就像這兩塊璧一樣不得好死。」

　　說著，重耳把兩塊璧狠狠地投進了黃河。狐偃想攔，可惜沒攔住，心裡罵：兔崽子，那是我的，你當然不心疼了。

　　不管怎樣，破衣爛衫鍋碗瓢盆算是留住了，大家聽了重耳的誓言，心裡更加有底了。

　　幹革命要跟對人。

重耳歸來

　　這時的晉懷公，只能用眾叛親離來形容。

352

秦軍順利渡河，河對面，已經有些消息靈通人士在迎接重耳的歸來。

隨後，秦軍一路推進，所過的令狐、臼衰、桑泉，都是不戰而降，主動送老母雞送臘肉給秦軍。

到這個時候，晉懷公才知道秦國人和重耳已經打過來了。怎麼辦？出兵迎戰。

原本，晉國國內最能打仗的是韓簡和欒枝，可是這哥倆都閉門不出。沒辦法，只能呂省和郤芮這老哥倆親自率軍出征了。

於是，呂省和郤芮率領晉軍進駐盧柳（今山西省臨猗縣境內），阻擊秦軍。

戰爭就在眼前。

但是，不是所有人都想打仗。或者說，所有人都不想打仗。

秦國人不想為一個晉國人去拚命，即便秦穆公想。而晉國人更不想打仗，誰願意為了晉懷公這樣的人去死呢？

兩軍從一月對峙到二月，秦軍這邊問題不大，晉軍那邊就開始有人逃跑。

「出擊吧。」秦穆公召集戰前會議，決定主動出擊。

「主公，依我看，不用打仗，直接勸降就行了。」狐偃說話了，他不希望打仗，因為這一仗下去，如果秦軍敗了，大家就還要回去吃二茬苦；如果晉軍敗了，那秦國今後還不騎在晉國頭上拉屎？

所以，最好的辦法就是不打。

「行嗎？」秦穆公問。

「先禮後兵啊，不行再打也來得及。」

就這樣，公子縶和胥臣作為勸降使者，前往晉軍大營。

呂省和郤芮正難受呢，打吧，士氣這麼低，手邊又沒有大將，基本上沒有贏的道理；撤吧，又沒法撤；這麼熬著吧，還擔心有人會不會把自己宰了去對面請功。這個時候聽說秦國來人談判了，立馬準備好酒好茶，外帶兩張笑臉。

「最後通牒，最後通牒，立即放下武器，否則格殺勿論。」公子縶

第七十六章　這就是晉文公

基本上過來就是說這些話，他算是恨透了晉惠公父子和眼前這兩個人了，想客氣都客氣不起來。

呂省和郤芮大眼瞪小眼，你這是來談判的？這不分明來威脅我們嗎？

「兩位大夫，俗話說：『識時務者為俊傑也。』當今天下，從東到西，從南到北，從上到下⋯⋯」胥臣又把外交官那一套給拿出來了，一通忽悠，最後表達了這樣的意思：只要放下武器，我家主公就是你家主公了，從此之後從前的恩怨一筆勾銷。

一硬一軟，這兩個算是黃金搭檔。

換了往日，以呂省和郤芮的智商，別說你這黃金搭檔，就是寶石搭檔來也是白扯。可是現在不一樣，現在的形勢就令人發慌，就讓人沉不住氣。

「胥臣，你說話算數？」呂省問。

「不算數，我來幹什麼？」胥臣反問。這是技巧，這個時候，用反問最有力。

「那，那我們考慮考慮。」呂省說。

「考慮行，但是為了表現你們的誠意，你們必須後撤。」公子縶依然強硬。

「好。」郤芮說。

第二天，晉軍後撤到郇。

有了第一步，就會有第二步。

第二步，狐偃親自出馬，代表重耳，公子縶代表秦穆公，前往晉軍大營。呂省和郤芮代表晉懷公嗎？否，現在他們代表自己。

三方在晉軍大營歃血為盟，呂省和郤芮投降並效忠重耳，重耳不計前嫌，留任呂省和郤芮。之後，晉軍一片歡呼。

重耳親自來到晉軍大營，從此，他就是這支軍隊的主人。

「兩位大夫深明大義，今後必有重用。」重耳安慰呂省和郤芮。

「感謝主公。」呂省和郤芮連忙謝恩。

秦軍撤軍。重耳率領的晉國軍隊進入曲沃。

與此同時，呂省和郤芮從前的主公晉懷公倉皇出逃，逃到高粱。高粱不是高粱地，而是一個地名，在今天的山西省臨汾市境內。

晉文公橫空出世

既然晉懷公都跑了，重耳當然就更不客氣，揮師入絳，欒枝、韓簡等人率領卿大夫們出城迎接。

在晉武公的廟裡，公子重耳正式登基。

現在，公子重耳成為過去。從十七歲開始流亡，十九年過去，三十六歲，重耳重回晉國。

晉文公，一個中國歷史上赫赫有名的名字浮出水面。

前文說過，每一個成熟的政治家，一旦掌握權力，首先要做的就是剷除異己。

晉文公也不例外。

「舅舅，派人幹掉那個小王八蛋。」晉文公的第一道君令發出，他要殺了晉懷公，報仇只是一個方面，更重要的是剷除這個潛在的威脅。

「主公，你說晚了。」狐偃說。

「難道，他逃到了海外？」晉文公有些惱火。

「你說晚了，是因為我早已經做了。來人，人頭拿上來。」狐偃笑了，他很得意，因為這件事情他早就安排了人。

晉懷公的人頭被提了上來。

「餵狗。」晉文公下令。現在，他要考慮下一個問題了。

呂省和郤芮應該怎樣處理？

按照他們過去的罪行，砍十次不算多，但是已經答應了他們維持原有待遇，說好了不秋後算賬，那麼殺他們就是不講信用了。

「我們要講信用，要稱霸，誠信是根本。」狐偃說。

其實，放過他們對於晉文公來說並不是一件很難受的事情，他可

以接受。但是，他擔心他們不會放過自己。怎麼辦？晉文公很困惑，連狐偃也很困惑。

「我擔心他們謀反。」晉文公說。

「我擔心他們不謀反，因為他們一天不謀反，我們就要擔心一天。」狐偃說。

「如果他們派人謀害我呢？譬如勃鞮。」說到勃鞮，晉文公打個寒戰，他是真怕這個死太監，不知道此人現在在哪裡躲著呢，若是他來刺殺自己，那真是麻煩。現在不比從前，不能拍屁股跑國外，只能在這裡等他。狐偃瞪瞪眼，也沒有了主張。

在外面流浪的時候想回來，回來之後才發現這日子更提心吊膽。

領導不好當啊，最高領導就更難當了。

越是擔心的事情，就越是要發生。

這一天，門衛來報，說是有人求見。

「什麼人？」晉文公問。

「勃鞮。」門衛報告，晉文公一聽，第一反應是趕緊跑，第二反應是現在不能跑。

「不、不見。」晉文公還是緊張，說話有些結巴。他想了想，讓人帶了一段話給勃鞮，「當初驪姬讓你殺我，給你兩天時間，你一天就到了；後來到了北翟，惠公給你三天時間去殺我，你一天半就到了。雖然有君命，你也沒理由這麼恨我吧？當年割了我的衣袂，那件衣服我現在還保存著呢。你快走吧，趁我還不想殺你。」

按理說，你從前追殺過人家，如今人家發達了，放過了你，你就趕緊逃命吧。可是，勃鞮不肯走。

「看門的，你給我傳話。」勃鞮又讓看門的把話給傳回來了。為什麼看門的肯幫他傳，因為看門的認識他，知道他是天下第一高手，得罪不起。那麼，傳的什麼話？「我以為你已經懂得怎樣當最高領導人呢，看來我是瞎了眼，用不了多久，你又該流浪了。我當初賣命追殺你，是因為我對國君忠誠啊，這麼一大忠臣，你竟然要趕我走。你當最高領導的，不該胸懷寬闊嗎？管仲當年不也差點殺了齊桓公，人家桓公說什麼了嗎？你真是小氣鬼，喝涼水。告訴你，你要是不見我，你會後悔的。」

勃鞮的話，強硬、有道理，而且話中帶話。

「請進來。」晉文公就是這樣的人，聰明，果斷。

勃鞮進來了，看見晉文公，深深鞠一躬。

「勃鞮，你找我幹什麼？」晉文公問。

「幹什麼？告密。」

告密者勃鞮

晉文公為了呂省和郤芮的事情而痛苦，殊不知呂省和郤芮也正為了晉文公和狐偃而痛苦。

對於這老哥倆來說，他們沒有理由不為自己的命運擔憂。跟晉文公，毫無疑問他們結下了太多的梁子。即便晉文公發了誓放過他們，可是這年頭，發誓還不如放個屁印象深刻。現在大權在人家手裡，什麼時候不高興了，賞一包耗子藥就夠自己全家吃了。

逃避現實，不是辦法。

「郤哥，還記得里克和丕鄭的命運嗎？」老哥倆聚在一起，商量對策，呂省問郤芮。

「怎麼不記得？那還是我一手操辦的呢。我想起慶鄭來了，我們的命運會不會跟他們一樣？」郤芮反問，憂心忡忡。

「那麼，我們可以把未來的希望寄託在重耳的寬宏大量或者暴斃身亡上嗎？」

「兄弟，想想吧，當年主公殺人，基本都是咱們哥倆的主意。就算重耳放過咱們，狐偃這老狐狸恐怕也不會善罷甘休的。」

「那怎麼辦？等死？」

「等死不是我們的風格。」

老哥倆商量來商量去，只有一個辦法：先下手為強。

其實，現在晉國的形勢就像當初晉惠公剛回來時的形勢，所不同的是，晉文公太仁慈而狐偃太注重信用，他們下不了手去殺呂省和郤芮。

你們不殺他們，他們就殺你們，這就是規律。

所以，晉惠公雖然壞，但不能全怪他。

呂省和郤芮決定把勃鞮找來，在他們看來，勃鞮也是晉文公的仇人，他一定也有同樣的憂慮和想法。

「勃大俠，重耳回來，我們都沒好日子過，我們決定殺了他，請你來一起想辦法。」明人不說暗話，找來勃鞮，呂省直接就把意思說了。

「太好了，我正想殺了他呢。可是，他身邊有許多高手啊，怎麼才能殺得了他？」果然，一拍即合，勃鞮的想法與呂省和郤芮一樣。

三個人開始頭腦風暴，最後是郤芮想出了辦法：「這樣，咱們找個沒有月亮的晚上，一把火燒了重耳的房子，他一定出來救火，那時候勃大俠趁亂殺了他，怎麼樣？」

「好主意。」大家都說好，自然是個好主意。

商量妥當，勃鞮告辭出來。勃鞮很高興，真的高興，原本都已經準備潛逃到國外，現在不用了，因為自己有立功的機會了。

前文說過，發財的捷徑有兩條：出賣國家，或者出賣朋友。

當然，勃鞮可以說是棄暗投明。

可是，即便是棄暗投明，也是出賣朋友。

平叛

得到了勃鞮的告密，晉文公不禁倒吸一口涼氣。

「勃大俠，謝謝啊。剛才我不好，不該鼠肚雞腸。這樣，你先退下，不要驚動他們，我找人來商量對策。」晉文公表達了謝意，打發走了勃鞮，這才令人立即請狐偃來。

狐偃來到，晉文公把勃鞮來告密的事情說了一遍。

「舅舅，好懸啊，幸虧有人告密。」晉文公說完，還有些心有餘悸。

「這是好事，這樣的事越早來越好，再加上勃鞮棄暗投明，咱們可以一勞永逸，徹底解決問題了。」狐偃聽了，不僅不吃驚，反而有些高興。

「那怎麼辦？找個藉口把呂省和郤芮招來，就地處決如何？」晉文公問。

「不好，咱們在外流落二十年，如今剛剛回來，很多人對我們充滿懷疑。如果召他們來殺了，簡單是簡單，但是我們沒有證據，倒成了濫殺無辜，徒然製造恐慌，而我們今後在歷史上也就跟惠公的名聲沒什麼兩樣了。」狐偃反對，而且很有道理。

「那怎麼辦？」

「我有辦法。」

「什麼辦法？」

「先把欒枝和先軫叫來，你看我怎麼佈置任務。」

狐偃總是有辦法的，而且總是最穩妥的辦法。

二月的最後一天晚上，月黑風高。

呂省和郤芮各自率領家兵，帶上勃鞮，偷偷地來到了晉文公宮外，堆柴的堆柴，潑油的潑油，點火的點火，直接燒房。

很快，火勢四起，人哭鬼叫，晉文公宮裡的男男女女都跑了出來。有救火的，有逃命的。

呂省和郤芮躲在暗處觀瞧，要看晉文公出來沒有。看了半天，沒看見晉文公，兩人急了，乾脆不等了，直接帶著人就衝了進去，來到晉文公的臥室，發現裡面空空蕩蕩，晉文公跑了。

老哥倆急忙出來，原本還要再找，這時候，欒枝、先軫、魏犫等人已經率領人馬來到，一邊救火，一邊包圍現場。

「有人縱火，兄弟們保護現場，天亮時清查。」先軫下令。這時有人報告：「報告，恰才有人看見呂省和郤芮在這裡，八成是他們幹的。」

「先救火，然後再去搜捕他們。」先軫又下令。

呂省和郤芮遠遠聽見，只能自歎倒楣，晉文公沒看見，反而自己被發現了。老哥倆商量，等到天明逃跑就來不及了，怎麼辦？現在就跑吧。於是，兩人率領家兵，帶著勃鞮，連夜開了城門，向西逃去。

二月底啊，又是沒有月亮的晚上，飢寒交迫，靠著火把逃命。逃到第二天中午，一行人到了黃河邊上，按照兩人的打算，索性就去秦國政治避難算了。

可是，過河需要船啊，哪裡有船？正在著急，河對岸有大船撐過來。船靠岸，上面下來幾個人，為首的大家認識。誰？公孫支。

「哎，兩位大夫，這是準備到哪裡去？」公孫支也看見了呂省和郤芮，打個招呼。

「公孫大夫，實不相瞞，昨晚都城大火，估計晉侯十有八九遇難了。我們怕今後受狐偃這幫人的政治迫害，想去秦國政治避難呢。」呂省和郤芮急忙說。

春秋這點好，即便從前有過節，只要你來政治避難，通常都會接納。

「那好，那上船吧，恰好我家主公就在對面不遠處的王城，我帶你們去。」公孫支招呼大家上船。大家一看，真是來得早不如來得巧。

大家過了河，走了一程，來到了王城。公孫支直接帶著呂省、郤芮和勃鞮去見秦穆公。

呂省和郤芮見了秦穆公，還沒來得及說話，秦穆公一拍桌子，輕輕說道：「拿下。」

得，自己送上門了。

「這、這，為什麼？」老哥倆還問呢。

「為什麼，看看這是誰？」秦穆公反問。晉文公走進來了。

不用再說了，呂省和郤芮知道這一回是栽了，明顯是進了人家的圈套了。郤芮認了，不說話了。呂省猛然看見勃鞮沒有被抓，心說：要死一塊死，不能便宜這小子！於是大喊：「勃鞮也是同謀，為什麼不抓他？」

晉文公笑了，他對勃鞮說：「勃大俠，你告訴他們。」

「呂大夫，汙點證人知道不？我就是汙點證人啊，哈哈哈哈。」勃鞮大笑起來，呂省這麼聰明的人，竟然被自己給耍了，能不高興嗎？

「原來，原來你是臥底？」呂省這時候才明白為什麼行動失敗了，原來是被出賣了。

「臥底？早就不叫臥底了，現在叫汙點證人。」勃鞮很得意，還討好地看了晉文公一眼。

晉文公也坐好了，現在開始審判呂省和郤芮。

基本上，有汙點證人在，辯解這個環節就省略了，直接認罪宣判。

呂省和郤芮共犯有如下罪行：顛覆政府、分裂祖國、謀害最高領導人、縱火、破壞國家財產。其中任何一條，都夠上死刑。

「我宣布，處死罪犯呂省和郤芮，拖出去砍了。」晉文公這次沒客氣，名正言順殺人的時候，他不會猶豫。

刀斧手上來就要拖人，呂省唉聲歎氣，認了。可是，郤芮急了。

「主公，看在當年我給你通風報信的分上，放過我吧。」郤芮大聲哀求。

「通風報信？」晉文公一愣。

「當初惠公派勃鞮去北翟殺你，就是我派人給主公通風報信的啊。」郤芮這個時候什麼也不顧了，把這個秘密說了出來。

「什麼？」三個人同時脫口而出。從北翟逃走之後，狐偃和晉文公才知道狐突根本沒有派人給他們通風報信，到現在還猜不到誰是這個好心人，沒想到是老郤。

呂省愣了一愣，然後破口大罵：「郤芮，你這個兩面三刀的傢伙，吃裡爬外的叛徒，要不是你當年放走了他，咱們怎麼會有這一天？啊呸。」一口濃痰吐在郤芮的臉上。

勃鞮嘿嘿一笑，摸著腦袋問郤芮：「哎，當初就是你派我去殺主公啊，然後你又給他送信？嘿嘿，奇了怪了。」

晉文公倒有些猶豫了，他這人是有恩必報的人，不管怎樣，人家都算救過自己，還殺他嗎？

正在猶豫，狐偃進來了。其實，狐偃一直躲在旁邊聽呢，看見晉文公猶豫，知道他動了善念，這才趕緊出來。

「主公，猶豫什麼？這樣的人，該殺兩遍。首先，吃著惠公的飯，幫惠公的敵人，奸佞之人，該殺；其次，別以為他是救你，他是救自己而已，他怕惠公殺他，留著你算個顧忌。這樣的人，你不殺他，他必殺你。」狐偃一通分析，晉文公直點頭，郤芮也無話可說。

「推出去。」晉文公下令。

就這樣，呂省和郤芮一起被殺。

按後世的規矩，如此大的罪行，一定是滅九族的。可是，春秋時期不是這樣，呂省和郤芮被殺，采邑沒收，但是，老婆孩子不受牽連，依然享受士的待遇。雖說由富人變成了窮人，但是全家平安，性命無

憂。為什麼這裡要加這一段，因為後面還要提到郤芮的兒子。

大叔

一切都在狐偃的掌握之中。

在得知呂省和郤芮的計畫之後，狐偃和晉文公悄悄跑到了秦國，找到了秦穆公，之後，秦穆公親自領軍進駐王城，等待呂省和郤芮來投。

在絳，欒枝和先軫統領軍隊，呂省和郤芮放火的晚上，兩人領軍來到，但是並不捉拿呂省和郤芮，而是故意放出風聲，把他們趕出絳。之所以如此，是因為呂省和郤芮黨徒眾多，一旦在絳開戰，勢必傷及無辜，後患無窮。

現在，晉文公名正言順除掉了最大的威脅，同時，還可以名正言順重修宮室。說實話，晉文公住在惠公父子住過的地方，早就覺得不舒服了。

殺了呂省和郤芮，晉文公就地迎娶懷嬴，算是實踐了當初的諾言。懷嬴，現在改名辰嬴。

就這樣，晉文公提著兩顆人頭，抱著一個老婆，還帶著秦穆公借給他的三千軍馬，回到了絳。

晉文公這次回來，底氣足了，氣色好了，他立即召集卿大夫們開會。

「東風吹，戰鼓擂，現在他媽的誰怕誰？各位愛卿，呂省和郤芮已經伏法了，但是，他們的殘餘勢力還很大。我準備來一次全城大搜殺，將他們的餘孽一網打盡。」晉文公的意思，就是搞一次嚴打，或者肅反之類的活動，殺一批人，一勞永逸。

話音剛落，趙衰就站出來了：「主公不可。想當年惠公懷公就是因為濫殺無辜，才導致政府公信力喪失，國家衰弱。如今人心等待安撫，社會需要和諧，怎麼反而採取政府恐怖行動呢？」

趙衰的話得到了在場所有人的支持，晉文公一看，既然老師這麼

第七十七章　汙點證人

363

說，而且大家都支持老師，那就聽老師的吧。

「那好，我宣布，晉國大赦。」從善如流，什麼叫從善如流？

任何一個新政權，都面臨一個同樣的問題：是消滅潛在的敵人，還是轉化潛在的敵人？高明的做法當然是後者，但是這需要智慧，政治智慧。

我們來看看春秋的智慧。

大赦令讓晉國當時的形勢緩解了一些，但是，呂省和郤芮畢竟執掌晉國朝政多年，他們的朋黨不可謂不多，面對幾乎是外來勢力的晉文公，他們依然感到不安全。於是，危機還在醞釀之中，並且隨時可能爆發。

晉文公可以清晰地感受到這一點，他知道自己的團隊長期流亡國外，在晉國的根基並不牢固。這個時候，如何打消呂、郤餘黨的顧慮，大家同心同德建設和諧晉國，是一個迫切需要解決的問題。

怎麼辦？

御前會議召開了幾次，效果平平，就是狐偃和趙衰也沒有太好的辦法。

就在大家苦尋對策的時候，一個小人物的出現幫助晉文公解決了問題。

很多時候，大問題就是靠小人物來解決的。

作秀

這天，晉文公正在洗頭——中式還是泰式？中式就是坐著，泰式呢就是躺著。

都不是，春秋式。什麼是春秋式洗頭？就是站著，彎腰低頭，洗頭妹從上面往下一邊澆水一邊洗。基本上，春秋時期的國君也就這個待遇。

正洗著頭呢，門衛來報：「報主公，外面有人求見。」

「什麼人？」

「頭須。」

「頭須？」晉文公一聽，差點跳起來，想了想，忍住了，繼續洗頭。

頭須是誰？就是當初晉文公從北翟逃走的時候，捲款潛逃的那個豎頭須。就是這個豎頭須，害得大家一路上吃糠咽菜，受盡煎熬。要不是此前已經大赦了，晉文公殺他的心都有。就這麼個人，還敢來找自己，難道還想討退休金？

「不見。」晉文公答覆。

門衛出去回覆，沒多久又回來了。

「主公，頭須不肯走，還說主公一定在洗頭。」門衛說。

「他怎麼知道？」晉文公有點吃驚，頭須什麼時候學算卦了？

「他說洗頭的時候心是向下的，想法就跟平時不一樣。說他雖然當初沒跟主公去齊國，但是在家裡也沒閒著，相信主公不會跟他一個普通人計較這些。」

晉文公擦乾了頭，站直了身子。

「嗯，有道理，請他進來。」不知道是頭須的理論真的正確還是晉文公冷靜下來了，總之，晉文公肯見豎頭須了。

不多時，豎頭須走了進來。看上去，跟從前沒有太大變化，就是老了一點。

「你找我幹什麼？」晉文公問。看見豎頭須，他還是有些惱火。

「主公，我來幫您。」

「幫我？幫我理財？」晉文公反問，語帶諷刺。

「不是。我知道現在人心不穩，特別是呂省和郤芮的殘餘都很擔心自己的處境，我有辦法消除大家的疑慮。」

「什麼辦法？」晉文公問。現在他的語氣不再像剛才那樣帶著輕視了。

「現在地球人都知道我當年攜款潛逃，您最恨的人就是我。如果您能讓我給您駕車在城裡走一走，大家的疑慮一定就會打消了。」豎頭須

這是什麼辦法？作秀啊。

晉文公一聽，好主意啊，忍不住對豎頭須另眼相看了兩眼。

當下晉文公毫不遲疑，立即準備車馬，讓豎頭須當司機，讓勃鞮當戎右，就這麼出去了。滿城逛一趟，噓寒問暖，體察民情。

城裡人一看，哇噻，這不是晉侯最恨的兩個人嗎？他們怎麼給晉侯當司機當保鏢了？晉侯連他們都這麼信任了，何況別人呢？

連著三天，晉文公作了三天秀。這下，地球人都知道了。所有人都放心了，晉國的緊張氣氛大大緩解。

沒有霸主的器量，怎麼能當霸主？

有人說，晉文公不過是運氣好碰上了勃鞮和豎頭須。其實不然，如果不是對晉文公的度量有信心，他們會去自投羅網？

第七十八章
清明節的來歷

晉國終於安定下來，現在，晉文公需要處理兩件當務之急。

第一件：論功行賞。

第二件：改革開放。

論功行賞

大會，論功行賞大會，類似年終總結大會。

「各位愛卿，各位兄弟，各位朋友，在過去的一段日子裡……」晉文公講了一通開場白，無非是告訴大家可以準備好領獎了。

大家都很高興，有吃的有喝的，人人都有獎，當然高興。

晉文公把獎賞分為三類，下面看看。

第一類：從亡者。這一類是功勞最大的，什麼是從亡？就是跟隨文公流亡海外的。這一類又分了檔次：第一檔，出謀劃策、指引方向，狐偃和趙衰兩人；第二檔，出頭露面、具體操辦，先軫、胥臣、狐射姑、狐毛等人；第三檔，出人出力、抵禦盜匪，魏犨、顛頡等人。三檔之後，過後再說。其中，狐毛本來應該勉強列入第三檔，考慮到輩分高歲數大，提一檔到第二檔。

第二類：送款者。送款什麼意思？不是押運款項，而是暗中勾結，也就是臥底。這一類中，欒枝為首，還有郤溱、士會、舟之僑等人。

第三類：迎降者。迎降，就是晉文公來了，到城外歡迎文公就位的。這一類中，有韓簡、郤步揚、梁由靡、郤乞等人。

按功勞大小，該封地的封地，該升官的升官，該發獎金的發獎金，即便是這三樣都不沾的，也就是呂省、郤芮的人馬，也都有紀念品發放。

宣布完了獲獎名單，晉文公從座位下面取出五雙白璧，親自拿到狐偃面前，遞給他，笑道：「舅舅，當初在黃河扔了你的一對璧，連本帶利還給你。」

狐偃連忙起身，接了過來，一邊致謝，心裡一邊說：小兔崽子，醒目，會作秀。

晉文公三十六歲了，就算是兔崽子，也該是老兔崽子了，可是狐偃就喜歡叫他小兔崽子。

論功行賞大會開得圓滿熱烈，絕大多數人都很滿意。

當晚，全體大醉。

第二天，晉文公起床，洗漱完畢，還沒吃飯，門衛來報：「主公，有人求見。」

「誰啊？這麼早。」晉文公有些不想見的意思。

「壺叔。」

「快請。」晉文公沒辦法了，老部下來了，不想見也要見。

不多久，壺叔進來，看見晉文公，還沒說話，眼淚先下來了。晉文公一看，老頭子比我舅舅歲數還大呢，哭什麼？

「壺叔，哭什麼？有什麼事情說啊，現在是咱們的天下了，還有什麼做不到的？」晉文公問。對於這幫跟他流亡的老部下，他是心存感激的。

「主、主公，我知道我壺叔沒什麼本事，也就是管管吃喝拉撒什麼的，功勞沒他們大，可是，沒有功勞我有苦勞啊，沒有苦勞我還有疲勞呢？怎麼聽說他們都論功行賞了，我什麼都沒有，主公，我、我想不通。」壺叔原來是來討功來了，昨晚的慶功大會，他因為級別不夠而沒有獲邀參加。

晉文公笑了，他請壺叔坐下，耐心講解了論功行賞的政策，最後說：「您看，他們賞完了，這就該您了。說起功勞，您不大，說起苦勞，沒人比您大。這樣，您就留在這裡跟我共進早餐，還有一些跟您一樣第二批獎賞的，下午一塊進行了，您看怎樣？」

壺叔笑了，原來主公還沒忘了自己。

下午，晉文公進行了第二批的慶功大會。壺叔、頭須、勃鞮等人都屬於這一批，按照功勞大小、效力時間長短，分得大小不同的莊園和數量不等的獎金，壺叔名列第一，成了一個大地主。頭須雖然曾經捲款潛逃，但是後來功勞也不小，被任命為大內財務總監。勃鞮身為天下第一高手，被任命為大內安全總監。

每個人都很感動，壺叔感慨幹革命跟對了人，從前不過是一個小吏，老婆孩子靠著他那點微薄的薪水活命，如今成了大地主，再養十個老婆也能養活了，只可惜歲數大了。

勃鞮感慨自己即時轉向，幹革命沒有一根筋，否則，現在還不知道在哪裡亡命天涯呢。

豎頭須熱淚盈眶，顫顫巍巍端著酒就來敬晉文公了。

「主公啊，有一件事我始終沒有告訴主公，也不知道該不該告訴主公，不過現在我覺得還是應該告訴主公。」豎頭須說。晉文公聽著，覺得他喝醉了。

「說吧。」晉文公說。

「主公從蒲逃走，兩個月後逼姞夫人生了一對雙胞胎，一兒一女。夫人難產死了，兩個孩子保了下來，虧得他們姥姥收養。我從北翟離開之後回到了蒲，找到了他們，這些年來收養在我那裡，已經十九歲了。如今主公有了這麼多新夫人，又有了別的公子，不知道主公還想不想要這一對兒女啊？」豎頭須說。原來，逼姞竟然生了一對龍鳳胎，這倒是晉文公沒有想到的。重耳和夷吾兄弟兩個雙雙生下龍鳳胎，堪稱一奇。

豎頭須為什麼一開始不敢說呢？因為那時候母以子貴，子以母貴，這一對兒女連老娘都沒有了，晉文公萬一不願意認他們呢？那不是倒害了他們？

「怎麼不早說？別喝了，現在派你去把他們接過來。」晉文公聽說，悲喜交加。悲的是兩個孩子受了這麼多年的罪，喜的是他們還活著。

豎頭須大喜過望，急忙出宮，帶人前往蒲去接晉文公的兩個孩

子。男孩子就是公子歡，女孩子就是伯姬。

做個厚道人有的時候是有好報的，就像晉文公，如果他不能寬恕豎頭須，自己的一雙兒女也就永遠不能再見了。

闔家團圓

公子歡和伯姬被接到了絳，父子相見，少不得喜極而泣。晉文公一看公子歡，長相像他媽，個性像自己，兩個字：喜歡。

於是，晉文公宣布立公子歡為太子。女兒伯姬已經到了嫁人的年紀，晉文公想想老師趙衰現在一個人過日子，索性把伯姬嫁給了趙衰。

得，老師成了女婿，要放現在，要很炒一陣子呢。就這樣，把十九歲的伯姬嫁給了快五十歲的趙衰，後來還生了好幾個孩子。

聽說重耳成了晉侯，北翟國主主動把季隗給送過來了。晉文公看見季隗，還開玩笑呢：「說了等我二十五年，這才八年，妳賺了十七年啊。」

那麼兩個兒子伯儵和叔劉呢？北翟國主善解人意，要求把他們留在北翟。基於自己親歷的兄弟相爭，晉文公知道把他們留在北翟或許是最好的選擇。於是，兄弟兩個就留在了北翟。

齊孝公也派人把姜氏給送來了，姜氏一看見晉文公，打老遠就開始唸詩了：「無田甫田，維莠驕驕……」文化人就是不一樣，見面就上詩。

這首詩名叫《甫田》，見於《詩經·齊風》，描寫一個女子思念遠方的親人。

晉文公哈哈大笑，一把把老婆抱在懷裡：「老婆，多虧了妳的詩啊，否則在秦國就出醜了。來來來，今晚上我做東，把我灌醉了再把我拉回齊國去吧，哈哈哈哈。」

晉文公就這樣，愛開玩笑，跟誰都開。

現在，算是一家大團圓了，來算算晉文公的家庭狀況。

老婆七個，分別是季隗、姜氏、辰嬴和另外四個秦國老婆。

老婆多了，地位就需要確定。

大概是晉文公的隨和謙虛感動了老婆們，更有可能是老婆們本身都深明大義。總之，老婆們一點也不爭風吃醋。原先的夫人是辰嬴，畢竟靠著人家秦國的力量復國的。可是辰嬴在聽晉文公講述了季隗和姜氏的先進事蹟之後，深受感動。

　　「不行，我不當夫人了，我讓賢。」辰嬴非要讓賢。

　　於是，座次重新排定，老大姜氏，老二季隗，老三辰嬴，其餘四個不變。

　　「多好的老婆們啊。」晉文公經常這樣感慨。每個成功的男人背後都有一個女人，晉文公的背後有這樣的三個女人，想不成功，行嗎？

　　基本上，晉文公的家庭問題就這樣圓滿解決了。有了一個和諧的家庭，為晉文公此後專心致志管理國家打下了堅實的基礎。

　　所以，老婆不在多少，在和諧。

　　榜樣的力量是無窮的。

　　晉文公的老婆們不僅感動了晉文公，也感動了晉文公的女兒伯姬。

　　「後媽們能做到的，為什麼我做不到？」伯姬自問。於是她找到老公趙衰，堅決要求把大姊兼大姨媽叔隗接來。

　　「那不行，她來了，誰當老大啊？」趙衰反對。伯姬怎麼說也是國君的女兒，難道當老二？

　　「她是大姊，我當老二。」深明大義啊，伯姬絕對是深明大義。

　　「那怎麼行？」趙衰不同意。

　　結果，伯姬親自去找父親反映情況。晉文公一聽，我這女兒真好啊，既然這樣，聽她的。於是，晉文公親自派人去北翟把叔隗接了回來。

　　就這樣，趙衰家裡也重新排定座次，叔隗為老大，伯姬為老二。叔隗早年為趙衰生了一個兒子，名叫趙盾，精明能幹，成為家裡的嫡長子。

　　建議如今包二奶包三奶的經常講一講辰嬴和伯姬的故事。

　　老婆孩子說完了，各位請注意，現在要介紹一個重要的節日的來

源。什麼節日？清明節。

介子推和清明節

兩輪論功行賞之後，晉文公還是擔心會不會漏了什麼人，於是貼出告示，希望有功勞的人自己來陳述，以便做到有功必賞。

真的漏了什麼人嗎？還真的漏了。

介子推，又名介之推。還記得晉文公過五鹿的那一段嗎？對了，介子推就是忍痛割肉的那一位。不是股市裡割肉，是割自己的肉。

在晉文公的兄弟們當中，介子推初始地位大致在魏犨之下，排名十位上下。但是他沒有明顯的特長，因此在流亡過程中始終沒有表現機會。而他的性格又比較孤傲，不愛說話，自尊心強，不合群。

回到晉國之後，別的人都緊跟晉文公，竭力表現自己。可是，介子推回到家中，陪伴七十多歲的老娘。

兩次慶功宴，晉文公都把介子推給漏了，大概是很長時間不見的緣故。按理說，介子推應該在第一次慶功宴上排名在從亡類的第三檔。第一次慶功宴，大家以為晉文公把介子推放在了第二次，因此沒人提起。第二次慶功宴，都是不起眼的人物，一來他們以為介子推排在了前三檔，二來也沒什麼資格替介子推說話。

一來二去，就把個介子推給漏了。而一塊從亡的兄弟們中，介子推又沒有特要好的朋友，因此也沒有人幫他去提醒晉文公。

介子推一直在等，可是左等沒消息，右等沒消息，他是個自尊心超強的人，又不肯像壺叔一樣自己去找。

介子推的鄰居解張看到了告示，他替介子推不平，因此他去找晉文公了。

「哎呀媽呀，我說怎麼總覺得漏了人，原來漏了子推啊，真不該啊。」晉文公當時就拍自己腦袋，這年頭，能把自己肉割來給你吃的有幾個？

當時晉文公就派人去請介子推，要單獨頒獎。因為是漏了，晉文

372

公感到慚愧，所以準備提一級，按照胥臣先軫們的檔次進行封賞。

「想起來了？回去告訴主公，介子推能活著回來就謝天謝地了，對封賞沒興趣。」介子推原本就覺得委屈，如今晉文公派人來了，更加覺得沒勁，似乎自己的功勞是討來的。

來使請不動介子推，只得回去了。回去一報告，晉文公知道介子推有意見了。

「算了，明天我親自去吧。」晉文公決定親自去，當面道歉。

可是，晉文公第二天去的時候，介子推已經離家出走了。不僅自己走了，連老娘都帶走了。走之前留言，說是永遠離開，找個乾淨地方，自食其力。

晉文公急了，心說：我是錯了，可是你也不能不給我改正錯誤的機會啊。怎麼辦？晉文公就這麼個人，覺得對不起你，就一定要報答你。

於是，晉文公親自帶領人馬去追介子推，抓也要抓回來領賞。一直追到綿上的綿山，聽人說介子推帶著老娘上山了。晉文公親自在山下喊話，請介子推下山。可是，介子推說什麼也不肯。

怎麼辦？這時候有人出了個主意，說是咱們燒山吧，咱們一燒，他們就得出來。這麼餿的主意是誰出的？不知道，總之不會是狐偃。

晉文公沒辦法了，甭管什麼主意，試試吧。一把火下去就把山給燒了，足足燒了三天三夜，也不知道是介子推打死不肯下來，還是大火太大想下來也下不來，總之，介子推就是沒下來。

山燒完了，晉文公上山去看，結果看見介子推母子兩人抱著大樹被燒死了。晉文公當時就落淚了，後悔不該聽這個餿主意。

人死不能復活，晉文公把介子推母子葬在綿山之下，改綿山為介山。之後，每年的這個時候到此祭祀介子推。而這一天，正好是清明的前一天。

而綿山一帶後來設縣，就命名為介休，就是介子推喪生的地方。如今，這個地方就是山西省介休縣。

清明本是二十四節氣中的一個，清明一到，氣溫升高，正是春耕

春種的大好時節，故有「清明前後，種瓜種豆」的說法。

晉文公為了懷念介子推，命令每年火燒綿山的三天全國禁火，這樣，這幾天就只能吃涼食了，後來就成了「寒食節」，由於晉文化屬於強勢文化，「寒食節」很快成為全中國的一個節日。

清明原本是節氣，寒食才是節日，但是由於寒食節緊接著就是清明，因此到後來兩者一塊過。掃墓原本也是寒食節的內容，後來兩節合一，清明節就成了專門掃墓祭祖的節日了。

古時清明節與七月十五中元節及十月十五下元節合稱三冥節，都與祭祀鬼神有關。

而清明節之所以要踏青以及進行各種戶外活動，是因為在家裡也不能做飯，索性出門遊玩野餐。

寒食節從春秋開始，到了唐玄宗時，下詔定寒食掃墓為當時「五禮」之一，因此每逢清明來到，掃墓成為社會重要風俗。

後來晉文公命令把介子推母子抱著的那棵樹砍下來，製成一雙木屐，每當他穿著這雙鞋，就會想起那段患難與共的往事，不由得慨歎：「足下，悲乎。」

「足下」後來成為古人相互尊敬的稱呼，據說就是來源於此。

介子推，忠心耿耿的性格人士，性格構成了悲劇，但是令人尊重緬懷。晉文公，知錯能改而且堅決去改的君主，充滿了人性和義氣，這樣的人，怎麼會沒有那麼多英雄追隨他呢？怎麼能不稱霸呢？

每當清明，也許我們應該認真緬懷祖先們的悲壯故事吧。

可是，現在還有幾個人知道清明節的來歷呢？還有誰會在清明寒食吃涼食呢？

全盤齊化

改革開放的春風吹到了黃河北岸。

「舅舅，老師，國家要強大，人民要富裕，不改革是不行的。你們

看，咱們怎麼樣改？」晉文公把狐偃和趙衰請來，要進行改革。

「這事情我們已經商量好了，這不，老趙已經把改革開放的一攬子方案擬好了。」狐偃率先說話了，然後看看趙衰。

「老師，那您說說。」晉文公挺高興，原來大家想到一塊了。

趙衰搬上一大摞竹簡來，這就是他的改革方案。

「我們已經商量好了，改革開放的指導思想就是四個字：全盤齊化。在齊國那段日子還真沒有白過，我把齊國的典章制度全部搜集到了，參考管子的治國思想，依照晉國的國情略作修改就行了。」趙衰在齊國的工作做得扎實，如今都用上了。

「好。」

晉文公元年，晉國在晉文公的英明領導下，在以狐偃、趙衰為核心的領導團隊的大力推動下，進行了聲勢浩大的改革開放，管子思想在晉國發揚光大。

為什麼晉國可以比較容易地實現「全盤齊化」？因為晉國當初的立國思想就是參照齊國的。

關於趙衰的改革方案，已經無史可查。不過，《國語》中有如下記載，我們可以從中發現晉國改革的全盤齊化特徵。

《國語·晉語四》：「公屬百官，賦職任功，棄責薄斂，施捨分寡。救乏振滯，匡困資無。輕關易道，通商寬農。懋穡勸分，省用足財，利器明德，以厚民性。舉善援能，官方定物，正名育類。昭舊族，愛親戚，明賢良，尊貴寵，賞功勞，事耇老，禮賓旅，友故舊。胥、籍、狐、箕、欒、郤、柏、先、羊舌、董、韓，實掌近官。諸姬之良，掌其中官。異姓之能，掌其遠官。公食貢。大夫食邑，士食田，庶人食力，工商食官，皂隸食職，官宰食加。政平民阜，財用不匱。」

參照齊國的鹽鐵專賣，晉國照方抓藥。晉國的鐵礦不要說了，晉國地處內陸，怎麼會有鹽？原來，在晉國的解池（今山西運城鹽湖）有鹽湖，從夏朝開始就已經曬鹽，是世界上最早開發的鹽礦。所以，晉國有鹽，不過不是海鹽。

第七十九章
晉國爭霸第一步

　　由於具備良好的社會基礎，並且擁有大量的「海龜」，晉國改革開放當年就取得了顯著的成效，社會穩定，農業豐收，商業繁榮。廣大人民群眾高興地說：國君的改革開放政策就是好。

　　秋收結束之後，全國上下一片繁榮景象。晉文公高興，於是舉行國宴，招待辛苦一年的卿大夫們，慶祝改革開放成功。

豐收了，請客了

　　「經始靈台，經之營之……」晉文公的開場白是姜夫人替他起草的，上來就是一篇《詩經‧大雅‧靈台》，具體翻譯免了，大概相當於如今的「改革開放春風吹，神州處處盡芬菲」之類。

　　晉文公講話結束，國宴開始，無非就是些山珍海味，天上飛的地上跑的水裡游的，大家放開了褲腰帶狂吃狂喝，胥臣帶頭講段子，講得大家哈哈大笑。

　　正在高興，突然有人來報。

　　「主公，周王特使簡師父到。」來人通報，簡師父，名字聽起來好像是周王的姓簡的司機，其實不然，此人是周王大夫，名字就叫簡師父。

　　「快請。」晉文公高興啊，國宴的日子，中央最高領導的特使來到，這一定是好事啊，這說明中央最高領導人都對晉國的改革開放表示讚賞啊。

　　簡師父進來，寒暄一遍，在晉文公對面坐下。按照規矩，中央來的特派員，與地方最高領導屬於同樣級別，因此晉文公特地為簡師父安排了一張與自己平起平坐的桌子。

　　「特使遠來，一路辛苦，來，我先敬三杯，給特使暖暖身子。」晉文公舉杯，大夫們也都舉杯。

簡師父把酒杯舉了起來，看看眾人，原本應當說幾句代表周王慰勞大家之類的話，可是，簡師父動了動嘴唇，沒有說話，卻把酒杯放了下來。就在大家都覺得莫名其妙的時候，簡師父帶著哭腔說話了：「晉侯，我、我喝不下去啊。」

晉文公一愣，難道周王鞠躬盡瘁了？不像啊，簡師父也沒有穿喪服啊。

「周王發生了什麼事？」晉文公問。

「周王被人趕走了，如今流落在外，特派我來請晉侯出兵護駕啊。」簡師父幾乎是哭著說，原來是周王下課了。

晉文公一時沒有說話，他心中大是失望，原以為是好消息，誰知道是個壞消息。

可是，這真的是個壞消息嗎？

狐偃笑了。

在說狐偃為什麼笑之前，先簡要說說周王是怎麼下課的。

周王的綠帽子

有一個小國叫滑（在今河南省偃師縣），姬姓國家，長期依附鄭國。突然有一天不知道什麼原因，投靠衛國了。鄭文公不高興了，於是興師伐滑。

春秋那年頭，端的是大魚吃小魚，小魚吃蝦米。大國手下有中國，中國手下有小國。大國之間其實很少正面衝突，一般都是拿對方的中等國家出氣，弄得中等國家裡外不是人；中等國家之間也很少打仗，拿對方的小國出氣。

滑就是這麼個小國，夾在別的國家當中受夾板氣，誰不高興都來打你。按理說，鄭國要是有骨氣的話，就該直接找衛國算賬。可是一來衛國不好欺負，二來衛國有齊國撐腰，鄭國不敢惹。所以，鄭國就專找滑國出氣。

鄭國大軍一到，滑國立即投降，宣誓成為鄭國的保護國。鄭國一

撤軍，衛國特使又來了，三言兩語連威脅帶嚇唬，滑又趕緊宣布接受衛國的保護。

鄭文公很生氣，說你這不是耍我們嗎？你們還有沒有一點信譽啊？其實，鄭國這麼多年來，在齊國和楚國之間也是這麼混的，跟滑國沒什麼本質區別。

鄭文公仗著楚國撐腰，再次出兵討伐滑國。

那時候衛國和周王室關係好，懇請王室出面，勸鄭國撤軍。於是，周襄王派特使游絲伯去鄭國做和事佬，誰知道鄭文公一向對王室不滿，不僅不退兵，反而把游絲伯給扣留了。

「我靠！」周襄王火大了，本來你鄭國投靠楚國就很過分了，如今還這樣無禮，自絕於中央，是可忍孰不可忍？

怎麼辦？周襄王掰指頭算了一下，自己的軍隊肯定不行，打不過鄭國；齊國呢，正處於衰退期，指望不上；晉國呢，內亂剛結束，也指望不上；秦國呢，平時沒什麼往來，也指望不上。

親戚朋友靠不上，那就靠鄰居吧。

周襄王決定，請狄出兵討伐鄭國。這個狄自然不是北翟，也不知道是哪一塊的狄，總之是狄。狄國很高興啊，這下又有得賺了。

於是，狄國出兵，成功偷襲了鄭國的櫟，鄭國被迫從滑撤軍。

周襄王一看，狄還挺好使，正好大老婆死了，乾脆從狄娶了個老婆回來，跟趙衰的老婆叫同一個名字：叔隗。

叔隗長得如花似玉，又年輕，周襄王把她立為王后。大臣們紛紛反對，可是沒用。

之前說到周襄王的弟弟王子帶因為勾結北狄攻打襄王，被襄王趕到了齊國。後來襄王出於人道主義，又讓他回來了，而且不計前嫌，封為甘公，平時還常常一塊吃喝。

甘公原本是個泡妞的高手，再加上在齊國國家大妓院泡了這些年，泡妞的本領已經爐火純青，三下兩下，把叔隗給泡了。

周襄王知道弟弟給自己戴了綠帽，一怒之下廢了叔隗的王后，甘

公聽到風聲，逃去了狄，然後從狄借兵攻打周襄王。

周襄王的隊伍實在沒用，誰來欺負都行。沒辦法，周襄王倉皇出逃，一直逃到了鄭國邊境。這一次，鄭文公的表現不錯，主動派人給周襄王蓋房子，送吃送喝送美女，血濃於水在這個時候體現出來了。

那一邊，甘公自立為周王，但是不肯住在雒邑，帶著叔隗去旁邊的溫城度蜜月了。

周襄王這個惱火，國家被搶了，老婆也被搶了，越想越覺得自己窩囊。於是，派簡師父去晉國請兵，派左鄢父去秦國請兵，一定要搶回國家，搶回老婆。

就這樣，簡師父來了。

晉文公第一功

國宴次日，晉文公召集內閣會議，討論出兵事宜。

「各位，第一個問題，該不該出兵。」晉文公上來就問。因為事情大家都知道，不用重複。

別人還沒有說話，狐偃開口了。這不是他的風格，他的風格是最後說話，可是這一次，他第一個說話了。

「這個問題過去了，直接說第二個問題吧。」狐偃說道。他的話讓大家都吃驚，這麼大的事情，不討論就決定了？

「舅舅，為什麼？」晉文公問。對他來說，改革開放不到一年，應該穩定壓倒一切，外面的事情能不管就不管。

「因為這樣的事可遇不可求，老天給我們這樣的機會，就是要讓我們稱霸了。想想看，當年齊桓公靠什麼稱霸？尊王室以令諸侯啊。還有比這更好的機會嗎？這是打著燈籠也找不到的好事，絕不能錯過。」別看狐偃老頭記性不太好了，但是頭腦還是那麼敏銳清醒。

實際上，第一個問題的答案已經有了。

第二個問題，何時出兵？

按慣例，秋冬不出兵，開春之後出兵。

冬天到了，春天還會遠嗎？

很快，冬天過去，春天來了。

二月，晉國軍隊開始調動，預備三月出征。可是，這時出現了新情況。

黃河對岸，秦國軍隊正在集結。秦國人要幹什麼？

一打聽，晉文公知道了秦國軍隊集結的目的：勤王。什麼是勤王？就是幫助周襄王復位。說來說去，跟晉國一個目標。

「胥臣，你去秦國，阻止他們；狐射姑，你向東走一趟，向沿途國家借路；欒枝，你來督促加快晉軍集結。」狐偃給大家分配了工作，應對這一變化。

胥臣渡過黃河，來到了秦國。秦軍大營就紮在河邊，秦穆公親自督陣，可見秦國也是非常重視這次行動。

胥臣見過了秦穆公，首先代表晉文公問候了秦穆公及其夫人，然後回顧了秦晉兩國之間業已存在的裙帶關係，之後介紹了晉國改革開放以來取得的劃時代成就，最後，胥臣表示：「周王蒙塵，我們都有義務為周王出頭。如今，晉國軍隊已經整裝待發，而且安排了臥底，可以說是勝券在握。出發之前聽說秦國大軍也到了河邊，我家主公派我前來表達敬意，同時派我告訴您，這樣的小事我們來辦就行了，殺雞焉用牛刀，就不勞煩您了。到時候見了周王，我們一定代為轉達您的美意。」

秦穆公一聽，當時就明白了，這是晉國人怕秦國搶了他們的風頭，特地來阻止自己。

「幾位，你們怎麼看？」秦穆公問百里奚等人。

「既然來了，乾脆兩國合軍吧。」百里奚說。他也知道，這樣的事情是個機會，不願意讓給晉國人獨享。

基本上，從公子縶到公孫支，沒人願意回去。

胥臣一看，估計這一趟是白跑了，誰也不是傻傻鳥。

「好吧，我們撤。」出乎所有人的意料，秦穆公要撤。

「為什麼？」百里奚問。

「晉侯回國也就一年，給他個機會樹立威望吧。」秦穆公說。一來秦穆公是個實在人，二來他感覺秦國的國力仍然不足以雄霸天下，這個風頭不出也罷。

於是，秦國撤軍。

三月十九日，晉國軍隊正式出發。上下兩軍改稱左右兩軍，左軍晉文公親自率領，右軍狐偃領軍。左軍直接到周鄭邊境迎接周襄王，右軍進攻溫，捉拿甘公和叔隗。

晉國大軍一路暢行無阻，右軍包圍溫的當天，城中百姓起義，城門大開，晉軍大將魏犫殺進城去，將甘公和叔隗活捉。

現在有個問題：怎樣處置這兩個人？

魏犫沒主意，於是前去請示狐偃。

「主帥，捉住了甘公和叔隗，怎麼處置？」魏犫問。

狐偃沒說話，好像沒聽見。

「主帥，捉住了甘公和叔隗，怎麼處置？」魏犫又問，心說：老頭子這耳朵看來不太好使了。

「啊，今天天氣不錯。」狐偃自言自語。

老年癡呆？魏犫差點沒說出來，難道狐老頭突然老年癡呆了？

魏犫還要問，旁邊先軫早已經看出門道來了。

「老魏，別問了。」先軫一邊小聲說，一邊就把魏犫給拉出去了。

魏犫雲裡霧裡，弄不明白，看先軫的樣子，他猜到這又是狐老頭搞什麼玄虛了。

「什麼也別問，直接去。」先軫做了一個砍頭的動作。

「為什麼？沒有命令，我怎麼敢殺？」

「你不殺，誰殺？給周王去殺？」

「哦。」魏犫恍然大悟，他雖然是個粗人，但絕不傻。

甘公和叔隗雖然該死，但是一個是周王弟弟，一個是前任王后，周王親自動手很不合適。所以，最好的辦法就是不要交給周王，而是「死於亂軍」。

「奶奶的狐老頭，裝聾作啞都是學問啊。」魏犨感慨，同時也佩服先軫的機敏。

騙了一塊地

　　周襄王在晉軍護衛下回到偉大首都，之後狐偃來報，說是甘公和叔隗死於亂軍之中。周襄王假惺惺感慨幾句，說些兄弟手足情、一日夫妻百日恩之類的套話，下令將兩人就地葬在溫。

　　按慣例，晉文公這麼大功勞，一定要有賞賜。可是，周襄王有些為難，因為當初借狄兵打鄭國的時候，就從國庫裡取了大量金銀財寶酬謝。後來甘公借兵打周襄王，基本上就把國庫給搬光了。如今要賞賜晉文公了，發現國庫裡沒什麼像樣的東西，緊急去搜羅了一些，也是有量無質，拿不出手。

　　可是，拿不出手也只能拿了，周襄王讓人把那一堆賞賜品搬出來的時候，連自己都覺得不好意思。

　　晉文公看見那一堆賞賜品，幾乎笑出來。

　　「大王，你看，偉大首都被狄人這麼一折騰，國庫都空了，這些金銀財寶，大王自己留著用吧。我知道大王也不容易，如果需要的話，晉國願意提供援助。」晉文公不僅不要，反而要援助王室。

　　周襄王一聽，感動得要哭。按理說，王室跟晉國都是武王後裔，比跟絕大多數國家的關係都要近。可是這麼多年了，王室對晉國就沒有過任何幫助和關懷。如今人家晉國如此無私地幫助王室，比雷鋒還要雷鋒啊。

　　慚愧，周襄王感到無比的慚愧。

　　「不，金銀財寶你可以不要，但是，你可以提別的要求，只要能做到的，我一定做。」周襄王無比真誠地說，他真的被感動了。

　　晉文公想了想，然後說：「那，那我也不要什麼實物了，我請求隧葬，希望大王批准。」

　　什麼是隧葬？周朝，王駕崩之後，下葬時棺木先經過隧道，而諸

侯下葬，棺材直接落下去。也就是說，王的墓多一個隧道。晉文公申請隧葬，意思就是要求獲得王的下葬標準。

「不行，那不等於有了兩個王嗎？這我不能答應。」周襄王拒絕了。

晉文公會不高興嗎？他心裡很高興。

其實，晉文公很擔心周襄王會答應他。隧葬這東西，無非就是把坑挖長一點而已，周王批不批准自己都能幹，沒什麼實際意義。如果周襄王批准了，自己的名聲反而不好了。

周襄王斷然拒絕了晉文公之後，覺得很不好意思，一方面，自己的賞賜拿不出手，另一方面，人家的請求被斷然拒絕。怎麼辦呢？還有什麼可以給的呢？

「這樣，我把南陽的陽樊、原、溫、攢茅等八個地方給你，你看怎麼樣？」周襄王想來想去，好像只有土地能夠拿得出手。

「這，這不太好吧？」晉文公在心裡哈哈大笑，表面上還要假裝為難。

「有什麼不好？都是自家人。好了，就這麼定了。」晉文公越是謙讓，周襄王就越是覺得不好意思，覺得要不把這幾塊地送出去，自己都不好意思繼續當這個王。

衝動，周襄王太衝動。

王室的地盤本來就不大了，如今更小了。

晉文公從周襄王那裡出來，狐偃已經在那裡等著。

「怎樣？」狐偃輕聲問。

「舅舅，你真行。」晉文公笑著說。

一切，都是狐偃的陰謀詭計。

巧計收城

收地，晉文公決定在第一時間收地，以防周襄王反悔。

幾塊地盤中，原最大，並且，原已經封給了原伯貫。其餘幾塊地盤，從理論上說是沒有封出去的，因此都是大夫在管理。從道理上說，

原是不應該給晉國的。但是周襄王對原伯貫在抵抗狄人的戰鬥中的表現很不滿意,這才把他的地盤送給了晉國。

由於有了這樣的歷史原因,原伯貫拒絕把自己的地盤讓出去,組織軍隊守城。

以晉國的軍隊,攻占原不在話下。不過,晉文公不希望以這樣的方式獲得周王贈給的地盤。怎麼辦?趙衰的主意:先把容易的拿下來,最後解決原。

問題就這樣解決。

晉文公派出的收地代表團分別前往八大處,結果除了陽樊和原之外,其餘六處順利交接。

本著先易後難的原則,晉國軍隊包圍了陽樊,並且拉開架勢,準備攻城。

陽樊大夫倉葛原來還準備抵擋一下,現在晉軍真的到了,倉葛立馬就知道這是雞蛋和石頭的較量,沒得玩。

趁著晉軍還沒有攻城,倉葛在城頭上喊起來了:「晉軍聽著,我們陽樊人都是夏商周的貴族後裔,每個人跟周王都是親戚老表。如今你們幫助周王安定王室,卻要屠殺周王的親戚,你們忍心嗎?啊?周王的親戚難道不是你們的親戚嗎?啊?」

晉文公本來就是擺擺架勢,沒打算真的進攻,聽倉葛這麼一說,還真有點感動。於是,晉文公下令,圍城軍隊讓路,陽樊人願意留下就留下,不願意留下,可以自由離開。

大部分陽樊人選擇了離開,他們去了王室的地盤軹村,繼續做周王的臣民。

現在,只剩下原了。

晉文公決定給原人半年的時間來考慮,晉軍回國,秋收之後再來收地。

冬天,晉文公如期率領軍隊前來收地了。

那麼,這半年時間晉國就真的在等待?當然不是。

改革開放的春風吹到了南陽大地,晉國的種種利民政策,讓歸

順的七個地方的百姓實實在在嘗到了甜頭，大家都說「當晉國人就是好」。原的百姓們看在眼裡，對晉國的抵觸心理一點一點弱化了，並且他們自己心裡也明白，晉國並不是對他們沒辦法，而是手下留情。

根據在原的臥底的第一手情報，原的老百姓其實很願意投降，只要給他們臺階，他們就能高高興興做晉國人。

針對這一情報，狐偃設計了和平解決問題的方案。

晉文公率領晉國大軍抵達原城，然後告訴城裡人：「我們圍城三天，如果你們還不投降，我們就撤軍。」

城裡人不相信，心說：你就吹吧，大老遠來一趟，三天就走，騙誰啊？

三天時間，晉軍也不攻城，就在城外進行軍事演習。三天一到，城裡還沒有投降，晉文公下令：「撤。」

有人勸晉文公：根據臥底的情報，城裡人再過一兩天就投降了，再等等吧。

「誠信啊，如果得到了原卻失去了誠信，今後誰還相信我們的話？不能失信於民，撤。」晉文公很堅決，於是，晉國大軍收拾收拾，撤軍了。

城裡的百姓們看了三天軍事演習，看得很明白，這樣的軍隊要打原，那真是吃頓飯的工夫就能拿下。如今人家不打我們，而且還這麼守信用，這樣的國君哪裡去找？這樣的國家哪裡去找？我們不能給臉不要臉啊。不行，我們要投降。

就這樣，城裡百姓追出來了，浩浩蕩蕩，一邊追一邊喊：「我們要投降，我們要投降。」

一直追出去三十里，這才追上晉軍。

「信用的力量啊。」晉文公感慨。

後來，晉文公把原伯貫送到了冀，做了一個大地主。而任命趙衰為原大夫，狐毛的兒子狐溱為溫大夫。

從那以後，晉國的地盤直達南陽，並且陸續兼併了南陽和原先晉國之間的一些戎狄小國。

第八十章
南征，目標又是楚國

　　歷史有的時候很無聊，因為歷史常常因為很無聊的事情而改變。

　　晉國在成功為王室撥亂反正之後，一躍而成為諸侯中最具霸相的國家。於是，晉國一方面深化改革開放，一方面積極擴軍，將兩軍的規模擴大為三軍。

　　讓晉國去整軍備戰，發憤圖強。我們來看幾個無聊國家在做什麼無聊的事情，再看看這些無聊的事情是怎樣影響歷史的。

齊國要打魯國

　　魯國跟呂國之間發生了一點小齟齬，事情小到史書都沒有記載。這個時候的魯國已經很弱了，沒辦法，別人都在改革開放，魯國還在因循守舊。

　　儘管很弱，魯國還是覺得要教訓呂國一下，於是出兵討伐呂國。誰知道魯國的實力連呂國也拿不下來，丟人哪。

　　北邊的衛國主動前來調解，於是雙方借坡下驢，化干戈為玉帛了。三國首腦舉行了一個隆重的聚會，並且一本正經地簽署了一個聯盟備忘錄。

　　按理說，三個弱國簽署個備忘錄之類，本身就是無聊當中找點樂子，人模狗樣也把自己當個國家。除了他們自己，別人也就當不知道了。

　　可是這一次不一樣，有個人不高興了。誰？齊孝公。

　　齊孝公這個人雖說沒什麼能耐，但是很想繼承齊桓公的遺志。國家稍微安定一點了，就想重新稱霸。只可惜齊國的實力已經不行，沒人尿他這壺，他很惱火。

　　幾年前，齊孝公召集盟會，結果沒幾個國家捧場，宋國的宋襄公

因為被楚國人傷了屁股，也沒參加他的會議。齊孝公很沒面子，為了這，還出兵討伐宋國，全然不記得自己當初是怎麼當上這個齊孝公的。

更沒面子的是，討伐宋國沒有占到一點便宜。雖然沒有占到便宜，但是把宋襄公給氣得吐血，再加上屁股上的舊傷，沒幾天竟然嗚呼哀哉了。

幾年過去，齊孝公總尋思著要找個什麼國家來修理修理，出出氣，也讓天下知道齊國依然很強大。

「奶奶的，三個屁大的國家開小會，竟然不通知我們，這不是藐視我們嗎？打！」齊孝公決定出兵打魯國。

多麼無聊，在一個很無聊的藉口之下，要做一件很無聊的事情。

晉文公三年的夏天，齊孝公點了人馬，浩浩蕩蕩南下，要教訓魯國。

這時的魯國早已經沒有了當年對抗齊國的勇氣和資本了，國家連年旱災，這已經第三個年頭了，屬於三年自然災害時期。聽說齊國來犯，根本就不敢想派兵迎戰。

魯僖公緊急召見公子遂和臧文仲兩人，商量對策。

「齊國人打來了，投降還是講和？」魯僖公問。其實是廢話，因為投降與講和沒區別。總之，絕對不敢打。

「主公，打是打不過的。不如這樣，一邊，派展喜去勸說齊國人撤軍，另一邊，趕快去楚國求救。」臧文仲就這個主意，也是不敢打。

「展喜？他那嘴皮子行嗎？」魯僖公有點不放心。

「讓他先跟他家老爺子請教啊，他家老爺子準有辦法。」臧文仲說。展喜的爹名叫展禽，又叫展獲，八十七歲高齡了。

說到展禽，請姓展和姓柳的讀者起立，展禽是你們的祖先。

魯僖公一聽，好像這樣還有點門。

於是，派展喜北上勸說齊國撤軍。臧文仲乘坐魯國最新款的車火速前往楚國，請求援助。

魯國忽悠齊國

展喜領到了命令，回家去跟老爺子一彙報，老爺子果然有辦法，點撥了幾句，展喜信心百倍北上了。

展喜趕到邊境的時候，齊國的軍隊還沒到呢，展喜索性就直接進到齊國了。

齊孝公大軍來到齊魯邊境，正趕上魯國展喜來了。兩國交兵，對於來使還是不能拒絕的。所以，齊孝公召見展喜。展喜首先進獻禮物。什麼禮物？膏沐。膏沐是什麼東西？洗澡用的東西，類似沐浴露這類消耗品，屬於很不值錢的東西。

齊孝公一看，很得意，心說：看看你們魯國，窮得一屁潦倒了，送禮只能送這麼個東西，還不夠丟人的。

「你看，我們國君一向做得不好，沒有侍奉好您的邊防軍，害得您親自出來討伐我們。我們知罪了，所以送點沐浴露給您表達歉意。」展喜送上沐浴露，說話很謙卑。

「嘿嘿，現在你們知道怕了？早幹什麼去了？我問你，魯國是不是很害怕？」孝公覺得很有面子，好像已經打了勝仗的樣子。

「一般群眾就很害怕，不過卿大夫們都不怕。」

「為什麼？你看你們窮得只剩下褲頭了，你們那地裡連草都長不出來，憑什麼不害怕？」齊孝公蔑視了展喜一眼，認為他在吹牛。

「我告訴您憑什麼。當年我們祖上周公和您的祖上姜太公那是同事關係，當時當著成王的面簽了世世代代友好的盟誓，那盟誓我們現在還保存著呢。如今您親自來討伐我們，那是關懷我們啊，我們認錯了改正了，您當然會原諒我們啊。您會吞併我們嗎？不會的，那肯定不會，我們那兩畝三分地草都不長，您哪裡忍心呢？您是要當霸主的啊，大人大量啊。」展喜是什麼好聽說什麼，出門的時候老爺子告訴他，齊孝公來打魯國，無非想找回點霸主的感覺，你就捧他，給他那種感覺。

齊孝公聽了，咧開嘴笑了。

「哈哈哈哈，你說得對，我們是應該世世代代友好下去，啊，其

實，齊國和魯國世為婚姻啊，誰跟誰不是親戚啊？好了，和平萬歲。」
齊孝公就那麼點虛榮心，被展喜一通忽悠，決定收兵。不僅決定收
兵，還特地款待展喜，還問：「兄弟，你家老爺子還好吧？替我問候他
老人家啊。」

魯國忽悠楚國

這一邊，展喜把齊國給忽悠回去了。

那一邊，臧文仲把楚國給忽悠來了。

兩邊忽悠，原本是忽悠成一邊就萬事大吉，兩邊都忽悠成了，反
而有些尷尬。可是沒辦法，魯國人的忽悠能力太強。

臧文仲到了楚國，並沒有直接去找楚成王，他先找了成得臣，為
什麼這樣？

從對外政策來看，楚國大夫分為兩派——鷹派和鴿派。鴿派以子
文為首，主張對外和戰結合，有打有拉。鷹派以成得臣為代表，主張
看誰不順眼就打誰。

所以，臧文仲先找成得臣，成得臣一定全力支持出兵援助魯國。
然後兩人一起去說動楚成王，基本上就十拿九穩了。

一個國家，如果實力不行，就一定要能忽悠。如果實力不行，忽
悠也不行，那早就不存在了。

臧文仲的策略非常成功，成得臣一聽要打齊國，恨不能立馬就出
發。為了說動楚成王，成得臣給臧文仲出了個主意。什麼主意？把宋
國也扯進來。因為楚成王最恨宋國，單說打齊國，楚成王不一定感興
趣，可是如果說出兵打宋國和齊國，基本上就沒什麼問題了。

果然，楚成王一聽，說是魯國受到齊國欺負，想要跟楚國一塊收
拾不服楚國的宋國和齊國，楚成王當即就拍板了：「好，幹！」

就這樣，楚國人來了。

夏天，齊孝公被忽悠回去了。

冬天，魯國人打過來了。齊國軍隊抵擋不住，大家很納悶，怎麼魯國軍隊突然這麼生猛起來了？一打聽，媽呀，原來不是魯國軍隊，是打著魯國旗號的楚國軍隊。用現在話說，那就是楚國人民志願軍來了。

原來，秋收一過，令尹成得臣（子玉）和司馬鬥宜申（子西）就迫不及待領軍出征了。大軍先到宋國，包圍了宋國的緡。之後，分兵一半，派申叔時帶領，作為志願軍進入魯國，聽從魯僖公的指揮，進攻齊國。

齊國軍隊打魯國有心得，可是真的見到狠的，那也是抬屁股就跑。

三下五除二，楚軍就把谷城拿下。齊軍龜縮防守，不敢反撲。於是，楚國人把當年逃到楚國的齊桓公的兒子公子雍給弄來，算是把谷給了他，再找來易牙輔佐他，另外派申叔時率領楚軍幫助公子雍防守。這樣，楚國在齊國弄了一塊飛地。

齊孝公恨得牙癢癢，在家裡破口大罵魯國不是個東西，展喜是個流氓，魯僖公是個流氓，魯國全國都是流氓。

「奶奶的！還跟我說什麼世代友好，友好個頭，你們竟然找楚國人來打我們，真不要臉。」齊孝公真的很惱火，被忽悠了不說，如今挨了打還要忍著。

楚國攻打宋國

宋國的防守還是很有心得的，而楚軍分兵之後，感到有些力不從心。

快到過年的時候，成得臣宣布撤軍。

「宋國佬，不要高興太早，明年咱們再見。」臨走，成得臣用鞭子指著緡城發誓。

成得臣是這樣一個人，不達目的絕不甘休。

第二年，也就是晉文公四年。

冬天，楚成王親自領軍，率領楚國、鄭國、蔡國、許國和陳國軍

390

隊，進犯宋國，包圍了首都睢陽。日夜攻打，發誓要拿下。

宋國軍民很害怕，從前跟中原國家打仗不用這麼害怕，就算被攻占了，也不會怎麼樣，占領軍絕不會亂殺亂搶。可是如今攻城的是楚國，野蠻人啊，一旦被他們攻進來，說不定就跟當年衛國一個命運了。

正因為害怕，宋國軍民保家衛國的決心就更大，戰鬥力驟然提高十倍以上，竟然堅守城池，讓五國聯軍束手無策。

可是，總這麼守下去也不是個辦法，因為總有守不住的時候。這個時候，必須求援了。

「各位，國家危在旦夕，怎麼辦？」宋襄公死後，他的兒子宋成公繼位。繼位才四年，遇上這種倒楣事，真不知道找誰去講理。

「主公，如今天下，能夠抗衡楚國的只有晉國了。所幸的是，當初晉侯到宋國的時候，先主公熱情接待，還送了二十輛車八十匹馬，也算是結交了這個朋友。如今，也只能去求晉國出兵相救了。」大司馬公孫固建議，他跟狐偃等人的私交也很不錯。

就這樣，公孫固前往晉國求救。

那麼，公孫固怎樣從包圍圈裡出去的呢？

春秋時期，所謂的圍城，絕不是後來的把整座城池圍得水洩不通。那時的圍城也很人道，基本上，只要不是軍隊出來，老百姓出城，一般就睜隻眼閉隻眼了。所以，公孫固很順利地從包圍圈中出來，北上晉國了。

到現在，由三個無聊國家的無聊盟會引發的後果正在變得越來越嚴重。

晉國要救宋國

晉文公登基四年，晉國人以超乎人們想像的速度在發展。根據不摻水分的統計資料，GDP 已經翻了一番。

晉國人對於稱霸的目標展開了有步驟的行動，一切都是那麼條理分明。

那麼，晉國人是怎麼做的？我們引用一段《左傳》來簡要說明這個過程。

《左傳·僖公二十七年》，原文：「晉侯始入而教其民，二年，欲用之。子犯曰：『民未知義，未安其居。』於是乎出定襄王，入務利民，民懷生矣，將用之。子犯曰：『民未知信，未宣其用。』於是乎伐原以示之信。民易資者不求豐焉，明征其辭。公曰：『可矣乎？』子犯曰：『民未知禮，未生其共。』於是乎大蒐以示之禮，作執秩以正其官，民聽不惑而後用之。」

這段話啥意思？晉文公一回國，就教化百姓，過了兩年，就想對外用兵。狐偃說：「百姓還不知道道義，還沒有安居樂業。」晉文公去幫助周襄王復位，回國後致力於便利百姓，百姓就安居樂業了。又打算對外用兵，狐偃說：「百姓還不知道信用，還不能十分明白信用的作用。」晉文公攻打原來讓百姓看到信用，百姓做買賣不求暴利，明碼實價，杜絕假冒偽劣以及山寨產品。晉文公說：「行了嗎？」狐偃說：「百姓還不知道秩序，沒有產生他們的恭敬。」由此舉行盛大閱兵來讓百姓看到禮儀，任命執秩的官職來制定法規。等到百姓知法守法之後，然後才使用他們。

總結一下，三個步驟：富民——誠信——法治。

回想管子治理齊國的原則：倉廩實而知禮節。

所以我們說，晉國的道路就是齊國的道路。晉國的發展強大就是管子思想的延伸發展。

富民——誠信——法治，我們不妨來看看當今的社會，我們走到了或者應該走到哪個階段了。

公孫固來到了晉國，他沒有去找晉文公，而是去找先軫，再拉著先軫去找狐偃。為什麼這樣？一來，先軫和狐偃都是公孫固的好朋友。二來，公孫固知道，狐偃是晉國的頭號謀臣，他的話在晉文公那裡有分量。而先軫是個戰略戰術家，他最清楚怎樣對付楚國人。

先軫聽了公孫固的來意，二話沒說，帶著公孫固去見狐偃。狐偃

看見公孫固，沒等公孫固說話，直接拉著他去找晉文公。

　　狐偃為什麼連問都不問？因為公孫固不來他還想著要出兵呢，如今看見公孫固，他很高興，他知道出師有名了。

　　晉文公聽說公孫固來了，急忙親自出迎。晉文公這人就是這樣，滴水之恩，湧泉相報。看見公孫固，想起在宋國的那段日子來了。

　　寒暄敘禮那一套固定程序之後，公孫固說明來意：「楚國大軍包圍我國，睢陽危在旦夕，懇求貴國出兵解救。」

　　「你們怎麼看？」晉文公問狐偃和先軫。

　　「我看這是個機會，一來報答當初宋襄公的恩情，二來解救宋國，在諸侯中樹立威望，成就霸業。」先軫率先發言。

　　「宋國對我們有恩，不救宋國說不過去；可是，楚國對我們也有恩，對抗楚國，似乎也不太好。舅舅，你有什麼好辦法？」晉文公心裡想救宋國，但是有些顧慮。

　　狐偃沒有說話，他好像沒聽見。

　　嗯，老年癡呆？晉文公有點吃驚，舅舅難道老年癡呆了？沒享幾年福就老年癡呆了，太不幸了。

　　「舅舅，你怎麼看？」晉文公再問。

　　「我在想。」狐偃說話了。

　　「想什麼？」

　　「報恩固然應該，報仇好像更要緊。」

　　公孫固一聽，急了，這邊火上牆了，你還想著去找別人報仇，你老狐不夠意思啊。

　　「舅舅，報仇的事情放一放，先救命吧。」公孫固一急，也叫舅舅了。

　　「哈哈，不耽誤啊。軫，你跟他們說說，咱們怎麼報仇。」狐偃讓先軫說，因為從先軫的表情裡，他知道先軫已經明白了自己的計策。

　　先軫也不客氣，如此這般說了一遍，晉文公大聲叫好，公孫固臉色輕鬆下來。

　　狐偃有什麼計策？

晉軍出征

晉國大起三軍,不是海陸空,而是上中下。

四年擴軍,晉國從兩軍擴充到了三軍。大軍出征,首先要確定領軍人物。

最高領導層機密會議。

會議主持:晉文公。與會人員:狐偃,趙衰。

會議主題:確定三軍主帥人選。

「老師,你擔任中軍主帥,怎樣?」晉文公把中軍主帥的位置留給了老師,為什麼不給狐偃?太老了,老胳膊老腿,動心眼還可以,上戰場打仗不能擔當重任了。

「不可,我不適合。郤縠是最合適的人選。他這個人,人品正,學識廣,不貪功,他最合適。」趙衰謙讓。為什麼說這是謙讓?因為按照晉國最新的法律,擔任三軍主帥和帥佐的六個人就是今後晉國的六卿。讓出中軍主帥,就等於讓出了卿的位置。有意思的是,這個法律就是趙衰和狐偃一起制定的。別人制定法律都是有利於自己,趙衰卻沒有這麼做。

其實,趙衰還有一層意思沒有說出來,那就是「海龜」太強勢,把這個位置留給「土鱉」,有利於和諧。晉文公知道老師這個人從來不會假謙虛,他這樣說一定有道理。所以,晉文公按照老師的提議,決定任命郤縠為中軍帥,郤溱為中軍佐。

「舅舅,上軍帥您就屈就吧?」第一個位置給了老師,第二個位置怎麼說也該給舅舅了。

「不行,你大舅在,我怎麼能在他前面?」狐偃不幹,因為哥哥狐毛還沒分配呢。

「那好,大舅舅為上軍帥,舅舅您為上軍佐。」晉文公這樣分配,好像有點照顧親戚的意思。不過狐偃都讓了,別人應該也沒話可說。

「那老師,下軍帥你湊合下吧?」晉文公心說:怎麼也要給老師弄個卿啊。

「不好，欒枝比我慎重，先軫比我有謀略，胥臣比我見識廣，在他們後面，我大概能排在第四位。」趙衰依然不接受，謙讓嗎？也說不上，因為趙衰的話都是實話，這三個人確實比他適合。

那麼，怎樣評價趙衰最合適呢？無私。

我們說，如果在誠實、謙虛和無私這三項品德中挑一個最難做到的，那就是無私了。

趙衰，一個無私的人，還有比這更高的評價嗎？沒有，絕對沒有。說到趙衰的無私，很容易令人想起鮑叔牙。

於是，晉文公按照老師的建議，任命欒枝為下軍帥，先軫為下軍佐。

三軍指揮官確定，晉軍準備開打。

打誰？

（第二部完）

第八十章　南征，目標又是楚國

說春秋之二：秦晉恩怨

作　　　者	賈志剛	
發　行　人	林敬彬	
主　　　編	楊安瑜	
編　　　輯	李彥蓉	
內頁編排	于長煦	
封面設計	王雋夫、何韋翰	

出　　　版　大旗出版　行政院新聞局北市業字第1688號
發　　　行　大都會文化事業有限公司
　　　　　　11051台北市信義區基隆路一段432號4樓之9
　　　　　　讀者服務專線：(02)27235216
　　　　　　讀者服務傳真：(02)27235220
　　　　　　電子郵件信箱：metro@ms21.hinet.net
　　　　　　網　　　址：www.metrobook.com.tw

郵政劃撥　14050529 大都會文化事業有限公司
出版日期　2011年06月初版一刷
定　　　價　250元
I S B N　978-986-6234-22-4
書　　　號　History-25

Chinese (complex) copyright © 2011 by Banner Publishing, a division of
Metropolitan Culture Enterprise Co., Ltd.
4F-9, Double Hero Bldg., 432, Keelung Rd., Sec. 1,
Taipei 11051, Taiwan
Tel:+886-2-2723-5216　Fax:+886-2-2723-5220
Web-site: http://www.metrobook.com.tw
E-mail: metro@ms21.hinet.net

◎本書由廣西師範大學出版社授權繁體字版之出版發行。
◎本書如有缺頁、破損、裝訂錯誤，請寄回本公司更換。
【版權所有　翻印必究】

國家圖書館出版品預行編目資料

說春秋之二：秦晉恩怨／賈志剛著. -- 初版. -- 臺
北市：大旗出版：大都會文化, 2011. 06
　　面；　公分. --（History；25）

ISBN 978-986-6234-22-4（平裝）

1. 春秋史

621.62　　　　　　　　　　　　　100003715

 **大都會文化　讀者服務卡**

書名：**說春秋之二：秦晉恩怨**

謝謝您選擇了這本書！期待您的支持與建議，讓我們能有更多聯繫與互動的機會。

A. 您在何時購得本書：_____年_____月_____日

B. 您在何處購得本書：_____書店，位於_____(市、縣)

C. 您從哪裡得知本書的消息：

　　1.□書店　2.□報章雜誌　3.□電台活動　4.□網路資訊

　　5.□書籤宣傳品等　6.□親友介紹　7.□書評　8.□其他

D. 您購買本書的動機：（可複選）

　　1.□對主題或內容感興趣　2.□工作需要　3.□生活需要

　　4.□自我進修　5.□內容為流行熱門話題　6.□其他

E. 您最喜歡本書的：（可複選）

　　1.□內容題材　2.□字體大小　3.□翻譯文筆　4.□封面　5.□編排方式　6.□其他

F. 您認為本書的封面：1.□非常出色　2.□普通　3.□毫不起眼　4.□其他

G. 您認為本書的編排：1.□非常出色　2.□普通　3.□毫不起眼　4.□其他

H. 您通常以哪些方式購書:(可複選)

　　1.□逛書店　2.□書展　3.□劃撥郵購　4.□團體訂購　5.□網路購書　6.□其他

I. 您希望我們出版哪類書籍：（可複選）

　　1.□旅遊　2.□流行文化　3.□生活休閒　4.□美容保養　5.□散文小品

　　6.□科學新知　7.□藝術音樂　8.□致富理財　9.□工商企管　10.□科幻推理

　　11.□史哲類　12.□勵志傳記　13.□電影小說　14.□語言學習（_____語）

　　15.□幽默諧趣　16.□其他

J. 您對本書(系)的建議：

_____

K. 您對本出版社的建議：

_____

讀者小檔案

姓名：_____　性別：□男　□女　生日：____年____月____日

年齡：□20歲以下 □21～30歲 □31～40歲 □41～50歲 □51歲以上

職業：1.□學生 2.□軍公教 3.□大眾傳播 4.□服務業 5.□金融業 6.□製造業

　　　7.□資訊業 8.□自由業 9.□家管 10.□退休 11.□其他

學歷：□國小或以下 □國中 □高中／高職 □大學／大專 □研究所以上

通訊地址：_____

電話：（H）_____　（O）_____　傳真：_____

行動電話：_____　E-Mail：_____

◎謝謝您購買本書，也歡迎您加入我們的會員，請上大都會文化網站 www.metrobook.com.tw
登錄您的資料。您將不定期收到最新圖書優惠資訊和電子報。

說春秋
之三
秦晉恩怨

北 區 郵 政 管 理 局
登記證北台字第9125號
免 貼 郵 票

大都會文化事業有限公司

讀 者 服 務 部　　收

11051台北市基隆路一段432號4樓之9

寄回這張服務卡〔免貼郵票〕
您可以：
◎不定期收到最新出版訊息
◎參加各項回饋優惠活動

大旗出版
BANNER PUBLISHING

大旗出版
BANNER PUBLISHING